中国科学院院士传记丛书
老科学家学术成长资料采集工程

微纳世界中国芯
李志坚 传

杨 舰　王佳楠
王 公　朱 晨 ◎ 著

年	1951年	1958年	1991年	2000年	2011年
江镇海	毕业于浙江大学物理系	获苏联列宁格勒大学副博士学位	当选为中国科学院院士	获何梁何利基金科技进步奖	逝世于北京

老科学家学术成长资料采集工程
中国科学院院士传记 丛书

微纳世界中国芯

李志坚 传

杨舰 王佳楠 王公 朱晨 ◎ 著

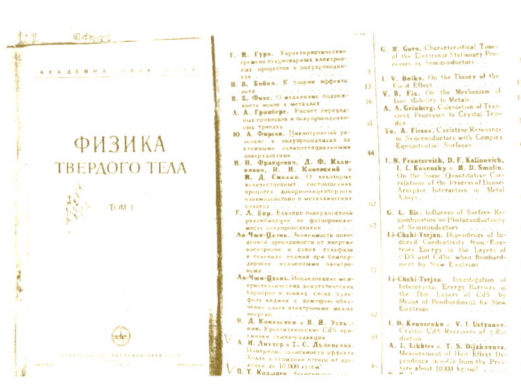

中国科学技术出版社
上海交通大学出版社

图书在版编目（CIP）数据

微纳世界中国芯：李志坚传／杨舰，王佳楠，王公，朱晨著．—北京：中国科学技术出版社，2017.5

（老科学家学术成长资料采集工程丛书；中国科学院院士传记丛书）

ISBN 978-7-5046-7524-8

Ⅰ.①微… Ⅱ.①杨… ②王… ③王…④朱… Ⅲ.①李志坚－传记 Ⅳ.①K826.16

中国版本图书馆 CIP 数据核字（2017）第 094946 号

责任编辑	余　君
责任印制	张建农
版式设计	中文天地

出　　版	中国科学技术出版社　上海交通大学出版社
发　　行	中国科学技术出版社发行部
地　　址	北京市海淀区中关村南大街 16 号
邮　　编	100081
发行电话	010-62173865
传　　真	010-62173081
网　　址	http://www.cspbooks.com.cn

开　　本	787mm×1092mm　1/16
字　　数	250 千字
印　　张	15
彩　　插	2
版　　次	2017 年 5 月第 1 版
印　　次	2017 年 5 月第 1 次印刷
印　　刷	北京华联印刷有限公司
书　　号	ISBN 978-7-5046-7524-8／K・225
定　　价	58.00 元

（凡购买本社图书，如有缺页、倒页、脱页者，本社发行部负责调换）

老科学家学术成长资料采集工程
领导小组专家委员会

主　任：杜祥琬
委　员：（以姓氏拼音为序）
　　　　巴德年　　陈佳洱　　胡启恒　　李振声
　　　　齐　让　　王礼恒　　王春法

老科学家学术成长资料采集工程
丛书组织机构

特邀顾问（以姓氏拼音为序）
　　　　樊洪业　　方　新　　谢克昌

编委会
主　编：王春法　　张　藜
编　委：（以姓氏拼音为序）
　　　　艾素珍　　崔宇红　　定宜庄　　董庆九　　郭　哲
　　　　韩建民　　何素兴　　胡化凯　　胡宗刚　　刘晓勘
　　　　罗　晖　　吕瑞花　　秦德继　　王　挺　　王扬宗
　　　　熊卫民　　姚　力　　张大庆　　张　剑　　周德进

编委会办公室
主　任：孟令耘　　张利洁
副主任：许　慧　　刘佩英
成　员：（以姓氏拼音为序）
　　　　董亚峥　　冯　勤　　高文静　　韩　颖　　李　梅
　　　　刘如溪　　罗兴波　　沈林苣　　田　田　　王传超
　　　　余　君　　张海新　　张佳静

老科学家学术成长资料采集工程简介

  老科学家学术成长资料采集工程（以下简称"采集工程"）是根据国务院领导同志的指示精神，由国家科教领导小组于 2010 年正式启动，中国科协牵头，联合中组部、教育部、科技部、工信部、财政部、文化部、国资委、解放军总政治部、中国科学院、中国工程院、国家自然科学基金委员会等 11 部委共同实施的一项抢救性工程，旨在通过实物采集、口述访谈、录音录像等方法，把反映老科学家学术成长历程的关键事件、重要节点、师承关系等各方面的资料保存下来，为深入研究科技人才成长规律，宣传优秀科技人物提供第一手资料和原始素材。

  采集工程是一项开创性工作。为确保采集工作规范科学，启动之初即成立了由中国科协主要领导任组长、12 个部委分管领导任成员的领导小组，负责采集工程的宏观指导和重要政策措施制定，同时成立领导小组专家委员会负责采集原则确定、采集名单审定和学术咨询，委托科学史学者承担学术指导与组织工作，建立专门的馆藏基地确保采集资料的永久性收藏和提供使用，并研究制定了《采集工作流程》《采集工作规范》等一系列基础文件，作为采集人员的工作指南。截至 2016 年 6 月，已启动 400 多位老科学家的学术成长资料采集工作，获得手稿、书信等实物原件资料 73968件，数字化资料 178326 件，视频资料 4037 小时，音频资料 4963 小时，具有重要的史料价值。

采集工程的成果目前主要有三种体现形式，一是建设"中国科学家博物馆网络版"，提供学术研究和弘扬科学精神、宣传科学家之用；二是编辑制作科学家专题资料片系列，以视频形式播出；三是研究撰写客观反映老科学家学术成长经历的研究报告，以学术传记的形式，与中国科学院、中国工程院联合出版。随着采集工程的不断拓展和深入，将有更多形式的采集成果问世，为社会公众了解老科学家的感人事迹，探索科技人才成长规律，研究中国科技事业的发展历程提供客观翔实的史料支撑。

总序一

中国科学技术协会主席 韩启德

老科学家是共和国建设的重要参与者，也是新中国科技发展历史的亲历者和见证者，他们的学术成长历程生动反映了近现代中国科技事业与科技教育的进展，本身就是新中国科技发展历史的重要组成部分。针对近年来老科学家相继辞世、学术成长资料大量散失的突出问题，中国科协于2009年向国务院提出抢救老科学家学术成长资料的建议，受到国务院领导同志的高度重视和充分肯定，并明确责成中国科协牵头，联合相关部门共同组织实施。根据国务院批复的《老科学家学术成长资料采集工程实施方案》，中国科协联合中组部、教育部、科技部、工业和信息化部、财政部、文化部、国资委、解放军总政治部、中国科学院、中国工程院、国家自然科学基金委员会等11部委共同组成领导小组，从2010年开始组织实施老科学家学术成长资料采集工程。

老科学家学术成长资料采集是一项系统工程，通过文献与口述资料的搜集和整理、录音录像、实物采集等形式，把反映老科学家求学历程、师承关系、科研活动、学术成就等学术成长中关键节点和重要事件的口述资料、实物资料和音像资料完整系统地保存下来，对于充实新中国科技发展的历史文献，理清我国科技界学术传承脉络，探索我国科技发展规律和科技人才成长规律，弘扬我国科技工作者求真务实、无私奉献的精神，在全社会营造爱科学、学科学、用科学的良好氛围，是一件很有意义的事情。采集工程把重点放在年龄在80岁以上、学术成长经历丰富的两院院士，以及虽然不是两院院士、但在我国科技事业发展中作出突出贡献的老科技工作者，充分体现了党和国家对老科学家的关心和爱护。

自2010年启动实施以来，采集工程以对历史负责、对国家负责、对科技事业负责的精神，开展了一系列工作，获得大量反映老科学家学术成长历程的文字资料、实物资料和音视频资料，其中有一些资料具有很高的史料价值和学术价值，弥足珍贵。

以传记丛书的形式把采集工程的成果展现给社会公众，是采集工程的目标之一，也是社会各界的共同期待。在我看来，这些传记丛书大都是在充分挖掘档案和书信等各种文献资料、与口述访谈相互印证校核、严密考证的基础之上形成的，内中还有许多很有价值的照片、手稿影印件等珍贵图片，基本做到了图文并茂，语言生动，既体现了历史的鲜活，又立体化地刻画了人物，较好地实现了真实性、专业性、可读性的有机统一。通过这套传记丛书，学者能够获得更加丰富扎实的文献依据，公众能够更加系统深入地了解老一辈科学家的成就、贡献、经历和品格，青少年可以更真实地了解科学家、了解科技活动，进而充分激发对科学家职业的浓厚兴趣。

借此机会，向所有接受采集的老科学家及其亲属朋友，向参与采集工程的工作人员和单位，表示衷心感谢。真诚希望这套丛书能够得到学术界的认可和读者的喜爱，希望采集工程能够得到更广泛的关注和支持。我期待并相信，随着时间的流逝，采集工程的成果将以更加丰富多样的形式呈现给社会公众，采集工程的意义也将越来越彰显于天下。

是为序。

总序二

中国科学院院长　白春礼

由国家科教领导小组直接启动，中国科学技术协会和中国科学院等12个部门和单位共同组织实施的老科学家学术成长资料采集工程，是国务院交办的一项重要任务，也是中国科技界的一件大事。值此采集工程传记丛书出版之际，我向采集工程的顺利实施表示热烈祝贺，向参与采集工程的老科学家和工作人员表示衷心感谢！

按照国务院批准实施的《老科学家学术成长资料采集工程实施方案》，开展这一工作的主要目的就是要通过录音录像、实物采集等多种方式，把反映老科学家学术成长历史的重要资料保存下来，丰富新中国科技发展的历史资料，推动形成新中国的学术传统，激发科技工作者的创新热情和创造活力，在全社会营造爱科学、学科学、用科学的良好氛围。通过实施采集工程，系统搜集、整理反映这些老科学家学术成长历程的关键事件、重要节点、学术传承关系等的各类文献、实物和音视频资料，并结合不同时期的社会发展和国际相关学科领域的发展背景加以梳理和研究，不仅有利于深入了解新中国科学发展的进程特别是老科学家所在学科的发展脉络，而且有利于发现老科学家成长成才中的关键人物、关键事件、关键因素，探索和把握高层次人才培养规律和创新人才成长规律，更有利于理清我国科技界学术传承脉络，深入了解我国科学传统的形成过程，在全社会范围内宣传弘扬老科学家的科学思想、卓越贡献和高尚品质，推动社会主义科学文化和创新文化建设。从这个意义上说，采集工程不仅是一项文化工程，更是一项严肃认真的学术建设工作。

中国科学院是科技事业的国家队，也是凝聚和团结广大院士的大家庭。早在1955年，中国科学院选举产生了第一批学部委员，1993年国务院决定中国科学院学部委员改称中国科学院院士。半个多世纪以来，从学部委员到院士，经历了一个艰难的制度化进程，在我国科学事业发展史上书写了浓墨重彩的一笔。在目前已接受采集的老科学家中，有很大一部分即是20世纪八九十年代当选的中国科学院学部委员、院士，其中既有学科领域的奠基人和开拓者，也有作出过重大科学成就的著名科学家，更有毕生在专门学科领域默默耕耘的一流学者。作为声誉卓著的学术带头人，他们以发展科技、服务国家、造福人民为己任，求真务实、开拓创新，为我国经济建设、社会发展、科技进步和国家安全作出了重要贡献；作为杰出的科学教育家，他们着力培养、大力提携青年人才，在弘扬科学精神、倡树科学理念方面书写了可歌可泣的光辉篇章。他们的学术成就和成长经历既是新中国科技发展的一个缩影，也是国家和社会的宝贵财富。通过采集工程为老科学家树碑立传，不仅对老科学家们的成就和贡献是一份肯定和安慰，也使我们多年的夙愿得偿！

鲁迅说过，"跨过那站着的前人"。过去的辉煌历史是老一辈科学家铸就的，新的历史篇章需要我们来谱写。衷心希望广大科技工作者能够通过"采集工程"的这套老科学家传记丛书和院士丛书等类似著作，深入具体地了解和学习老一辈科学家学术成长历程中的感人事迹和优秀品质；继承和弘扬老一辈科学家求真务实、勇于创新的科学精神，不畏艰险、勇攀高峰的探索精神，团结协作、淡泊名利的团队精神，报效祖国、服务社会的奉献精神，在推动科技发展和创新型国家建设的广阔道路上取得更辉煌的成绩。

总序三

中国工程院院长　周　济

由中国科协联合相关部门共同组织实施的老科学家学术成长资料采集工程，是一项经国务院批准开展的弘扬老一辈科技专家崇高精神、加强科学道德建设的重要工作，也是我国科技界的共同责任。中国工程院作为采集工程领导小组的成员单位，能够直接参与此项工作，深感责任重大、意义非凡。

在新的历史时期，科学技术作为第一生产力，已经日益成为经济社会发展的主要驱动力。科技工作者作为先进生产力的开拓者和先进文化的传播者，在推动科学技术进步和科技事业发展方面发挥着关键的决定的作用。

新中国成立以来，特别是改革开放30多年来，我们国家的工程科技取得了伟大的历史性成就，为祖国的现代化事业作出了巨大的历史性贡献。两弹一星、三峡工程、高速铁路、载人航天、杂交水稻、载人深潜、超级计算机……一项项重大工程为社会主义事业的蓬勃发展和祖国富强书写了浓墨重彩的篇章。

这些伟大的重大工程成就，凝聚和倾注了以钱学森、朱光亚、周光召、侯祥麟、袁隆平等为代表的一代又一代科技专家们的心血和智慧。他们克服重重困难，攻克无数技术难关，潜心开展科技研究，致力推动创新发展，为实现我国工程科技水平大幅提升和国家综合实力显著增强作出了杰出贡献。他们热爱祖国，忠于人民，自觉把个人事业融入到国家建设大局之中，为实现国家富强而不断奋斗；他们求真务实，勇于创新，用科技为中华民族的伟大复兴铸就了辉煌；他们治学严谨，鞠躬尽瘁，具有崇高的科学精神和科学道德，是我们后代学习的楷模。科学家们的一生是一本珍贵的教科书，他们坚定的理想信念和淡泊名利的崇高品格是中华民族自强不息精神的宝贵财富，永远值得后人铭记和敬仰。

通过实施采集工程，把反映老科学家学术成长经历的重要文字资料、实物资料和音像资料保存下来，把他们卓越的技术成就和可贵的精神品质记录下来，并编辑出版他们的学术传记，对于进一步宣传他们为我国科技发展和民族进步作出的不朽功勋，引导青年科技工作者学习继承他们的可贵精神和优秀品质，不断攀登世界科技高峰，推动在全社会弘扬科学精神，营造爱科学、讲科学、学科学、用科学的良好氛围，无疑有着十分重要的意义。

中国工程院是我国工程科技界的最高荣誉性、咨询性学术机构，集中了一大批成就卓著、德高望重的老科技专家。以各种形式把他们的学术成长经历留存下来，为后人提供启迪，为社会提供借鉴，为共和国的科技发展留下一份珍贵资料。这是我们的愿望和责任，也是科技界和全社会的共同期待。

李志坚

采集小组工作照
(左二杨舰,左三王佳楠,右二王志华,右三游战洪)

采集小组工作照
(左起:王佳楠,杨舰,游战洪,李明洋,朱晨;右一为王公)

序

  李志坚教授是我国微电子学科的重要开创者和奠基人之一。清华大学百年校庆前，出版了《李志坚文集》，当时我作为清华大学校长，欣然为文集作序。那套文集收录了不同时期的二百余篇代表性论文，集中体现了李志坚院士卓越的学术成就。如今，由清华大学科学技术与社会研究所的研究团队经过认真细致的研究整理，撰写了《微纳世界中国芯：李志坚传》一书。这部以传记形式完成的研究报告，作为中国科协"老科学家学术成长资料采集工程"项目的成果之一，生动地展现了李志坚院士一生的成长经历和丰富的治学经验。我非常高兴再次为有关李志坚院士的书撰写序言，并很愿意把这本图文并茂的传记推荐给广大读者。

  我和李志坚先生相识，是在20世纪70年代中期。那时，我刚刚从清华大学固体物理研究班分配到半导体车间工作。正如这本书中所描述的那样，当时李志坚先生从绵阳回到清华不久，又刚刚经历了儿子早逝的痛苦，但他全身心地投入了科研和教学。我作为青年教师，正是在李志坚先生领导下工作，得到他的许多帮助和教诲。1977年，这个领域召开了一次国际学术会议，当时刚刚粉碎"四人帮"，改革开放还未开始，李志坚先生就鼓励我们参加。在他的悉心指导下，我完成了一篇论文，并被国际会议所接受。这是我人生中的第一篇学术论文，所以至今记忆犹新。为了开展一些基础研究，我提出要花两万美元购置一台实验设备，那时候两万美元还是一个不小的数目。但李志坚先生听了汇报后,觉得有意义,就同意了我们的申请。1978年,我再次进入了清华恢复创办的固体物理研究班学习,而后又到丹麦攻读博士学位,李志坚教授亲自为我写了推荐信。回顾过去,李志坚先生对事业的忘我投入、对青年热情扶持,令我终生难忘。在半个多世纪的研究和教学生涯中,他培养了一大批活跃在国内外学术领域及各个方面的人才,创造了大量高水平的研究成果,体现了老一辈科学家的高尚品德和严谨学风,值得我们永远纪念和学习。

回顾李志坚院士成就卓著的一生,另一点重要感受是,他作为一名战略科学家面向世界前沿、立足中国实际,在学术上的高瞻远瞩。李志坚院士的人生历程,与中国微电子学科的发展进程、与清华大学微电子学的建设成就息息相连。早在20世纪50年代后期,他就提出以硅技术作为本专业的主要研究方向;70年代末,又坚持了以CMOS集成电子学带动整个学科发展。这些学术往事在这本书中都有着具体翔实的描述。正像我在《李志坚文集》的序言中就曾说过的那样,这两次学术方向的择决,对清华微电子学科迄今得以持续发展并努力保持在国内前列,具有重大意义。

在李志坚教授逝世三周年之际,由他培养的学生、校友捐资,在清华大学设立了"李志坚励学基金"。这一基金是对李志坚先生的缅怀,也是对他为学为人理念和品格的继承。现在,这本传记的出版将对我们更加全面而深入地了解李志坚院士的经历、学习李志坚院士的精神,提供有益的帮助。衷心希望读者朋友特别是青年学子们,能从李志坚院士的一生历程中得到教益、受到启迪,学习他的高尚品德、人格魅力、治学思想和精神风范,在事业上孜孜不倦、勇于探索、执着坚定、精益求精,在生活中关心他人、谦和宽容、诚实正直、乐观向上,让老一辈学者的优秀品质和良好作风代代相传、发扬光大。

清华大学高等研究院院长
北京市科学技术协会主席
中国科学院院士

顾秉林

2014年6月16日

目 录

老科学家学术成长资料采集工程简介

总序一 ································· 韩启德

总序二 ································· 白春礼

总序三 ································· 周　济

序 ····································· 顾秉林

导　言 ·································· 1

| 第一章 | 家世与童年 ························· 9

　　悠悠柴桥情 ····························· 9
　　柴小时光 ······························· 14

| 第二章 | 求学之路 ··························· 18

　　战火中的中学时代 ························ 18

	走进物理学的殿堂 ……………………………………… 29
	同济助教 …………………………………………………… 43
	留苏预备生 ………………………………………………… 46

第三章　走向半导体 …………………………………… 49

	新领域的召唤 ……………………………………………… 49
	立足于世界前沿 …………………………………………… 54
	艰苦而充实的留学生活 …………………………………… 58

第四章　落脚清华 ……………………………………… 64

	清华园与"清华缘" ……………………………………… 64
	返乡与"劫"站 …………………………………………… 66
	年轻的半导体教研组主任 ………………………………… 67

第五章　投入半导体的"大跃进" ………………… 70

	鼓足干劲与全民科学 ……………………………………… 70
	走"南锗北硅"的路线 …………………………………… 73
	向十年大庆"献礼" ……………………………………… 76

第六章　挫折与坚持 …………………………………… 81

	向国际前沿靠拢 …………………………………………… 81
	"只差三年" ……………………………………………… 83
	逆境中的坚持 ……………………………………………… 89

| 第七章 | 走进科学的春天 ········· 94

　　创建清华大学微电子所 ········· 94
　　突破封锁，占领高端 ········· 108
　　为了国家的信息安全 ········· 120

| 第八章 | 迎接新的挑战 ········· 136

　　战略科学家 ········· 136
　　"大科学"与"小科学"之惑 ········· 140
　　希望和骄傲——李志坚和他的学生 ········· 147
　　大爱无疆 ········· 159

结　语　历史长河中永远的浪花 ········· 166

附录一　李志坚年表 ········· 170

附录二　李志坚主要论著目录 ········· 205

参考文献 ········· 214

后　记 ········· 216

图片目录

图 1-1	父亲李国瑞和母亲胡翠英	11
图 1-2	李志坚故里浙江宁波柴桥	11
图 1-3	李志坚故居老街一瞥	12
图 1-4	李家最早的店铺	13
图 1-5	为柴桥小学百年校庆题字	15
图 2-1	李志坚的学籍卡	19
图 2-2	宁波二中名人墙	22
图 2-3	1949年初夏浙江大学物理学会会员留影	35
图 2-4	1950年浙江大学物理系学生与王淦昌先生合影	36
图 2-5	1950年初夏浙江大学物理系师生留影	42
图 2-6	1952年李志坚三弟李志达委托赵松龄提交的放弃生活补助的申请	45
图 3-1	1954年留苏同学学习照	50
图 3-2	1954年李志坚在列宁格勒	53
图 3-3	李志坚从苏联带回的工具箱	55
图 3-4	1954年李志坚和杨桢在列宁格勒	57
图 3-5	1955年张礼在列宁格勒为李志坚拍摄的照片	59
图 3-6	1955年留苏同学在列宁格勒合影	59
图 3-7	1955年周培源来到列宁格勒看望留苏学生	60
图 3-8	1955年李志坚和张礼	62
图 3-9	1956年留苏同学集体合影	63
图 3-10	1959年苏联《固体物理》创刊号发表的李志坚的文章目录	63
图 4-1	李志坚"我和清华大学微电子所"	66
图 4-2	1952年建成的清华大学立斋	68
图 5-1	半导体专业所在的清华大学东主楼	72

图 5-2	1962年出版的《半导体材料硅》	74
图 5-3	1958年10月12日《新清华》报导半导体教研组的成果	78
图 5-4	1959年半导体教研组的小组讨论及试制出的三极管	79
图 6-1	1965年半导体专业的第一批研究生	84
图 6-2	"文化大革命"期间的清华大学绵阳分校	88
图 6-3	1976年第一期《国外电子技术》杂志上刊登的李志坚的文章	90
图 6-4	1976年李志坚和家人合影	91
图 6-5	1979年李志坚获得全国劳动模范称号	92
图 7-1	1978年李志坚被评为教授的材料	103
图 7-2	清华大学信息科学三系一所历史变迁图	104
图 7-3	1980年清华大学关于建立微电子学研究所的决定	106
图 7-4	20世纪90年代李志坚团队研制的硅片	112
图 7-5	1987年李志坚获得的国家科技进步奖二等奖的奖章	113
图 7-6	1988年李志坚获得的国家科技发明奖二等奖的奖章	115
图 7-7	1991年李志坚、徐葭生负责的"超大规模系统集成的基础研究"报告	116
图 7-8	1991年9月30日,《人民日报》刊载"我微电子技术跨上1微米台阶"	117
图 7-9	1991年李志坚被评为中国科学院院士(学部委员)纪念牌	118
图 7-10	1995年李志坚再次获得国家科技进步二等奖	118
图 7-11	李志坚和陈弘毅	121
图 7-12	身份证专用芯片设计和制造的时间要求	129
图 7-13	身份证换证周期示意图	132
图 8-1	1997年李志坚在新加坡讲解微电子发展前景	139
图 8-2	李志坚和王守觉在一起	144
图 8-3	2003年李志坚获得"清华大学教书育人奖"	147
图 8-4	2009年李志坚为李铁夫修改的博士论文	149
图 8-5	2009年李志坚和他最后一个学生李铁夫合影	150
图 8-6	1986年李志坚为徐葭生评教授所写的鉴定	152
图 8-7	李志坚手稿《纪念亡故的五位教师同事》	154
图 8-8	2008年李志坚赴天津参加葛守仁院士八十大寿	156
图 8-9	李志坚最后一个学生李铁夫获得清华大学优秀博士论文一等奖	158

图 8-10　2010 年李志坚带病看望返校的校友 ⋯⋯⋯⋯⋯⋯⋯⋯⋯⋯⋯ 158
图 8-11　2010 年王守觉为李志坚文集作序 ⋯⋯⋯⋯⋯⋯⋯⋯⋯⋯⋯⋯ 163
图 8-12　采集小组成员与李志坚家人的合影 ⋯⋯⋯⋯⋯⋯⋯⋯⋯⋯⋯ 165

导 言

李志坚（1928—2011），电子学专家，清华大学教授，信息科学与技术学院学术委员会委员，清华大学微电子所创始人之一，曾长期任清华大学微电子学研究所长，1991年当选为中国科学院院士（学部委员）。

李志坚出生于人杰地灵的浙江镇海，同为镇海人的画家陈逸飞一幅《故乡的回忆——双桥》画出了江南水乡清澈的小河、质朴的民宅和寄托绵绵乡情的石板桥。流水、石桥养育了无数聪敏、坚毅的镇海人，李志坚便是其中凭借自己的努力和坚持获得成功的优秀一员。

李志坚的父亲是一个自己创业的普通商人。他从挑着"货郎担"翻山越岭几十里到临乡叫卖的小商贩，发展成为在柴桥镇上拥有三间店面的业主，其努力和奋斗的一生成为子女们人生路上的第一个楷模。李志坚的母亲是一位传统的家庭妇女，十五岁嫁入李家后凭着心灵手巧、坚韧慈爱，将七个儿女抚育成人。父母祖辈虽不是书香门第、权贵家族，却在平凡中为儿女如何做人、如何建业树立了最淳朴的理念。1934年，李志坚在家乡的柴桥小学开始接受启蒙教育，在小学至高中的十三年中，他经历了日机的轰炸，也接受了最热情的爱国教育；经历了被迫退学，也在坚持中说服父母恢复了自己的学业。是战乱让他从小树立了爱国报国的理想，战乱同样也磨炼了他的百折不挠的意志。

1947年李志坚考取名校浙江大学，在物理系何增禄、束星北、卢鹤绂、王淦昌等当时中国物理学界最优秀的教授的引领下走进了物理学的殿堂。大学毕业后他被分配到同济大学物理系任助教，在院系调整时他顶替同事准备去东北农学院任职，却又接到学校通知要他前去北京俄专学习一年后留学苏联。就这样，李志坚在诸多波折中于1953年8月踏上了去苏联的旅程。在苏联的四年半学习中，李志坚克服了语言难关，用半年时间通过了本应准备两年的考试，自己设计、制造实验设备，开创性地成功提出薄膜光导体的晶粒电子势垒理论，完成关于CdS、CdSe薄膜的电子激发电导的毕业论文，用明确的实验结果证实了多晶膜的晶粒间电子势垒对电导、光电导所起的决定性的作用，及这一势垒与晶界状态、晶粒大小等依赖性的有关规律，以优异的成绩获得了苏联列宁格勒大学物理-数学科学副博士学位。

得知学习半导体专业的李志坚即将回国，正在创建中的清华大学无线电系负责人亲自开车去火车站将他"劫"到了清华。在如此盛情下，李志坚没有按当时的传统回到留学前的派出单位，而是留在清华大学刚刚组建成的半导体教研组，不久便被委以教研组负责人的重任，并开始主持半导体研究。在之后的工作中，李志坚和他的同事们攻克了纯度高达"九个九"的多晶硅的制作，紧接着又在研制"平面型高反向击穿电压硅晶体三极管"中取得成功，并早在1963年就开始酝酿集成电路的研究。

1980年，在原有无线电系半导体教研室和计算机系半导体车间的基础上，清华大学微电子学研究所成立了。作为副所长的李志坚主管科研，建成了3微米MOS LSI工艺线，研制出的C m8085 NMOS高速微处理器获电子工业部科技进步一等奖，1k×4静态随机存储器（CM2114）获北京市科技进步二等奖。在他1985年12月就任所长后，又主持承担了"七五"国家重点科技攻关项目"1—1.5微米成套工艺开发及相应水平大规模集成电路的研制"。在此项目支持下建立了中国第一个超净度为10级的超净环境，建立起中国第一条1mm级VLSI管芯片研制工艺线。此项目最终获得了国家科技进步二等奖。1991年微电子所承担的1兆位汉字只读存储器顺利通过了部级技术鉴定，宣告我国首次跨上了1.5微米工艺和百万个元器件集成度的技术台阶，并于 1995 年获国家科技进步二等奖。李志坚个人则在 1979 年获得全国劳动模范称号，1991 年当选中国科学院院士（学部委员），获 1997 年度陈嘉庚信息科学奖、2000 年度"何梁何利基金科学与技术"进步奖。如此多个重大奖项齐聚于李志坚的一生，可谓奇观。

  迄今为止关于李志坚的研究仅有一些零星的短篇传记[①]、采访报道[②]以及纪念文章[③]，还未有李志坚的传记专著出版。已出版的文字可以帮助我们粗略概括李志坚的一生，但要想让他的学术人生更加丰满充实地展现给后人，还需要更多的资料挖掘。作为清华大学重点学科"微电子学"的领军人物，李志坚的学术人生展现了清华大学学科创建的发展与变革，也是中国近代科技发展史的重要组成部分。早在 2001 年，清华大学的同仁曾系统详细地对包括李志坚在内的微电子所的重要成员进行过数次访谈（其中采访李志坚 3 次），并形成了一系列成果。[④] 在这些成果的基础上，课题组于 2008 年 1 月拜访了李志坚，对一些关键问题进行了集中访问。但就在课题组做好前期准备工作，试图进行全面访谈时，李志坚因病逝世，此项工作也被迫搁浅。幸运的是，2012 年中国科协启动了老科学家学术成长资料采集工程，在前期工作的基础上，课题组申报了"李志坚学术成长资料采集"项目，该项目得到了立项机构和有关专家的认同。如此契机让课题组得以继续该项工作。课题组成员立刻与李志坚远在美国的女儿取得联系，得到了与李志坚最为亲近的同学、同事、学生、朋友等二十几人的名单。至此，"李志坚学术成长资料采集"项目紧锣密鼓地正式开始了。

---

  ① 中国科学技术协会编：李志坚。见《中国科学技术专家传略·工程技术编·电子信息科学技术卷 2》。中国科学技术出版社，2007 年，第 208—220 页。
  ② 陆莹、俞子成：一"芯"报国——访中科院院士李志坚。《今日浙江》，2010 年第 6 期；景致：中国 IC 技术的奠基人。宁波北仑地方志网站·人物掠影，2010-1-9；黄伟明：戒骄戒躁，踏踏实实把学问做好——访北京联谊会顾问、中科院院士李志坚。金华宁波人，2010 年 4 月 30 日。
  ③ 戴吾三：李志坚：一生与硅不了情。《自然与科技》，2013 年第 9 期。
  ④ 杨舰、戴吾三主编：《清华大学与中国近现代科技》。北京：清华大学出版社，2005 年；戴吾三、叶金菊：从半导体教研组到微电子学研究所——清华大学半导体专业、微电子学研究所的发展和创新。《自然科学史研究》，2003 年增刊；白欣、杨舰等：清华大学微电子学科的建立及产业化的发展——杨之廉教授访谈录。《半导体技术》，2011 年第 5 期。

在"李志坚学术成长资料采集"历时一年多时间里，课题组几乎走访了能联系上的所有与李志坚相关的人士，如李志坚的三位大学同学：赵松龄（同济大学退休教授，大学毕业后与李志坚一起被分配到同济大学，共事一年）、袁运开（原华东师范大学校长）、李申生（首都师范大学退休教授）；两位留苏同学：张礼（清华大学高等研究院教授）、杨桢（中国原子能科学研究院研究员）。李院士的同窗旧友现都已是年入古稀的老人，他们多是曾在教育界和学术界做出杰出贡献的大家。每当他们回忆起曾经年少的生活时，我们总能看到前辈们看尽人间世故、历尽沧桑的双眼闪烁绽放出的熠熠光彩，看到他们曾经在美好的时光里为各自的梦想所挥洒的汗水，以及同窗之间的真挚友情。追忆着他们已逝的这位同窗好友，他们除却一次次地发出惋惜和慨叹之外，更多的是对李院士曾经刻苦学习和奋斗的崇敬，以及对他高尚人品的赞扬。

此外，课题组还走访了李志坚的老领导、微电子研究所的第一位所长南德恒；李志坚之后继任的两位所长钱佩信和陈弘毅，他们是五十年代中后期半导体教研组培养出的优秀人才，陈弘毅还是由李志坚指导的最早的硕士生。在我们访谈的微电子所在职人员中，大部分是李志坚的学生，如齐家月、王志华，还有他指导的最后一名博士生李铁夫。为了对李志坚某几个特殊时期的工作有更深刻的认识，课题组还走访了参与半导体教研组早期工作的杨之廉，一起参加绵阳分校建设的贾松良，曾一起在北京半导体车间工作的李瑞伟。还有王阳元院士，在百忙中接受了课题组的访谈要求，回顾了李志坚与他半个多世纪的老乡情、朋友情、同行情。

在不间断地进行访谈整理的同时，课题组利用清华大学档案馆、图书馆开辟获取材料的第二条途径，得到了一些李志坚的亲笔书函、国家重点科技攻关项目的申请书、记录课题思路的笔记本、亲手书写的自传等珍贵文件。在项目后期课题组也得到了李志坚家属的大力支持，得到了他们捐赠的李志坚亲笔书写的关于超大规模系统集成的基础研究手稿和关于VLSI系统集成的基础研究的手稿，还有李志坚的弟弟和妹妹亲笔为本课题所撰写的纪念文章。

从各方面收集来的李志坚的丰富材料显示，李志坚的学术人生不仅仅是充满辉煌、名誉和成就的一生，在他获得赞誉的同时也伴随着种种艰辛与苦难：幼年时在日机的轰炸中随父母、学校辗转求学；"四清"时期下乡劳动，"文化大革命"时期被派往绵阳建设新校；重体力劳动导致的肝病之苦，以及突如其来的丧子之痛。李志坚的人生篇章中刻满了时代烙印，却也不乏他对信仰的坚持，在波澜壮阔的历史中镌刻着自己的人生和事业。在李志坚的学术人生中，既有作为一个学者的冷静和高瞻远瞩，同时亦有着作为父亲的和蔼和作为师长对学生的关爱、支持。我们努力向大家呈现的不仅是家人、同事、朋友、学生眼中更为真实和全面的李志坚，也是以李志坚为代表的一代科学家伴随着新中国成长，在党的关怀下求学，在百废待兴中发展科学的时代缩影。他们的一生时刻与国家的命运相关联，他们的梦想与国家的富强相促进。因此，这篇传记不仅是一个人的人生，也是同时代科学家们的人生映射，从中看到的不仅是一个人，而是一群人为祖国、为梦想、为科学而奋斗献身的传奇。

为了从多方面、多维度展开李志坚的学术人生，本传记按时间顺序以李志坚院士学术事业的开端、发展为主线，突出其中的关键时间和事件。一方面着力于呈现李志坚院士个人在学术探索中的努力和奉献，另一方面也试图描画特殊时代背景下那一代科学家面对政治经济环境所做出的抉择，他们取得的成就既是个人的成功也是时代的产物。传记可大体分为三个部分，第一部分是求学时期（第一、二、三章），第二部分是初入清华大学时期（第四、五、六章），第三部分是创建微电子所及发展时期（第七、八章）。

第一、二章着重描绘了李志坚的家世、出生背景及青少年时期在战乱中的求学历程。为了更准确贴切地描写这一时期，课题组一路跟随李志坚曾经的脚步走访了他的出生地——宁波市北仑区柴桥街道，他曾就读过的浙江省重点中学——镇海中学和宁波二中，以及他的母校——浙江大学。在这些地方，我们获取了有关李志坚的校史记录、档案学籍、大学时期的成绩单和刚入学时亲笔填写的入学调查表等珍贵资料。李志坚的大学同学赵松龄、李申生还提供了数张珍贵的照片合影，其中包括1949年初夏浙江大学物理学会会员留影，合照中还有当时最负盛名的物理学家王淦昌、束星北、何增禄等人。大学毕业后，李志坚服从国家安排在同济大学任助教，之后又被学校推荐、国家考核后以留苏预备生的身份前往北京俄文专修学校学习外语，准备一年后留学苏联。第三章则主要介绍了李志坚在苏联的学习、生活状况，通过访谈留苏同学张礼、杨桢获取了珍贵的口述史材料，包括当时的留学生如何适应苏联的学习环境，接受与国内截然不同的教育，并以外国学生的身份在研究领域取得成绩并获得苏联教授和同学的尊重和赞赏。同时，我们也获得了当时用苏联相机拍下的展现留学生工作和生活的珍贵照片，包括周培源前往列宁格勒考察时与留学生们的合影。

第二部分是李志坚回国开创半导体研究，这期间有对半导体新方向的开辟，也有在政治运动中的挫折和坚持。在访谈中我们获知李志坚来到清华的前因后果，在"科学大跃进"时期带领半导体教研组坚持科学真理向祖国"献礼"，"文化大革命"中迁往绵阳建设新校。这段历史不仅是李志坚个人处于事业开创最为艰苦并历经磨难的时期，也是中国在科技强国道路上的探索和挫折。在清华大学档案馆中我们找到了关于李志坚1958年初到清华的报到人员登记表，被评为副教授的通告和他撰写的评教授的材料。李志坚家属捐赠了他在苏联留学期间购买并带回国内一直使用着的工具箱、全国劳动模范奖章以及北京市劳动模范奖章。这些成绩的获得是李志坚"文化大革命"十年的积累，也是在最恶劣艰苦的环境中开出的心血之花。

第三部分是李志坚领导下的微电子所蓬勃发展时期，也是他成就一生功业的主要阶段。课题组通过访谈微电子所的历任所长来了解李志坚领导下的微电子所，从80年代创建开始，伴随着科学的春天建成了全国第一所净化级别达到万级的超净车间，突破国际封锁完成1兆位汉字只读存储器的研制，为保护国家信息安全开发出具有自主版权的身份证专用集成电路芯片。通过对李志坚亲属的访谈，我们看到他对科学的爱已深入骨髓，融入生活。他作为微电子所的灵魂人物，指引微电子所的战略发展；作为老师，指导学生丝丝入微；作为患者，科学而又乐观地对待疾病。他的生活因为科学而精彩，同时也正是因为科学，使他在生命的最后更加热爱生活,并把他对生活的热爱传递给更多人。

李志坚的一生是奉献于国家也是奉献于科学的一生,他参与了中国半导体事业的开创,并致力于赶超国际微纳电子技术研究的前沿。在他的一生中,从小就萌发的报国情和强国梦是时代主题更是他矢志不渝的信仰。本书以《微纳世界中国芯:李志坚传》为名,纪念用一颗赤诚火热的爱国心建筑微纳世界的李志坚院士。

第一章
家世与童年

悠悠柴桥情

李志坚，1928年5月1日[①]出生于浙江省宁波市镇海县（现宁波市镇海区）柴桥镇（现属北仑区）。宁波是位于东海之滨（长江三角洲东南）的一座历史文化名城，这个"书藏古今，港通天下"的现代化港口城市，已拥有科学院、工程院院士七八十名之多，而人杰地灵的老镇海（也包括今之北仑大部分）就占了二十名之多。李志坚就是出生在当时有"小宁波"之称的柴桥镇。柴桥镇西临宁波市区，北靠镇海、北仑，东和南濒临依山傍水的穿山、白峰、郭巨、梅山和三山、昆亭等乡镇（现都属北仑区），正是城乡交汇的工农业产品的集散地，也是通向宁波市区和镇海口的交通枢纽。因此就成了上述众多乡镇的经济、文化中心。柴桥

---

① 据李志坚院士的妹妹李田丰提供的老户口本，李志坚生于1928年6月14日（农历四月二十七），但是李院士未能记住自己的生日，为方便则自选5月1日作为生日。宁波市镇海区档案馆提供的档案资料记载，李志坚出生于1929年11月12日，可能也是李志坚自己误记。

很久以前还曾是个"区"的建制，那时上述乡镇不少也归属于它，因而柴桥不但市面繁荣，而且文化兴盛。当时宁波不少著名的越剧班子巡演，可以不去镇海，但柴桥是一定要到的。当时柴桥文化气息较浓厚，民风也较文明、淳朴。李志坚的童年、少年时代就是在这样的环境熏陶下健康成长的。①

李志坚出生于一个普通的商人家庭。父亲李国瑞②是一个勤劳、质朴的商人，从小跟着其父亲学习锡匠，耳濡目染，铸就了其刻苦耐劳和勤俭的品质。李父从创业伊始就是一位有着远大人生理想和志气的青年，他从挑着"货郎担"翻山越岭几十里到郭巨等乡村去叫卖的小商贩，一直发展成为柴桥小有名气的工商业者。李父先后为他五个儿子的取名，也体现出了他自己所追求的品格和人生志向——志坚、志德、志达、志琦、志涛。母亲胡翠英是一位传统的中国妇女，出生悲苦，11岁丧父，幼时一边照顾弟妹，一边与母亲揽针线活维持生计，做得一手好女红。15岁嫁与李父，虽未曾读书，但是婚后一直帮助李父管账，勤俭持家，把家里打理得井井有条。先后生了十个孩子，养大姐妹兄弟七人。李志坚为家中长子，上有两个姐姐（大姐未来得及取名便夭折，二姐名李爱珍），下有弟妹共7人（分别为老二李志德、老三李志达、老四李志琦、老五李志涛和小妹李田丰，另有一妹一弟夭折）。全家老少的一日三餐、四季衣衫都是母亲一人亲力亲为，终年忙个不停。在李志坚的三弟李志达的记忆中，父亲的身上，有一股"不畏艰险、勇于尝试的闯劲，不怕艰难挫折的自信和韧劲，一种自强不息的精神，善于思考，敏锐地掌握机遇、与时俱进的创新精神"。同时在李志达的记忆中，他们的父亲也是个重情义的人，而母亲则是柴桥所有熟悉她的人心目中的"贤妻、良母、好友"。他的母亲不但是父亲事业上的贤内助，而且常常是他处理人际关系的"缓冲剂"和化解矛盾的"中和剂"。父母这种迥然不同的性格也深深地影响了他，并且在他的身上留下印记。

---

① 李志达：大哥李志坚院士的崇高精神和品德更令人感动。2014年，未刊稿。资料存于采集工程数据库。

② 父亲李国瑞（1903-1988），原名李金土，原籍柴桥山门同盟村人。

图 1-1　父亲李国瑞（1903—1988）和母亲胡翠英（1908—1977）（资料来源：李志坚家属提供）

李志坚童年和少年的所有欢乐生活都来源于柴桥镇，更具体地说是柴桥的一条老街（又名老上镜街）。柴桥镇因当地一座古老的桥——柴桥而得名。现如今的柴桥是石制的，但以前是木制的，路面没有现如今这般高，桥的东面就是曾经盛极一时的柴桥镇最为繁华、商业最为发达的"老街"。曾经在这条老街的两端是林立的商铺，充耳即闻的是小商小贩的吆喝声。桥的西面往北百米左右就是历史悠久的柴桥小学。柴桥，连接的不仅是一种商业的喧嚣和繁华、与一种文化的悠远和宁静，更是柴桥人心中的骄傲和传奇。因为隔着柴桥，仅仅间距两三百米的路，东面的中街是李志坚院士的诞生地，西面的下街头即是王阳元院士的老家。仅一桥之隔，出了两个新中国同时代的微电子界泰斗。它缔造的不仅是中国微电子界的传奇，更是当代柴桥人的骄傲。因此，这座柴桥在柴桥人心目中的意义就更加非比寻常，它不仅见证着

图 1-2　李志坚故里浙江宁波柴桥（采集小组 2013 年拍摄）

第一章　家世与童年

图1-3 李志坚故居老街一瞥（2013年。采集小组拍摄）

柴桥镇曾经商业的繁荣，同时也见证着柴桥镇的人杰地灵。桥下幽幽的河水缓缓流淌，缓慢地几乎让人难以觉察，这座美丽而悠久的小镇似乎也与这流水一样，在此刻静止，她想向我们诉说她见过的美丽和繁华。

柴桥镇当年因其经济、文化发达有着"小宁波"之称，而柴桥镇最为繁华的街道当属这条老街。虽然城镇发展，其余街道几易其名，甚至人们也不知道那些街道叫什么名字，但是这条街，柴桥人口头上一直就叫"老街"。老街分为下街、中街、上街，柴桥往东依次是中街、上街，柴桥西面是下街。如今，这条曾经最为繁华的街道已经破败，往昔的熙熙攘攘之象早已难觅其踪。但就在这条街道上，曾经有着来来往往的商贩，有着普通的市井生活，李志坚的父亲和母亲在这里养育着七个孩子，似乎一切都是那么顺其自然，但现在也已经一切都变了，唯一不变的是旁边的河水悠悠流过，但留岁月静好之感。

李志坚的父亲白手起家，积攒了一定的积蓄后，先后在老街这里开了三家门面房，规模都不小，下面是门面，上面住人。[①] 李父做过很多不同的买卖，是一个传统的生意人，从一个货郎担发展到能在柴桥开几爿店，同时与人合资或独资先后开了两爿厂，着实令人敬佩。李志坚及其妹妹李田丰对其父亲也是赞不绝口，李田丰在其文章中这样说："大哥每每提起父亲的精明强干、吃苦耐劳和聪明才智，敬佩之情溢于言表，他对我说："阿爸只读过几年书呀，我们小镇有红道白道人事复杂，要立足小镇做大生

---

① 据李志涛先生说，曾经老街路面有两三米宽。

意，干出这一番事业，太不容易了，阿爸真的了不起！"

李家先后在老街有过三处商铺，第一家"华昌商店"开在上街蒲鞋弄，后被日本人炸毁，李父二十年的心血几乎归零。他受了打击并没有消沉，和李母一起同心协力重整旗鼓，又在上街头另辟店面，第二家商铺——"华昌商店"老店新开。又在中街（即老上镜街）看中了财神殿隔壁的一家店面，李父凭着自己敏锐的眼光、精明的经济头脑，根据市场所需，就这样踌躇满志开办了第三家店铺——"华昌药房"。父亲后来还买下了"华昌药房"店面后的一块紧靠财神殿的较大空地，倚着财神殿的超高山墙，请来工匠，大胆设计，建造了当时在柴桥还很少见的三层楼。把后街大茂里的家搬到了中街，李志坚最小的弟弟妹妹就出生在这里。从此，李家真正成了前面店堂、后面住家的街里人。

保留完好的是第二处商铺"华昌商店"，李志坚大姐家的药材店就开在华昌商店的隔壁。第三处商铺在老上镜街，现已同隔壁的财神殿一起合并改为家具店了。李志坚院士的出生地位于原李家旧宅柴桥"大茂里"，现如今，人去，楼亦不复在，只余空荡荡的一块空地供亲人们和我们这样的仰慕者遐想。

现今的老街已经是改建过的老街，房子是新建立起来的房子，街道是重新修葺的更为宽阔的街道。但是老街，已不似当年繁华的老街。现如今的"柴桥"也早已不是当年的柴桥镇，李志坚履历上的籍贯"浙江省宁波市镇海县柴桥镇"，也已经改成了"浙江省宁波市北仑区柴桥街道"。如今的北仑也早已从原先的镇海县脱离出来，这座全国第二大港口经过近二十年的开发建设，已融入"长三

图 1-4 李家最早的店铺（也是至 2013 年唯一保存完好唯一一处的店铺。采集小组拍摄）

第一章 家世与童年

角"经济开发区,成为华东地区新崛起的现代化港口城市,我国重要的航运、物流、加工制造和贸易中心。这片"海濡之地"正经历着翻天覆地的变化,工业化步伐不断加快,一大批临江大工业正迅速崛起。

但是,不管怎样,老街人的生活还按照先前的轨迹在继续,这个曾经诞生在市井之中的孩子成长为新中国微电子界泰斗的传奇仍被这里的人们口口相传。或许谁都没有想到,曾经有着"小宁波"之称的柴桥镇会没落,正如这条曾经最为柴桥人民骄傲的老街难觅繁华的踪影一样,然而我们至少可以感受到,这里繁华过后的宁静,以及柴桥人对美好生活的追求和向往。我似乎隐约感觉到,李志坚容人的脾性、刻苦努力钻研学习、以及不屈不挠研究微电子事业的个性,似乎与这里极为相称。柴桥坚实地伫立在眼前;微风吹来,桥下的芦江河水,静静地向东流去……这似乎象征着李志坚方向坚定、宁静致远的人生历程和举重若轻、从容泰然的处事风格。

柴 小 时 光 [①]

我出访过许多国家,见过鳞次栉比的高楼大厦、见过灯红酒绿的喧闹繁华,但最令我永远怀念、时刻梦绕魄牵的,依然是家乡的田埂小路、粉墙黛瓦。竹影婆娑摇曳,绿水环绕人家,依然是屋脊上那一缕淡淡的炊烟,柴桥镇上那座古老的柴桥、窄窄街道上的青石板和桥畔河边的柴桥小学。我忘不了童年时代母亲的循循善诱:"你要发奋读书",忘不了父亲的谆谆教诲:"传家有道唯存厚,处世无奇但执真"。[②]

这是王阳元院士在柴桥小学百年校庆特刊《百年柴小》中撰写的"百年柴小述怀"中的一段文字,深切而实在地表达了身在异乡的柴桥人对这

[①] 本章关于柴桥小学校史均出自柴桥小学提供的柴小百年校庆资料——《百年柴小》。
[②] 王阳元:百年柴小述怀。见:柴桥小学编:《百年柴小》。内部资料,第42页。

座古朴的乡镇和母校的怀想及依恋。王阳元比李志坚小五岁,当他1941年(六岁)就读柴桥小学之时,正逢李志坚毕业。

翻开《百年柴小》扉页,赫然入目的是李志坚院士和王阳元院士的题词。李志坚的题词是:

贺母校百年大庆。自强不息,厚德载物。

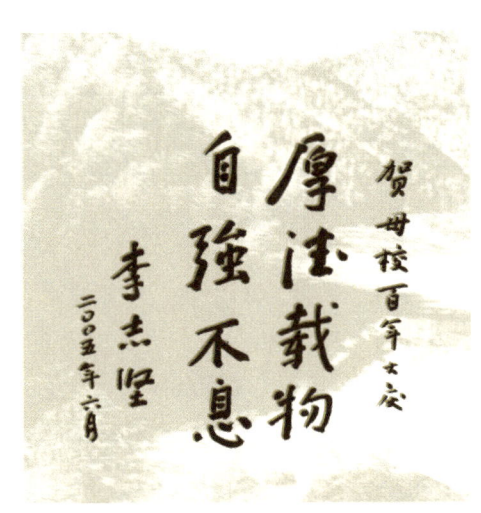

图1-5 为柴桥小学百年校庆题字(资料来源:柴桥小学)

王阳元的题词是:

人类社会的物质文明和精神文明的建设都必须从教育着手,而小学教育则是基础教育的关键环节。办好小学意义至关重大,小学教师肩负人类灵魂启蒙工程师的崇高使命。书贺:柴桥小学建校一百周年。

两位同一时代的新中国微电子界泰斗,家隔两三百米的两位院士均出自这所柴桥小学,两位院士的老家离这所小学也很近。柴桥小学位于宁波市北仑区东部穿山半岛的柴桥镇庐江北路1号。学校创建于清光绪三十一年(1905),当时热心教育事业的钟观光(字宪鬯,清秀才,世界著名植物学家,北大教授,柴桥姚江岸人)与曹赞宸等在家乡柴桥借新当典(现为柴桥医院址)创办了"两级芦渎公学",这是柴桥第一所新型学校。1912年又以原观澜书院的田产屋宇在柴桥公输殿观音阁之东,建造新式校舍(现校址)。校舍仿日本早稻田大学模式,呈角尺形状,因其地处芦江河北岸,定名为"芦渎高级公学",经费取自茶捐、穿山号房费、行商公串。招收柴桥、郭巨等地区子弟入学,当时有学生近百人。1924年改为县立第二小学,后更名为县立柴桥小学。曾经的柴桥文化兴盛,这所小学也曾是附近乡镇少年学子"向往的学府"。①

到了李志坚上小学期间（1935—1940），恰是抗日战争之时，历任校长胡劳达（1934年8月—1939年1月）、张万青（1939年2月—1940年1月）、曹杏英（1940年2月—1940年7月），柴桥小学规模相比30年代初大大缩小。1939年，校舍遭日机轰炸，停办3个月。后为使学生能继续求学，学校暂时迁紫石前郑，借祖堂上课，当时有4个班级，学生130余名。1940年又搬到柴桥钟氏祠堂（现为向阳小学址），更名为柴桥镇中心小学。为躲避日机轰炸，大家颠沛流离。我们可以从同一时期的柴小校友笔下看到了这段历史的惊心动魄和在战争阴霾下的柴小生活。

有两个日子，我永远忘记不了。一个是1939年的五月初六，一个是1949年的八月十六。

1939年6月22日，农历五月初六。上午8点10分，日寇从定海飞机场起飞5架飞机，狂轰滥炸柴桥。日机机身上"红膏药"清晰可见。那次轰炸，共投弹17颗，炸毁房屋40间。炸死4人，炸伤7人。当时，我们幼儿园的小朋友们，正手拉着手，围着圆圈，在朝南一排教学楼下的中间大礼堂里，由老师带领，高高兴兴地唱着歌、跳着舞。当有人大喊："日本鬼子飞机来了"时，已经听到了飞机的轰鸣声。老师赶快疏散学生。因为平时早有教育，只是这是第一次，心里非常害怕。脑子立即想到何处最安全？奔出大门，一纵身跳进芦江河中。待炸弹炸毁校舍后，才从河中爬起，急忙往沃家大明堂家里跑去。此时，汽车站（即老站）、柴桥区公所（现为工商银行）一带，许多家长急着要去学校找自己的孩子，却有许多人维护秩序不让家长们过来，怕许多人拥挤在一起伤亡大。我一眼看到了我的妈妈，急忙投进她的怀抱。妈妈牵着我的手，从区公所和教堂中间的一条石板路上跑去。刚跑到池塘边（现为立明快餐店后面），耶稣教堂被炸了。由于柴小被炸，没法读书，先后借紫石前郑和"四脚亭"旁的林家祠

---

① 李志达：大哥李志坚院士的崇高精神和品德更令人感动。2014年，未刊稿。资料存于采集工程数据库。

堂和对岸的钟家祠堂，以及祠堂后面的轮船家民居（现耶稣教堂附近）上课，更名为柴桥镇中心小学。①

在沃墅松先生的笔下，我们看见了那个时代朝不保夕的生活，师生们总是要提心吊胆地提防着日军的偷袭和轰炸，时常要进行逃生准备和演练。

虽然由于中日战争，时局吃紧，但即使是宁波、镇海等城市陷落以后，日寇也没有在柴桥这座小镇上驻扎过。因此，时有北方流亡的爱国知识分子临时来此落户，又有许多原在上海、杭州等地工作、读书的青年人逃难回乡下来。他们一方面带来了爱国抗战的进步思想，另一方面也大大加强和优化了当地中、小学的师资队伍，这使少年时代的李志坚受益匪浅。小学时期有一位姓江的老师给他留下了深刻的印象，江老师是从北方流亡下来的，"他教自然常识课非常有趣，常常提出各种各样的问题叫我回答：诸如天空为什么会出现彩虹，蝗虫能不能吃，等等。这养成了我对自然物理现象进行深究的兴趣。记得一个晴空万里的夜晚，我与三弟进行过一次一问一答的辩论，他提出了许多今天的《十万个为什么》一书中罗列的问题。"②

李志坚在柴小就读期间，其国际大背景是反法西斯战争，就国内而言是抗日战争和解放战争，这是一段社会动荡、政治极其灰暗的时期。他们几易校舍，但是，从小勤奋、刻苦、好学的李志坚从未放弃过求学，不论外界如何嘈杂，他从未停止在书山上攀登。

---

① 沃墅松：炸弹从头顶上呼啸而下。见：柴桥小学编：《百年柴小》。内部资料，第58页。
② 李志坚：李志坚手稿。未刊稿。资料存于采集工程数据库。

第二章
求学之路

战火中的中学时代

　　李志坚初中就读于现今的镇海中学，这所中学如今声名远扬，享誉浙江省，它在李志坚就读时即是附近乡镇少年学子向往的学府。该校的前身是创办于1911年的镇海中学堂。

　　所有历史悠久的学校都不可避免的，就是在历史巨变下的更迭，镇海中学亦是如此。在战火下，她也几易其名。这可以从我们获得的相关资料中得到印证，镇海档案局提供的李志坚在镇海中学的相关资料显示："镇商肄业"。而李志坚在生前一直跟我们说起的都是镇海县中，或是私立蛟川中学，或许他自己也未曾见到过这份档案。那究竟是怎么回事呢？原来镇海中学在1932年秋改制为县立初级商科职业学校，1933年秋又依照教育部颁发规程，改名为县立初级商业职业学校（简称初级商校）。

　　1937年全面抗日战争爆发，镇海一度成为浙江抵御日寇入侵的要塞，也即战争的最前线。为了在战火下不中断学业，保障学生的安全，学校几度在农村和山区辗转。1937年学校迁至西门外渡驾桥回向寺；1939年8月又迁校于柴桥瑞岩寺；1940年底，根据当时县府指示，学校迁至庄市汤家庙。直至1942年秋天，借霞浦小学校址恢复县中。为避日伪注目，对外称"私立蛟川中学"。1943年春学校又添设简师班，同年8月，日伪在县城开办镇海县立中学。秋，镇海县府接办"蛟川中学"，再迁瑞岩寺上课。1944年春，蛟川中学改为县立中学，正式由县政府接办。县政府接办中学后，迁校至瑞岩寺。是年底，浙江省教育厅正式核准并颁发钤记，正校名为镇海县立初级中学。

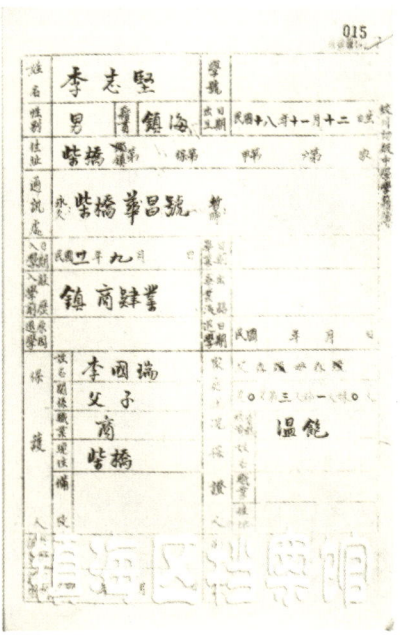

图2-1 李志坚的学籍卡（1929年。资料来源：宁波镇海档案馆）

我们可以从镇海中学的历史照片、大事记和同时代相关校友的文字叙述中还原那个战乱和师生辗转的历史场面："1941年初，为便于县政府接应，学校迁至庄市汤家庙上课。4月19日凌晨，闻知县城已被日本侵略军占领，学校仓卒解散，校具簿册散失无存。镇海沦陷后，县城被日伪占领，国民党游击县政府在江南山区活动，并控制柴桥、郭巨、大碶、长山等区。1942年秋天，我校由曹峰、周维新等组织校务协进会，借霞浦小学校址恢复县中。为避日伪注目，我校对外称'私立蛟川中学'。"[1]

43届学生陈士金也回忆了学校迁至庄市汤家庙的情形："41年2月，寒假未终，接到学校通知，校址迁至庄市汤家庙。我读初一下。可是不久，平静的学习生活又被打破了。4月19日凌晨，我在睡梦中被喊醒，寝室内外一片乱哄哄。原来日本鬼子在镇海登陆，书读不成了，老师要我们快些准备，轻装随校长逃难去内地。天麻麻亮，在校长、老师带领下，三

---

[1] 镇中简史（1911-2013）。http://www.zhzx.net.cn/content/01campus/04history.asp。

第二章 求学之路

个年级一百三四十名学生，急匆匆往南逃去。一路上头顶时有日本飞机盘旋轰鸣、扫射轰炸，在经过鄞县的一些乡镇后，第三天来到奉化境内，当晚住在农村的一座祠堂里。由于路途劳累，我们倒下就睡得很死。早晨醒来，发现一部分师生先走了，留下的决定干脆回家。我经过两天跋涉，终于回到了家。后来也听不到复学的通知，我的县中生活就这样夭折了。"[1]

李志坚是1940年入学，当时他还很小，被子还不太会叠，同样跟着老师同学逃到外面，这一时期生活环境极为恶劣，条件极为辛苦，教学设施匮乏，但是师生们却不以为苦，依然勤奋学习。"在瑞岩寺时的县中，环境艰苦，条件困难，教师不齐，课本不全，图书仪器更无所有；师生睡地铺，吃青菜淡饭，自己动手开辟活动场地，但师生们非常珍惜这来之不易的学习机会。清晨，学校琅琅书声伴随古寺钟声；夜晚，学生们在昏暗灯光下勤奋攻读，学校开创了辛勤教学、艰苦奋斗的好校风，为国家培养了一批人才。"[2] 据镇海中学记载，李志坚和同为中科院院士的沈自尹都为这一时期的校友。

在李志坚的初中时期，有三位老师给他留下了深刻的印象。一位是数学老师朱津昌，他原是上海江亚轮船的大副。"他教课生动活泼，语言幽默诙谐、引人入胜，使我对平面几何大感兴趣。我们几个好友，几乎天天利用课余做几何难题，互相竞赛。还记得，我对设虚线特别拿手，往往很难的题，设一条虚线就迎刃而解，同学们喜称我为'设虚线大王'。"另外两位老师则是语文教师，他们是父子俩。"曹敬轩老先生是北大来的，教古文，包括《史记》、《孟子》、《古文观止》等，他挑着教。他不仅教文言，更多是教历史，教中华优秀伦理道德。他对古文分析丝丝入扣，朗读韵味十足。小曹（曹余章——后著有《中华前后五千年》等）是当时复旦大学的学生，逃难回乡兼课。他主要教白话文，教我们现代文学和写作技巧。曾记得，我写了一篇作文，用一片被狂风吹落的绿叶的孤独及如何任人践踏的惨状与无助，来比喻那些受日寇蹂躏的苦难同胞。小曹老师对这篇作文大为欣赏，他不仅通篇加以批注，而且几乎是对作文

---

[1] 吴国平主编：《浙江省镇海中学校园问典》。浙江省镇海中学，2004年，第81-82页。
[2] 镇中简史（1911-2013）。http://www.zhzx.net.cn/content/01campus/04history.asp。

作了重新改写。两位教师对我们作文的认真批注,尤其是那些密密麻麻的圈点使我印象极深。我想,如果不是后来的实际情况发展,自己很有可能会向文科发展。"①

李志坚的小学、初中、高中几乎都是在战争的炮火下度过,在战争接踵而至、不得安宁的年代,李志坚亦曾随家人一起逃到了距柴桥镇约五公里的紫石河头村避难,但在此期间,他仍坚持自学。虽然在战争年代,但对于少年李志坚而言还是比较幸运的,他不仅没有因此辍学,反而是有机会接触到一些避难回来的先进知识分子,并接受他们的教育和指导。但是他的高中生涯就没有这么幸运了。在一次日寇轰炸时,李家被夷为平地,从此家境衰落。同时,因为附近没有高中,只有在较远的临海县有一个不受日寇控制的临时高级中学,因路远,家长不放心,不让去。所以,初中毕业的李志坚只能辍学在家,帮助父母料理生意。②在1943—1944年这一年时间,这个个子不高,眉目清秀的少年曾帮助父亲看店管账,父亲李国瑞也即顺理成章地提出让他放弃学业,作为长子理应接手他毕生为之奋斗的家族事业。但是这些显然都不能成为李志坚放弃学业的理由,因为在这个少年的心中,只有读书才是唯一一件令他魂牵梦绕的事。

于是父子之间的"战争"悄然而起。15岁的李志坚为了抗议父亲,就再也不去商铺帮忙,一直躲在阁楼上看书。③毋庸置疑,这场战争的胜利者是年少的李志坚,而真正的"军师"则是她的母亲,是她坚持劝说李父,才让李志坚在此后有机会重返校园。

翌年,附近东钱湖办起了一所临时联中,此时,期待已久的李志坚终于得以重返校园,在联中插班上了高二。④1944年的联中,即是今天的宁波市第

---

① 李志坚:李志坚手稿。未刊稿。资料存于采集工程数据库。
② 李志坚:李志坚手稿。未刊稿。资料存于采集工程数据库。
③ 李田丰:纪念大哥文章。2013年,未刊稿。资料存于采集工程数据库。
④ 李志坚本人回忆,在家自学了大约一年后,跳级回到学校上高二。但据鄞县联中记载,李志坚于1944年9月入学后,休学半年,即1945年2月便回到学校继续学业。参见怀念联中编辑委员会编辑:《怀念联中——纪念鄞县临时联合中学建校五十八周年》,宁波银行印刷厂,2000年,第142页,第189页。

图 2-2　宁波二中名人墙（采集小组 2013 年拍摄）

二中学，其前身是发端于民国元年（1912 年）创设于月湖竹洲的宁属县立女子师范学校。百年来，校名沿革依次为"中山公学"、"宁波市市立女子中学"、"鄞县县立女子中学"、"鄞县县立临时联合中学"、"鄞县县立中学"、"宁波市市立中学"，1954 年更名为"浙江省宁波第二中学"，沿用至今。在　个多世纪以来，这所月湖竹洲岛上的二中滋兰树蕙，功德昭彰，英才辈出，各领风骚。涌现出了金维映、陈修良、朱枫、沈自尹、李志坚、於梨华、励名强、徐锦航、路甬祥、叶如棠、徐金梧、何亚非、毛一雷等知名人物。

　　1941 年 4 月，宁波沦陷，女子中学停办。为使千百学子恢复求学，10 月中旬，经教育厅批准，由县长任命汪焕章为校长，筹建创办了以女子中学、商业职业学学校和乡村示范学校三所为基础、同时吸收私立甬江女中部分师生的鄞县县立临时联合中学（建成联中）。次年 1 月，择址宁海龙宫村的育英书院、崇德堂（星聚堂）、三之堂。3 月，开始入学训练，分初高中普通科、高中师范科、简易师范科、高级商科暨师范科附属小学等。此后又辗转新昌县属方口、儒岙附近的清凉寺、天兴庵和耕耘庵，宁海前童崇教寺、跃龙山、苍山书院、鄞东陶公山等地。1945 年 9 月迁回竹洲。我们可以从 47 届校友李克用[①]《难忘的同学与老师》中看到他们回校的热闹场面："1945 年夏，日寇投降，我们从东乡钱湖中学敲锣打鼓返回市区。"

　　李志坚 1944 年读高中时，此时这所学校是"鄞县县立临时联合中学"。

---

① 李克用，原名李追深，47 届高中校友。中国作家协会会员。已出版文学著作七部。中国书画家协会会员，书法家。入编过《中国书法》《当代著名书法家墨迹选》。

但他并未因此而免于颠沛流离，在这种战乱的年代，处于战火之下的百姓，谁都无法过得安生，此时的联中为了躲避战乱也在育英书院、崇德堂（星聚堂）、三之堂、新昌县属方口、儒岙附近的清凉寺、天兴庵和耕耘庵，宁海前童崇教寺、跃龙山、苍山书院、鄞东陶公山等地迁移和辗转。我们可以看看上世纪40年代的宁波校友笔下的灰暗时代和艰苦但又不乏少年志趣的联中生活：

在敌伪统治下生活，有两件事对我刺激很大，从而改变了我的生活进程。

第一件事，我在汪伪办的县立中学念书，全班同学不知何来天大的勇气，一致用罢课行动坚决拒绝唱日本歌。结果可想而知。

第二件事，宁波市有个标志性建筑，即位于市中心横跨奉化江之上的灵桥。凡国人跨过桥时，无论男女老幼，都要向守桥的日军恭恭敬敬作九十度的一鞠躬，稍有不恭，立遭不测之祸。

痛莫大于屈辱。咽不下这口气，绝不能在敌人面前低头，坚决不做亡国奴。走！1943年1月，我16岁生日后几天，拜别了母亲，第一次离开了家，离开了这屈辱的土地。通过敌伪的重重封锁线，背着不轻的行囊，翻山越岭，徒步二百余里，到达国民党统治区宁海前童小镇，就读鄞县县立临时联合中学。

联合中学是由宁波沦陷时撤出的几所中学合并组建而成。办学条件简陋不堪，校舍只能借用农村各处分散的庙宇、祠堂和民居。学校、民居混杂，学生们自找门路，分散寄宿在农户家里。有现在通常意义上所谓的"校园"。竹架上搁一块长条木板就是课桌。可以毫不夸张地说，除了几页手工刻印的讲义，几乎没有什么教具、教材、图书和文体设施。

生活也过得十分艰难。饭食不见荤腥，一成不变的是8人站着围城一桌，一大碗清汤，沉底的黄豆粒粒可数。偶有"有产阶级"享用猪油（用肥肉熬成油，加点盐，储于漱口杯）拌饭，散发出阵阵香气，惹得大家好羡慕呵，我无福享受这样的美餐。学习之余，毫无例外每个学生还要与臭虫、跳蚤、白虱为伍,和疥疮、疟疾做持久不懈的斗争,这也算是战时流亡中学的一道独特的风景线吧。①

在这个时代,对于十几岁、老大不小的孩子而言,读书似乎也是他们向日本人抗争的一种方式,他们企图通过读书充盈自己、报效祖国,纵使联中时期的读书生活多么艰苦,他们依然以此为乐。前童时期的联中,学生们寄宿在农民家中似乎也是这个时期特有的一种现象。

前童的生活十分艰苦。粮食主要是玉米,顿顿吃玉米糊。从宁波去的同学实在难以下咽。稍有钱的同学就到老百姓家住,吃老百姓的伙食。我有一段时间就住在一个农民家,可以吃到米饭和咸鱼。有些同学在一位老大妈家里吃早点。她会做一种早点,是用红糖炖豆浆,可以熬成糊糊状,又香又甜。我也去尝了一会,但那是要花钱的,我不能老吃。②

联中的生活虽然极为艰苦,但是孩子们却也更加珍惜这种战乱下难得的安宁,他们发奋学习、耻于作弊,树立积极向上健康的人生观和价值观。事实证明,这一届学生成为了各行各业的领军人和佼佼者。

条件艰苦,但大家学习很努力。班级导师沈贻芗是因为虔诚的基督教徒,留学美国归来,单身,为人善良慈祥,教课认真负责。她教英语,用的教材是原版本 New China,是本爱国主义的好书。早上我

---

① 胡志实:联中的歌声。见:宁波二中编:《星海璀璨——浙江省宁波第二中学校友风采录》。2012年,第152-155页。胡志实,45届高中校友。参加过浙东抗日游击队、抗美援朝。1961年起到离休一直在国防科委机关工作,任秘书科、办公室主任。

② 张若田:忆鄞联中。见:宁波二中编:《星海璀璨——浙江省宁波第二中学校友风采录》。2012年,第161-166页。张若田,原名张令誉,44届高中校友。现任上海师大科教所兼职研究员、全国集中识字教学研究会会长、上海师大小学教学研究中心顾问,《新世纪义务教育语文课本》主编、"小学语文教学研究"课题组名誉组长。

常常捧着这本书，在田间树下朗读……考试并不多，也不紧张。我怕的是数学，尤其是解析几何，我真弄不懂……那时考试很认真，绝对不会有作弊的事。谁要是作了弊，那就跟偷人东西那样丢人，并且必然受到严厉惩罚。①

那时生活清苦，但学习气氛极为浓厚。教材是老师发的讲义，都是同学们最需要的内容。老师们仅用了两年时间把高中课程完整地传授给了我们。同学们也是刻苦学习，晚上没有电灯，每人一盏豆油灯在教室里自习两小时，无一缺席。成绩是明显的，据我所知，我们班的同学有大学教授、科学院院士、报社著名记者等一大批社会精英。我在此阶段学习也受益匪浅，当年曾考取清华、交大、复旦，最终选择可上当年复校的吴淞商船专科学校（也是重点大学），想在解放台湾时出点力，参加了人民海军。联中学到的基础知识都得到了很好的应用。②

四十年代的教育明显地突出了战时的特征，呈现出了军事化管理的特点，这点李志坚在访谈中也曾向我们提及：

当时抗日战争已进入相持阶段，当局发出"读万卷书，行万里路"、"十万青年十万军"的号召，动员有文化的青年参加由盟军先进装备和训练的青年军。出于抗日的爱国热情，有多名同学参了军。

1945年初，日敌已显出溃败迹象，为配合盟军在沿海登陆，学校又增设译员训练班。这个班有约290名历届毕业生参加，沈贻芗老师（留美硕士）挂帅，有一名归侨、少校译官主持日常训练，另有一民中英血统的青年为口语辅导员。

全校实施军事化训练，普高学生毕业前还进行了实弹射击考核。

---

① 张若田：忆鄞联中。见：宁波二中编：《星海璀璨——浙江省宁波第二中学校友风采录》。2012年，第161-166页。
② 张韵：颠沛求学记。见：宁波二中编：《星海璀璨——浙江省宁波第二中学校友风采录》。2012年，第179-181页。张韵（张和康），46届高中校友。49年参加人民海军。曾任航海长、舰长、护卫舰大队副大队长、南海舰队军训处处长、榆林基地副参谋长。

学生毕业后，有的就近参加了工作，有的继续升学深造，也有一些参加了"四明山"的"三五支队"及其外围组织，走上了革命道路。①

尽管联中时期条件艰苦，大家处于战争阴霾之下，但是对于这帮年轻的孩子而言，他们依然能够苦中作乐，一时忘却所有的恐惧，他们或下围棋或阅读、甚至是冒着被处分的危险夜间捕雀：

> 当时生活艰苦，但大家很快活。前童有座小山，小馒头似的。下午功课完了，同学们喜欢到那山上玩，那儿绿草成茵，凉风习习，是大家嬉戏的好去处。班上有同学喜欢下围棋，我就跟着学，从此我爱上了围棋。功课并不多，不像现在中学生那样，当时蛮有时间看书、活动的。班上办了壁报，我常常写些小文章。我从宁波带去一些书（是我哥哥放在家里的），同学们常来借阅，我们就组织了一个读书小组。当时大家最关心的还是抗日的情势，希望早点赶走日本鬼子。②
>
> 夏秋之际，一到傍晚，附近麻雀齐来树梢过夜，叽叽喳喳，好不热闹。麻雀在那时不属"四害"，也没有明令保护。我们几个不甘寂寞的人，又凑在一起合计：抓它几只怎么样？怎么抓呢？弹弓是小孩玩的，也不一定弹得准。麻雀机灵，一靠近就飞。议论好一会，办法有了：麻雀有向光性，夜间利用灯光诱捕。我们作了分工。事先借来一根长竹竿。晚自修结束后，两个人站在大树下，握住竹竿，另两位把三楼教室朝西的窗子全部打开。熄灯铃响过后，教室、寝室的灯光先后熄灯。"开始！"一声令下，教室里的电灯全部开亮，持竿的朝树梢乱搅，大群麻雀遭到突袭后，纷纷朝光亮处飞去，很多飞进了教室。大家立刻关上窗户，任雀儿在教室内乱飞乱撞。一会儿，墙角、课桌间的麻雀全成了俘虏。战果辉煌，捕获了二十多

---

① 洪政一：难忘的一段读书经历。见：波二中编：《星海璀璨——浙江省宁波二中校友风采录》。2012年，第177-178页。洪政一，联中45届校友。

② 张若田：忆鄞联中。见：宁波二中编：《星海璀璨——浙江省宁波第二中学校友风采录》。2012年，第161-166页。

只麻雀。第二天，清炖麻雀成为我们桌上的美味。当然，这种战术只能偶尔为之。多搞了，如果老师、领导知道，我们就要受批评处分了。①

学生们当中还有不少追求自由民主的爱国人士，他们通过罢课、发文、办报等方式开展进步活动，但是在40年代的校友回忆录中，似乎歌咏是他们印象最为深刻的方式之一。

> 朋友中有几个也很爱唱歌。除我外甥俞维扬外，还有陈贤彬、张昌祺、陈忠淼、李和圭等等。我们就发起了一个歌咏团，叫"鄞联歌咏团"。大家推我当团长兼指挥。其实我没有他们唱得好。但我很热心，酷爱这件事，还比较善于组织，所以他们一致推选我。
>
> ……
>
> 为了抗日，大家要用歌咏演出筹款，先给前方战士。于是发起搞抗日歌唱义演。沈贻芗是国民党的委员，她支持我们，跟校方交涉。汪焕章校长也支持。但在向国民党部申请时，遇到了难题，说送审歌曲中有的歌是"共产党"的。例如《黄河大合唱》中有一句"把南北两岸"，说是给共产党一半天下不可以，于是改掉。"红红的太阳升上来"不可以，"红"代表共产党，改为"明亮的太阳升上来"。
>
> 我们委曲求全同意修改，但实际演出时一字也不改。
>
> 经过曲折斗争，演出终于在县城党部礼堂举行。……礼堂座无虚席，群情激昂。观众当场为抗日将士募捐，十分踊跃，有的甚至把戒指捐出，影响真的非常大。这件事当然引起"三青团"一些人的反感，他们打算组织同学来捣乱，沈贻芗知道此事，设法周旋才避免出事。我们当时天不怕地不怕，一心抗日爱国，终于办成了一件大事。这次捐款后来由沈贻芗汇总寄给了大后方，我这个团长也不知道是寄

---

① 陈白：竹洲岛上的故事（1945-1946）。见：宁波二中编：《星海璀璨——浙江省宁波第二中学校友风采录》。2012年，第184-187页。陈白，四十年代校友，毕业于杭州大学中文系，后回母校执教，中学语文高级教师。

了多少钱。但是我第一次知道了,原来在有些人看来,抗日是"有罪的",抗日并不简单,并不容易。①

1944年上半年,以高三同学为主,成立了"鄞联歌咏团"。由张令謇同学任团长,演唱抗日歌曲。当时小镇由前童小镇搬迁到宁海县近郊跃龙山上,条件有所改善。歌咏团层面向社会公演大型歌剧《青春之歌》和《黄河大合唱》,洋溢着青春气息的歌剧一时轰动了小小山城,最后卖票所得捐献给了抗日战士。

据我所知,当时主持鄞中工作的大都是国民党鄞县县党部的骨干,如校长是其参议员、训导主任、教务主任和一些级任导师是县党部委员,军训教官是军统特务。在学生中还秘密地安插了国民党特务和三青团员,他们把进步学生看作眼中钉、肉中刺,只要发现有一点进步活动的迹象,就要进行胁迫、迫害和镇压。但在如此恶劣的条件下,我校的一些进步同学,仍积极地开展活动。四七年上半年,活动时间较长,发动面较广,影响最大的是六二罢课运动。五月下旬,为配合南京、上海、杭州等地学生准备在六月二日举行的"反饥饿、反内战、反迫害"的总罢课。我们鄞中学生中的地下党员倪华源(孙英)带头发动和串联校内外进步同学,决定在当天全市各中学进行总罢课。当时,我校由徐仲芳等同学在初三级、倪华源等同学在高二级首先发起罢课签名活动。全校各班级的同学纷纷响应。我班除八名同学外,其余的都签了名。②

李志坚中小学学习时期,正处于日寇侵略、抗日战争时期;面临着国破家败,经历着颠沛流离的"逃难式"、"游击式"艰难困苦的学习生活;在众多爱国教师的熏陶下,李志坚不但深刻感受到个人命运与民族、国家

---

① 张若田:忆鄞联中。见:宁波二中编:《星海璀璨——浙江省宁波第二中学校友风采录》。2012年,第161-166页。

② 王长岳:在鄞中(宁波二中)读书的时候。见:宁波二中编:《星海璀璨——浙江省宁波第二中学校友风采录》。2012年,第188-196页。王长岳,48届高中校友。48年参加浙东游击纵队,上甘岭战斗中任指挥部电台台长。专业后在中国电子物流华东公司任办公室主任兼地方物资处处长。

的命运密不可分，从而萌发和坚定了爱国之心，救国、报国之志，树立了为此而发愤学习的崇高目的；也培养了自觉刻苦的学习习惯和独立生活、处事的能力；磨炼了不畏艰险的坚强意志和刻苦耐劳的精神；在同甘共苦的集体生活中，还培育了宝贵的团队精神。这些都为他尔后进入大学学习深造和整个辉煌的科研教学人生，奠定了坚实的基础。

走进物理学的殿堂

考入"东方剑桥"

浙江大学对于李志坚来说，其实是一次很偶然的选择。那时的高考是各个大学自主招生，考试的日期也不一样，考生想报考哪所学校就去参加那所大学的考试。李志坚的家庭情况决定了他的选择自由度仍是有限的。首先，由于当时环境不稳定，家里弟弟妹妹又多，家人不愿他考到遥远的北方，仅报考了一个北方的南开大学还是因为一个同学的亲戚去过那里，认为很好，他才试着去参加了考试，除此之外报考的都是上海、浙江地区的学校；其次，由于私立大学费用很高，当时读不起，只能报考国立大学，而当时私立大学比国立大学数量多，这样选择的范围又大大缩小了。最终他选择报考了浙江大学和上海交通大学两所南方的大学，还有北方的南开大学，为保险起见报考了两所南方的中专。对专业的选择更是"碰运气"，报考时觉得自己成绩不错，看到学校哪个专业前面排的队长，就去报考那个专业。在对学科专业以及自己未来规划的懵懂中，似乎命运偏爱了这个热爱知识、坚持学业的少年。很快地，他得知自己被上海丁专这个专科学校录取，但他还是想上大学，就按捺心情，继续等结果，紧接着浙江大学也录取了他。

浙江大学的前身是杭州求是书院，而"求是"正是百年名校浙江大学的老校训。"求是"源出《汉书·河间献王传》："修学好古，实事求是。"

赞扬河间献王刘德爱好经典文献，他派人从民间搜集并认真抄写，之后留下原本，将手抄本送给书的主人，并赏以金帛。颜师古注："务得事实，每求真是也。"此注则更加符合校训的宗旨，即：（研究学习）要掌握充分的事实根据，然后再从事实中找到真理。浙江巡抚廖寿丰在兴办求是书院的奏折中阐明了办学宗旨："居今日而图治，以培养人才为第一义。居今日而育才，以讲求实学为第一义。而讲求实学要必先正其志趣，以精其术业。事事物物，务求其实。"在光绪二十三年（1897）四月二十日正式开办新式学堂"求是书院"。开设国文、英文、数学、格致、化学、历史、地理、体操为必修课，另开日文等选修课。1901年起曾几度易名并一度停办，1928年4月改为浙江大学。

1937年11月5日，日军在距杭州仅百公里的全公亭登陆。为了保护浙江大学全体师生，当时的校长竺可桢带领师生撤离杭州，进行了两年多辗转迁徙的艰难历程。然而正是在这战火纷飞的年代，英国剑桥大学生物学家李约瑟博士两次到遵义参观当时迁移到贵州的浙江大学后，十分惊叹于浙大师生在极其困难的条件下仍旧保持浓厚学术研究氛围并取得许多高水平研究成果。根据谈家桢教授的回忆，李约瑟在生物系所在的唐家祠堂，看到在这座简陋甚至可以说是破败的土屋中，浙大师生取得了举世瞩目的研究成果，不禁为之动容，感佩地说："浙大可与英国的著名大学相比，是东方的剑桥啊！"[①]1945年10月27日，他在英国《自然》杂志上发表文章表述了他的深刻印象："在重庆与贵阳之间一个叫遵义的小城市里，可以找到浙江大学，是中国最好的四所大学之一。"并冠之以"东方剑桥"的美誉。从1937年11月到1946年5月返回杭州的炮火纷飞的近8年里，浙大在校长竺可桢的带领下，千里跋涉，历经五省，五易校址，硬是在颠沛流离之中奇迹般地从3个学院、16个系扩展为6个学院、25个系，使浙大迅速崛起成为当时全国最完整的两所综合性大学之一，其中不少专业在全国乃至国际上都享有盛名。

李志坚的浙大同学袁运开在访谈中曾说："当时浙大十分重视学生的入学教育和毕业教育，注意培养学生坚实的基础理论和广博的知识，注重

---

① 李曙白、李燕南等编著：《西迁浙大》。杭州：浙江大学出版社，2007年，第161页。

学生的实践训练和智能培养，而且也很注重师资队伍的建设。"这样的教学理念正是当时浙大校长竺可桢所提倡的。1935 年在"一二·九"运动的影响下，浙大学生于 12 月 11 日举行近万人示威游行，在学潮中要求撤换校长，蒋介石在次年 1 月 12 日亲自到浙大训话，并在陈布雷、翁文灏等人的推荐下，将新校长的人选圈定为竺可桢。竺可桢经劝说并再三考虑后经陈布雷向蒋介石提出三项条件，其中之一便是校长有用人全权，不受政党干涉。在 1936 年 4 月 15 日竺可桢正式上任之后，他的工作重点之一也正是吸纳贤才。他把因反对前任校长郭任远而离开的张绍忠、何增禄、束星北等人一一请回，何增禄又带来了在山东大学任教的王淦昌；竺可桢专程到上海邀请自己的老朋友、原交通大学教授物理学家胡刚复，委以文理学院院长的重任。胡刚复在浙大迁到贵州遵义、湄潭的 6 年中，又为物理系增聘了卢鹤绂、丁绪宝及数学系、生物系的一些教师，使浙大师资阵容更为强大。李约瑟也说："在那里，不仅有世界第一流的气象学家和地理学家竺可桢教授，有世界第一流的数学家陈建功、苏步青教授，还有世界第一流的原子能物理学家卢鹤绂、王淦昌教授。他们是中国科学事业的希望。"[①]

李志坚在浙大返回杭州的第二年选择考入了这所在战争中久经历练并逐渐强大完善的名校。在世界闻名的物理学家们的指导下与同学们一起走进物理学的殿堂。

初入学门

1947 年的夏天，浙江大学在报纸上公布了物理系录取名单，共 30 人。那时的大学报考制度是开放的，考生可以报任何学校，且对报考学校数量无限制，这样就造成了即使被某校录取，他也未必会来这所学校的现象。就如李志坚报考了南开大学、浙江大学、上海交大三所大学和上海纺织专科、上海工专二所专科学校，也收到了所有学校的录取通知，他最终选择

---

① 谈火生：竺可桢——"浙大保姆"。见《人物》编辑部编：《中国科学的晨曦》。北京：东方出版社，2009 年，第 50 页。

浙江大学物理系就读，因此其余学校的实际录取人数至少要少他一人。另外，大一时所有理科生一起上大课，宿舍也是自己随便选，因此录取名单中的30人真正来浙大报到念物理系的到底有多少，当时的同级同学并不清楚。与李志坚同校时关系要好，并在毕业后保持联系交流的有三位，分别是赵松龄[①]、袁运开[②]和李申生[③]，加上李志坚，四人同学四年并于1951年同期毕业，可谓是携手初探物理学门径的同伴。另外两个男生，一个（夏荣祖）转入了土木系，另一个（夏平南）初入学时与李申生同寝，并睡在他的下铺，到1949年的某晚深夜突然被带走，在那个特殊的历史时期，他被描画为反革命的军统特务。二年级时曲亚伯从电机系转入，同时从化学系转来洪铭熙，他因肺结核休学一年后与李志坚同级上课。另外三年级时，英士大学的物理系并入浙大后，又转来8人，因此与李志坚同期毕业的物理系学生共有14人。

大学一年级开学后，所有的新生吃住学都在华家池[④]，那里是浙大农学院，因为当时浙大刚刚从西迁中回到杭州，很多教务事宜还有待完善，也未能按照各院系划分宿舍，新生住宿只是按入学报到顺序自由选择。直到二年级，回到浙大校本部所在的庆春街（后又改称大学路）之后，物理系的男学生才陆续住到了同一个宿舍。大一时所谓的宿舍是教室改造的，搬进去几张双层床便成了学生宿舍。不仅宿舍简陋，而且沦陷期间校舍全部被毁，上课需要的教室只能在战时用以存放军用物资的半圆形铁皮房子，这样的临时铁皮房冬冷夏热，教师学生都苦不堪言。住的不好，吃的也差，据李志坚回忆，那时国民党快垮台了，物价飞涨，家里辛苦凑出寄到学校的钱必须马上把它花掉，如果舍不得花，过几天就贬值更不值钱了。有一次，家里又凑出了一个月的生活费，李志坚出了学校想出门买点什么，后来转了一圈只买了两本书，当时他又心疼又庆幸，如果不买这两本

[①] 同济大学教授，专于工业噪声控制技术研究，在吸声材料、吸声结构、隔声理论、消声器及噪声的产生与传播方面有研究。

[②] 华东师范大学教授，从事物理学史、自然辩证法和理论物理的教学和研究。

[③] 首都师范大学教授，从事理论物理和热能工程的教学和科研工作。

[④] 在杭州南郊下沙，1929年定名为国立浙江大学农学院，1952年全国高等学校院系调整，独立成为浙江农学院，1960年扩建为浙江农业大学，1998年又并入浙江大学。

书，或许再上街就连一本书都买不到了。就是在这样简陋的学习生活环境下，李志坚开始了大学生活。

大一时所有新生一起上课，让物理系学子深感奇怪的是，除了开设微积分、物理、化学等基础课之外，还有国文、英语、中国通史等作为理工科的必修课。当时的中国通史老师解释得很简单：你们身为中国人对中国历史不明白枉为中国人。而同学们也从最初的疑惑，对开设这些课程的不解转为理解，表示虽然中学也都学过历史，但总体上讲得不够系统、全面，因此一整年的中国通史课程也并不为过。

大学二年级时同学们回到浙大校本部，他们逐渐适应了大学生活，也正是从大二开始了物理专业课的学习，包括理论力学，由周北屏讲授的电磁学，等等，更让人欣喜的是王淦昌先生从美国返回浙大任教，为物理系增添了新的学术前沿课题。李志坚在同学们的眼中是肯下功夫的典型好学生。据袁运开回忆，下课之后，李志坚总会去图书馆读书，因为当时每门课程的老师都指定几本与课程相关的参考书，以拓展知识面，也丰富学习生活，有兴趣的同学就到图书馆借阅这些书，当时李志坚总是会去图书馆，每天下了课之后几乎都可以在图书馆找到他的身影。李申生也回忆了这段大二时期同学们相互督促一起学习的情景："李志坚、袁运开、夏平南三人上完课后往往是去图书馆或者教室去自习，复习功课，赵松龄跟我，还有夏荣祖（后来转到土木系）基本在宿舍读书学习。等到他们从自习室或者阅览室回来，临睡觉以前我们说说话，有时闲聊，有时讨论学习上遇到的问题和有意思的事。"李志坚爱读书是从少年起就有的习惯和爱好，他的三弟李志达说："从我记事起，大哥在我的记忆中或是坐在书桌前，或是侧卧在床上，终是手不释卷！印象最深的是他在高中毕业阶段（或是大学初年），他常在看着一本本砖一样厚的全英文版的立体几何、解析几何或力学书。他或坐在书桌前画图运算，仿佛这些书里蕴藏着无限的乐趣！我想他这种'学而不厌的乐学和用心钻研的苦学'相结合的精神，正是他日后不断创造科技成果的精神力量的不竭源泉之一吧！"在同学们印象中，虽然赵松龄是老大哥，学习成绩最好，但李志坚学习认真刻苦，做任何事都有一股韧劲，搞不清楚、弄不明白的东西，不管付出多少时间与经历，他都要弄清楚、搞明白，是一个非常有钻研精神①，并且非常肯吃苦的人。李志坚也认为才入学的两年对自己影响非常大，他觉得虽然自己在高中时成绩很好，他所在的鄞县高中当年仅他一人考上了大学，但基础相比较其他同学来看还是差很多。因此，除了必修课之外，李志坚选择的选修课大多数与物理直接相关，很少选择其他专业或学院的课程。在他刚刚入学填写的学生调查表中"将来志愿"一栏，年仅18岁的李志坚写道：服务中国物理界，对世界物理界有所贡献。这小小青年在战争中求知，也在动乱中建立了深厚的爱国热情，在那时他的视野已经从中国的物理界扩展到了世界。正是对物理专业的热爱和坚持，使他在大学毕业时相较于其他选了较多外专业课程的同学有了更多的学分，相应也有了较高的平均成绩，更有优势分配到上海，而这些是他在立志物理学时远没有预料到的。李志坚在懵懂中遇见了物理学，物理学终究也没有负他，助他成就了一生的功业。

那个时候周一到周五是学习时间，同学们上课或者去图书馆看书，回到宿舍后在自己的桌位上按时自习，直到学校规定的作息铃响之后便熄灯睡觉。周六晚上是娱乐的时间，由于没有其他的娱乐设施和娱乐方式，同学们大多只能选择打扑克牌。袁运开笑谈："除了两个家在杭州的同学周六下课便回家度周末外，其余我们几个人会在宿舍里一起玩扑克牌放松一下，我们总是四个人在打牌，其他的人在旁边看着，谁输了就会请客，请客的方式也非常简单，就是给大家买一包五分钱的花生米，大家都吃得津津有味的，很开心也很放松。"那时的生活很艰苦，早饭是稀粥，中午一个台子四个菜，稍微有点荤腥。老师和学生相处得非常融洽，教授近代物理的朱福炘老师住在浙大校园里，他总会邀请袁运开、李志坚及其他同学去他家中吃饭，然后去钱塘江边玩。那里风景宜人，李志坚和同学们都会在周末去散心。

当时浙大还有一些社团也是有很有特色的，比如爱好天文学的同学参加的天文社团，爱好气象学的参加气象社团，喜欢文艺表演的有舞蹈队等等，李志坚有没有参加这些社团已无从考证，但是袁运开记得李志坚在当时曾参加基督教团契。这是当时为大家设立的相互交流、交往，建立联系

---

① 袁运开访谈，2012年10月28日，上海。资料存于采集工程数据库。李申生访谈，2012年11月9日，北京。资料存于采集工程数据库。

的一个社会组织，在基督教团契中大家都是伙伴关系，没有涉及宗教内容，而且参加基督教团契之后成员可以到教堂去看书、看报，周末的时候，还会组织专人教大家打字，这在当时算是一门全新的技能，李志坚很好学，也在那里学习打字。

物理学引路人

初入学时浙大物理系新生就统一加入了物理学会，并收到学校为每位新生发放的物理系教职名单，其中教授人数最多，副教授次之，讲师人数更少，助教仅有三两人，这份名单中的教授数量比例之大无疑让物理系新生们见识了浙大师资质量之高，也正是优秀的物理界大师们为满怀抱负的新生

图2-3 1949年初夏浙江大学物理学会会员留影（资料来源：首都师范大学李申生教授提供。前排左起，1.杨雅南（职）；2.龙槐生（教）；3.任仲英（职）；4.张有清（教）；5.朱福炘（教）；6.丁绪宝（教）；7.何增禄（教）；8.胡刚复（教）；9.束星北（教）；10.周北屏（教）；11.卢鹤绂（教）；12.曹萱龄（教）；13.王淦昌（教）；14.斯何晚（教）；15.李文铸（教）；16.任知恕（教）。二排左起，9.李志坚；10.李申生）

开启了物理学大门。在1949年的初夏,李志坚和同学们即将进入三年级时,包括他们在内的物理学会的全体成员在浙大物理系舜水馆前留下了珍贵的合影,其中还有老师朱福炘、何增禄、胡刚复、束星北、周北屏、卢鹤绂、王淦昌等中国物理学界最优秀的教授。也正是从大三开始,物理专业学习任务更加繁重,著名的物理学大师也开始为他们授课,系主任何增禄为他们讲授光学,卢鹤绂讲授理论物理,此时王淦昌也开始为二年级学生讲授电磁学。

王淦昌先生为二年级学生讲授电磁学,当时已是大三学生的李志坚及其同学只能通过选修或旁听去加入王先生的课程,据李志坚的同学李申生回忆,王先生讲课非常精彩。而许良英(1939级浙江大学物理系,中科院自然科学史专家)也曾回忆1940年浙大第五期搬迁到贵州北部的遵义后王淦昌先生教电磁学,听他的课是一种精神享受,王先生爱用启迪、讨论的方式,常要学生提问题,有时上课就成了对话。当学生提出的问题需要花点时间加以考虑后才能回答,或者发现他在黑板上的演算有错时,他总是要说一声:"Pardon me!"他没有一点教授架子,同学生的关系完全像知心朋友。[①]最让李志坚印象深刻的是王淦昌先生从美国带回来的用于做宇宙射线研究的云雾室,当时这个实验室设在浙大物理系舜水馆,门外有黑布帘子遮住,王先生和一些年轻研究生进进出出,这项神秘而又前沿的研究曾令李志坚羡慕不已。

卢鹤绂先生在杭州浙大讲学六年,先后讲授了理论物理、

图2-4 1950年浙江大学物理系学生与王淦昌先生合影(资料来源:首都师范大学李申生教授提供。正中为王淦昌,右三为李志坚)

---

① 许良英:王淦昌先生和浙大物理系。见单泠编:《感怀浙大》。杭州:浙江大学出版社,2007年,第21页。

热学、电磁学、量子力学、近代物理等。卢鹤绂先生讲课非常细致详尽，可以在黑板上一遍一遍地抄满公式。他在浙大时的学生、同济大学物理系教授殷鹏程先生回忆："当时卢先生用英语为我们讲授理论物理和热学，讲课概念清晰，语言生动，深入浅出，发人深思，同学们获益甚多。卢先生平易近人，待人以诚，深得同学们爱戴。"[1] 1947年卢鹤绂在《美国物理月刊》发表《关于原子弹的物理学》，在《科学》上发表《重核二分之欠对称》的研究简报，1948年在《科学世界》上发表《从铀之分裂谈到原子弹》及《海水传音》两篇总结性论文。[2] 值得一提的是，卢鹤绂先生自小在父亲影响下喜爱京剧，专攻谭派老生。在科学研究的同时，他还发挥这一艺术特长用以社会公益，如应学生自治会之邀，在校园演出《四郎探母》，为了劳军在杭州大世界演出《断臂说书》等京剧。[3]

何增禄先生讲课是完全另外一个风格，他口才不是很好，说话不太流畅，语速又很慢。同学开玩笑说，即便听课时同学们打个盹儿醒来保证也能接着上。何先生虽然讲话慢，但是一个学期下来，每星期上4节课光学，600多页课本全部讲完了。因为即便他语速慢，但有重点，只讲必须要讲的，这是他讲课的一种方式。何增禄先生特别重视实验，认为必须先购置车床等工具，自行设计制作和修理教具，借以训练老师动手能力。精密仪器的核心部件如墙式电流计，从国外进口，配件如安装电流计和观察镜的金属架子，由老师绘图，金学煊制作。何增禄教授还吹制了多级水银真空泵等玻璃仪器，使实验室粗具规模，并专聘任仲英老师为仪器保管员。何增禄先生带领一批青年教师和技术员筹建了全国第一个光学仪器系，他不仅赢得了老师们的尊重，在学生中也有很高的威望。

同年物理系也开设了机器工厂实习课，最初同学们都觉得奇怪，认为物理系的学生怎么会让先做钳工，再做直角尺，这对一直学习理论的同学们来说实在是一个大难题，仅做直角尺就做了9个星期，还要上车床，车、刨、

---

[1] 何亚平等编：《学术浙大》。杭州：浙江大学出版社，2007年，第301页。
[2] 卢鹤绂：逝去的岁月。见卢嘉锡主编：《另一种人生——当代中国科学家随感上》。上海：东方出版中心，1998年，第132页。
[3] 胡建雄主编：《浙大逸事》。沈阳：辽海出版社，1998年，第134页。

铣、钻都做一遍。然后再做玻璃工，老师要求学生每人磨两个镜片，一个凸透镜，一个凹透镜。一件比较有趣的事是李志坚的同学李申生由于从小戴眼镜，就请求老师允许他按照眼镜的度数自己配副眼镜，老师便给他一个玻璃砖，李申生趁着上课学习的机会为自己磨制了一副眼镜。另外，吹玻璃、做蒸馏这些技术也是在这门课上学到的，何增禄教授曾亲自手把手地教李志坚吹制玻璃器皿，这些实验技术不仅在李志坚去苏联读书时大派用场，而且还在回国之后传授给了他自己的研究生。同时，也正是这些技术的掌握使李志坚在之后五十年代末创建清华大学半导体专业时克服了一穷二白的艰苦条件，依靠团队成员的力量，从自己动手制造最简单的工艺材料、实验设备开始，从无到有，最终用四氯化硅还原法获得高纯多晶硅。在那个各方面资讯、设备都被资本主义国家封锁的年代，李志坚和半导体教研组的师生用自己的双手开创了与世界半导体领域达成对话的新局面。

大四时，束星北开始讲授相对论，同时李志坚还选修了一些课程，如程开甲讲授的固体物理，胡济民讲授的量子力学。

束星北是当时浙大物理系最有名的教授，同学们私底下通常都叫他"束大炮"。束星北之所谓"大炮"，一方面与他直爽暴躁的脾气有关，另一方面则是对束先生学术成就的赞叹与敬仰。李志坚描述束先生为"从来不拿现成讲稿，直接推导公式，粗犷潇洒、一气呵成"。李志坚的同班同学李申生也说："物理学界一直传说爱因斯坦提出狭义相对论以后，全世界只有12个半人能懂相对论，也有说13个半人，把这里面的半个人安在了周培源周先生身上，实际上全国就只有束星北这一个。"除了在理论物理方面造诣很深之外，束先生双手灵巧，搞无线电的原器件，也研究雷达，他曾经被称为中国的雷达之父，搞电子元件搞得很好。最令人印象深刻的是他的穿衣和讲课风格，束先生颇具学究气质，平常不修边幅，穿着长袍，只系一个襻子，领襻子不系，一绺全敞。而且相对论很多需要讲公式，但他坐着讲，黑板写的很少，一坐着讲，大襟就全敞开了。这样的情景可能在当今的课堂上很难再见。1947年毕业于浙大物理系，曾任中国原子能科学研究院研究员的李寿枬曾回忆束星北教授："讲课时物理概念清晰，富有思想性和启发性，着重讲透物理系的基本概念和基本原理……在讲狭义相对论时，把伽利略变换和洛伦兹变换，相对性原理和光速不变原理，以及如何从相对性原理和光速不变原理导出狭义相对论，等等，讲得深入浅出，一清二楚。"[1]与李志坚一同上课的袁运开回忆说："理论物理学家束星北也给我们讲过课，而且还做过几次学术报告，虽然报告的具体内容已经记不清了，但是他讲的力学非常吸引人，他把力学的基本原理讲得既透彻又生动，让很多人听得是如痴如醉。事实上，热力学中的很多概念非常难懂，但是束星北老师却用极其通俗易懂的语言，轻而易举地将这些概念解释清楚，他的相对论讲的也是炉火纯青，虽然当时有很多人不是非常理解，但是先生真正地指引我们一步一步地走进了物理学的殿堂。基本上我们的力学知识都是他传授的，他帮我们打下了深厚的物理学理论功底和基础。"李政道也在给束星北的信中感谢束先生的启迪："先生当年在永兴湄潭时的教导，历历在念。而我物理的基础，都是在浙大一年所建。此后的成就，归源都是受先生之益。"[2] 在他的学术威严下，据学生回忆，系里几乎所有老师都怕束先生，他们开教授会的时候，他是真的拍桌子瞪眼指名道姓地说谁，甚至有时候是真的在骂人，那些老师对他都不敢辩驳，唯独一个例外是系主任何增禄先生。

程开甲先生讲授的固体物理这门课程是研究生的必修课，对本科生是不开设的，而包括李志坚在内的物理系学生都会慕名前去听课。李志坚说"程先生讲课时热情投入，使你不得不与他一起为量子理论的'美'钦仰和赞赏不已"。程开甲于1937年考入浙江大学，1941年留校物理系任束星北教授的得力助教，1946年赴英国爱丁堡大学深造，在导师马克思·玻恩（M. Born）门下研究固体物理，并合作提出了超导微观理论——玻程理论。该理论可以说明化学元素周期表中超导元素的分布和一些超导体的相变以及热力学性质。1950年程开甲结束了英国皇家化学工业研究所研究员的工作，回到浙江大学任副教授。虽然程开甲先生曾受教于王淦昌、束星北先生，但是讲课水平丝毫不逊于教授们。

---

[1] 李寿枬：才华横溢的理论物理学家。见：孙志辉主编：《胡杨之魂：束星北先生百年诞辰纪念文集》。北京：海洋出版社，2007年，第38页。

[2] 李政道致束星北的信，1972-10-04。

大四时开设物理讨论课，类似于现在的本科毕业论文，这门课程由系主任何增禄先生亲自主持，要求所有物理系教授和四年级的学生参加，每位同学选读一篇国外杂志上的文章，由老师指导后在会上做研究报告，每人报告不超过15分钟，再由老师提问、答辩20分钟。李志坚的同宿舍好友李申生选了当时颇为时髦的题目"太阳系的起源"，并请卢鹤绂教授做指导。李志坚则选择了物理学方面比较实际的题目，由何增禄教授亲自指导。在何先生实验精神的指导下，李志坚的动手能力越来越强，也为他日后的学术研究打下了基础。也正是在这门课程上，同学们开始了专业的学术训练，李志坚也认为通过这门课，他学习了如何阅读文献，如何从论文的参考文献中索骥原始文献。

浙大的物理系教授们对学术研究和教学兢兢业业，既认真又活泼，以自己的学术修为影响着大学时代正在成长着的年轻人，促进了他们学问上的成长和世界观的形成。李志坚曾说："浙大物理系的四年学习，不仅把我引进了物理学这个博大精深的学术礼堂，也享受到了民主和严谨的学术风气的熏陶。"他曾被选为学生代表出席系务委员会，曾看到王淦昌与束星北虽为挚友，但遇到看法不同的学术问题仍旧会吵得面红耳赤，争论不休，最后只能由主席何增禄出面，硬性规定不得在会上讨论这一问题时，争论才得以平息。

追求进步与光明

李志坚的大学时代正处于新中国成立前后，作为大学生的李志坚经历了新中国成立前白色恐怖时期的动荡也见证了新中国成立后浙大校园的新气象。1947年李志坚入学不久，浙大发生了全国轰动的学潮事件。10月29日，浙江大学学生自治会主席于子三在杭州监狱遇害，引发以"反迫害、争自由"为主题的学生运动——"于子三运动"。根据李志坚的同学袁运开回忆，当时李志坚和他都是其中的一分子，虽然不是学生运动的组织者，但是他们积极地参与其中。"于子三运动"发生时浙大条件极端艰苦，但是学生的思想非常积极要求进步，在民主爱国的学潮中，浙大的师生表现非常踊跃，学生运动的势头也非常强劲，竺可桢校长始终站在学生一面，在积极组织师生维持上课秩序的同时，还不断地以实际行动支援抗战，并为学生提供了很多帮助。后来，于子三同志被草草安葬在凤凰山，当时上海周边的很多大学生都去参加了葬礼，由于李志坚和袁运开当时还是大一新生，学住在华家池校区，没有得到相关消息，因此未能前往。当时浙大还有四名同学被逮捕，国民党将他们逮捕之后关了很久，一直不肯放人，也是在竺可桢校长的不懈努力下，他们才得以释放。当时学生们每天的生活都笼罩在白色恐怖之下，国民党特务会经常游走在学校的各个角落，监视学生的一举一动，有时也会出现国民党官兵入校抓人的事情，之后李志坚和袁运开又参加了一次新民主主义青年团组织的大型游行活动，可以说给当时的反动政府带来很大压力。为了阻止他们对学生的迫害以及保护学生的安全，竺可桢校长倾其全力保护浙大师生的爱国主义运动。浙大被称为"民主堡垒"，成为全国范围内开展的"反饥饿反内战反迫害"运动的重要部分。"于子三运动"之后李志坚和袁运开继续参加了浙大日报学生组织的一些活动，这些活动主要是在宣传革命，他们关注"三大战役"的进展情况，解放军到哪里了，解放军如何进行战略反攻，如何赢取战场主动权，国民党政府是如何危在旦夕，等等。他们也经常帮助送报纸，传达相关进展情况及最新消息，做一些力所能及的事情。

  同时，李志坚也把他在学校如火如荼进行中的民主运动思潮带到了镇海老家，用自己的经历影响着弟弟妹妹。李志坚的三弟李志达回忆说："记得大哥寒暑假回家时，常激动而神秘地告诉我们，浙大师生在当时杭州和浙江的学生运动领袖，如地下党员于子三（后为烈士）领导下，如何开展罢课和游行示威的情景，还兴奋而轻声地教我唱《你这个坏东西》（指反动统治者）。可见大哥在当时已是一位拥护革命、坚持革命立场的民主青年战士。"杭州解放前夕，学生们在竺可桢校长的带领下积极准备迎接解放，竺可桢校长也拒绝了蒋介石赴台湾的邀请，并且辞去了浙江大学的工作。

  1949年5月3日，解放军进驻杭州，李志坚和同学们在这之前只听到枪炮声，还有些胆子大的同学爬上学校围墙希望看到解放军的身姿。5月3日晚，为庆祝解放，浙大学生会牵头举办了"五四运动纪念会"与解放军联欢，在会上解放军代表进行讲话，浙大学生表演歌舞，举校欢腾。新中国成立后，鉴于李志坚和袁运开之前都是新民主主义青年团的成员，并且也参加了很多学生运动，也为宣传革命做出了扎实的工作，所以他们积极地申请加入新民主主义青年团，并于大学三年级时正式成为"新民主主义青年团"[①]的团员。成为团员后，他们积极参加团里组织的一些学生活动和社会活动，组织内部也在向党员方向培养他们，虽然在毕业前李志坚和袁运开没有正式成为党员，但已经是重点培养对象。

在富有民主传统的浙大校园中成长起来的李志坚经历了国家在政治上的伟大转折，高涨的革命热情使他懂得人活着就是要为人民服务，一生要过得有意义，就应该积极投身于祖国的解放和建设事业中去。他说："天地开阔和风云变化的大学四年，向我打开和把我引入了两扇大门：一是物理学之门，一是为共产主义奋斗人生道路之门。我当时立志，要在科学上做出成绩，或至少要通过自己的努力，培育出一批能在科学上做出杰出贡献的学生，为中国人民争光"。他这一坚定理想指导并伴随着他的人生选择和职业规划，使他终究从满怀抱负的热血青年成长为为祖国为教育事业奉献一生的物理半导体事业开创者。

图2-5 1950年初夏浙江大学物理系师生留影（此时已合并了英士大学物理系。前排左一为李志坚。资料来源：首都师范大学李申生教授提供）

---

① 1949年中国新民主主义青年团正式成立，1957年改为中国共产主义青年团。

同 济 助 教

  1951 年，正值李志坚和他的同学们毕业之际，全国首次实行统一分配。之前国民政府时期毕业后必须托人找关系才能就职的惯例被一举打破。李志坚在 6 月底获得浙江大学物理系毕业证书之后，就立刻进入杭州市大学毕业生必须参加的学习班。这个学习班有两个目的，首先是国家和政府要求即将跨出大学校门的学生了解新社会，了解中国共产党，了解马列主义、毛泽东思想。而当时学生中的大多数出身于剥削阶级家庭，长期受封建主义、资本主义的教育，在思想上难免留下旧社会的烙印。因此一个月的时间，毕业生们主要对马列主义基础知识的学习和党的方针政策进行学习，对中国共产党的历史和理论进行学习。其次，采取集中学习的方式进行思想教育，希望毕业生们能够树立共产主义思想及为人民服务的思想，最重要的是希望毕业生在就业上服从国家分配。

  一个月的集中学习之后，同学们根据各自的情况填报志愿表。志愿表上主要有三大内容让毕业生选择，第一是选择分配的区域，第二选择单位的类型，第三是选择工作的类型。如同在物理系的李申生，因家在上海，所以选择了华东区，并选择在高等院校或科学院从事教师的职业。但同时，由于每个区域和单位的就业名额有限，要把毕业生按成绩排序，成绩越好就越能达成自己志愿表上的就业意愿。比如成绩最好的袁运开分配到了华东师范大学；李志坚成绩比较靠前，又是青年团员，因此按照组织安排被分配到由德国人开办的同济大学，以加强那里的政治力量；而由于选修外系课程较多而影响了总成绩的李申生就只能分配到华东区最北边的山东师范大学。其实当时他们在毕业前都已经找到了不错的工作单位，如李志坚经系主任何增禄推荐到了中科院物理研究所王淦昌先生（新中国成立后他去科学院工作）那里做实习研究员，李申生也经推荐取得了北京大学的录用，但他们还是服从国家的统一分配，按照国家需求进入到最需要他们的地区和行业。

1951年9月李志坚进入同济大学物理系任职助教，担任章启馥教授普通物理的辅导。主要职责是旁听教授讲课，带领学生做实验，课后回答学生的疑问并辅导功课。就在李志坚任职不久，刚刚适应同济大学的教学节奏并逐渐使自己的职责和研究步入正轨之时，全国性的思想改造运动开始了。同年11月30日，中共中央发出《关于在学校中进行思想改造和组织清理工作的指示》。随之不久，同济大学成立"节约检查委员会"，并召开"三反"动员大会，并于次年2月21日全面开展"三反"与思想改造运动。李志坚作为同济大学的一名团员教员，也参与到"三反"运动中，参加了同济大学在3—5月停课中召开的全校坦白检举人会，退赃及揭发批判人会，批判资产阶级思想大会，典型教育大会。思想改造主要在学习小组内进行，方式有自我检查、相互帮助，最后写出个人思想总结。这一阶段的运动至7月中旬才结束。

　　1952年7月，"三反五反"运动还未完全结束，全国范围内的院系调整开始了，把高等院校分为综合性大学、专门学院和专科学校。中央教育部和华东教育部决定：同济大学的数学系、物理系、化学系并入复旦大学。在这样的形势下同济大学物理系的大部分老师去了复旦大学，只留下了一个物理教研组。与李志坚同时进入同济大学担任助教的赵松龄留在了物理教研组仍担任助教，而李志坚因其具有共青团员的身份，按照要求要分配到最艰苦的地方去。此时同济大学的一位老师本来已安排到东北农学院与在那里的爱人会合，但他的爱人突然调去北京，因此去东北农学院的名额空缺了下来。为了补上这个空缺，同时也本着共青团员就要到祖国最艰苦最需要的地方去的原则，李志坚不顾家人反对和劝说，把东北地区的苦寒当作对自己的考验，义无反顾地服从组织分配。他一方面接受了组织安排，另一反面也为继续自己的专业研究做准备，但农学院有什么是与他的本业物理研究有关的呢？跨学科的现实并没有难倒李志坚，他抓紧时间学习与农科有关的物理知识，同时还想到了一个"现代化"课题：如何用X光辐照来促进农作物生长。就这个问题他当即向同济大学的X光专家戚作钧教授请教，并开始搜集有关资料。

　　然而令李志坚意外的是，去东北农学院只是命运对他如何处理个人意愿与国家需求矛盾的一次演习。正当他整理行装告别父母，准备北上报到时，事情发生了戏剧性的变化。他接到上海校方通知，教育部录取他为留苏研究生，现在要他立即去北京俄语专修学校报到学习俄语。这时他才想起在同济工作时，曾被学校指定到上海某地参加过遴选留苏学生的一次考试。突如其来的留苏指示看起来是人人向往的好事，但它毕竟不是个人主动的选择，而是让人毫无思想准备的组织安排。留苏预备生们还被告知，由于新中国刚刚建立，留学经费有限，留学期间不能回国探亲。李志坚是家中大哥，还有四个弟弟和一个妹妹正处于上学年纪，自他工作之后，为减轻父亲的负担，三弟李志达的学费一直是由他负担。这时他突然中断了工作远去苏联，这种情况下他不能给家里提供经济支持，也不能时时回家看望父母照顾弟弟妹妹，他的出国不仅关系个人前途的转变，也关系到整个家庭的发展。即便如此，本着"哪里需要去哪里"的信仰，他还是在祖国的召唤下牺牲小我，积极准备留苏。值得安慰的是，他的派出单位同济大学同意将他原工资的三分之一直接寄给他的弟弟，以支持他宁波家里亲人们的生活和学业，这才使他能够安心赴京完成继续深造的心愿。李志坚的三弟李志达如今回忆起大哥在他幼时赡养家庭、资助弟妹的事情仍充满感激和感慨，他说："我深情地感激大哥还有个人原因，我进入省立宁波中学就读初、高中期间，正是大哥大学毕业进入同济大学做助教，后又考上列宁格勒大学公派留学研究生时期，大哥省吃俭用，一直从有限的工资和津贴中，每月按时寄来人民币8元（后来增至14元）。那时我除自

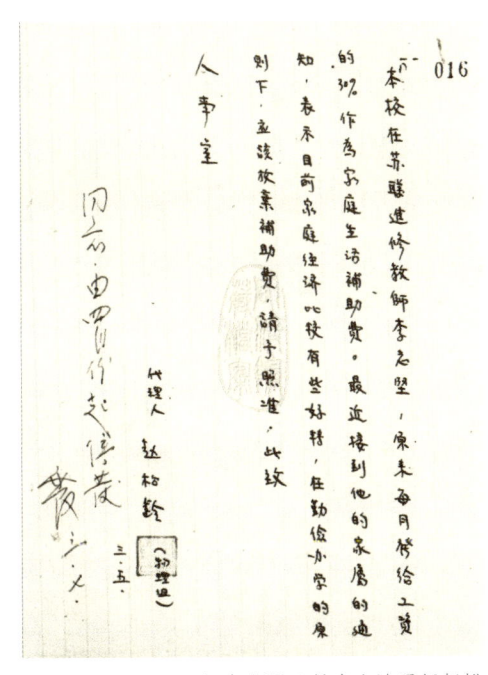

图 2-6　1952 年李志坚三弟李志达委托赵松龄提交的放弃生活补助的申请（资料来源：同济大学档案馆）

己吃用，还有些许余钱可帮助困难同学。大哥留学后，钱就由其在校好友赵松龄先生代寄我。钱一直寄到我毕业工作，我去信叫停为止。正是大哥的无私援助，能使我顺利地完成初、高中学业，为后来的工作和学习打下了较扎实的基础。"同济大学档案馆至今保存着这张由李志达申请，李志坚的同济大学同事赵松龄代为办理的"放弃生活补助费函"。

李志坚放心不下父母和弟弟妹妹的同时，他的婚姻大事也因突如其来的留苏事件让父母记挂，并火速提上日程。附近乡镇穿山村大户邹家女儿邹逸惺，与柴桥李家门当户对，刚好他们也曾是同学，自由恋爱一段时间后，经双方父母同意提亲，俩人在李志坚即将前去苏联的当月初登记结婚。李志坚的小妹还记得她对大嫂的初次记忆是在1958年大哥留苏归国后回家探亲，那时她还很小，记忆中大嫂娇小美丽，和蔼可亲，唱歌好听，还教她一起唱当年流行电影《上甘岭》中的插曲"歌唱祖国"。李志坚在北京居住后，小妹常被哥嫂邀请去家中玩，与大嫂的接触也多起来，她这样描述大嫂："接触她的人肯定记得她话语不多，但待人总是笑嘻嘻的；我历年多次去北京与她在一起，很少见她有发脾气的时候。我想大哥的成就也不能没有她的默默支持，记得那年大哥搬进蓝旗营小区居住，当时大哥工作很忙，侄女又远在美国，这房子的所有装修事务几乎都是大嫂一人操持办理的！大哥说他只陪同大嫂去挑过灯具和窗帘。我家也历经过几次搬家、装修的事，年轻时有哥哥侄儿帮助；后来就交给孩子们去折腾，我明白其中的繁琐和辛苦！同时，我们父母年事已高，弟妹众多，大哥对这个大家庭的无私奉献，大嫂从无怨言。"这份美好姻缘来的简单匆忙，却在之后历久弥新的岁月中慢慢酝酿，绽放爱情的馥郁芬芳。

留苏预备生

1952年9月，李志坚被安排在第二批进入北京俄文专修学校二部，即留苏预备班学习。北京俄专的留苏预备部成立于1952年2月，最初设在石驸马大街（现在西城区的新文化街）一个老胡同里，之后西迁到鲍家街21号（原醇亲王府，今中央音乐学院）。在此之前，中国加入了以苏联为首的社会主义阵营，达成了中苏友好结盟条件，中国政府开始向苏联派遣留学生。1951年派遣的第一批375名留苏学生，都是从各种工作岗位上抽调的具有革命经历的青年知识分子干部。由于缺乏经验，最早的派送不太成功，困难在于当时的年轻人在求学阶段学的是英语而非俄语，俄语又是相当难学的一门语言，留苏学生到俄国后不仅专业学习困难，连日常的交流也出现障碍，再加上饮食、气候和生活习惯的差异，使最早的留苏学生求学异常艰难。因此在1952年2月，北京俄文专修学校成立了留苏预备部，凡国家派往苏联学习、进修的人员先在此集中起来学习一年俄文再派出去。目标是在每期学员的一年学期内，培养好一批"学习好、纪律好、身体好"的德才兼备、体魄健全的留学预备生。

与李志坚同期在北京俄专学习的同学中有张礼、杨桢、李德伦、管惟炎、段一士和谷超豪等。当时的住宿条件很差，宿舍是一个非常破旧的老宅，住的非常挤，各个专业的学生都在一起。在当时能让人记住的有体重过大而只能待在下铺的"胖子"李德伦（回国后任中央乐团指挥），他总在拨弄一个不断发出"咔嗒、咔嗒"响声的古怪"仪器"——节拍器，他还责无旁贷地当上了班里的"文娱干事"[①]。俄文比英文学起来更加困难也很艰苦，有的同学发音困难，特别是俄语中的卷舌音发不好，急得每天漱口时模仿练习。那时学习任务重，但中央也很重视，所有的学生一律小灶待遇，杨桢[②]回忆说："我们一个月的伙食标准是30元，当时1块钱能买三只鸡，我们早饭有牛奶鸡蛋，晚上有鸡鸭鱼肉，全国物质紧缺的时代我们的伙食待遇能这么好，所以我们每个人都拼命学，甚至晚上做梦都在练习俄文。"

学员除了需要竭尽全力去完成学习任务之外，还需要继续接受严格的

[①] 杨桢著：《淡淡的星迹——杨桢传》。南宁：广西科学技术出版社，1990年，第53页。

[②] 李志坚的留苏同学，1952年9月进入北京俄文专修学校学习一年，1953年9月进入苏联列宁格勒大学，1954年秋被调到莫斯科实习团，跟随钱三强院士研究原子核。后任职于中国原子能科学研究院。

政审考察。这样的政审从单位推荐时就已经开始，李志坚家庭出身清白，自身又是表现积极的共青团员，因此才被同济大学推荐去参加挑选留苏预备生的考试。来到北京俄专后，相关的家庭政治材料核实调查、补充取证等工作也开展起来，校方组织专门人员进行外调，进一步落实学员及其家庭关系的政治背景。同时，学员的政治思想动态也随时随地被关注，表现不好或出身有问题又认识不清的学员随时都会被刷下来。与他同期的同学中有一半学员最终未能赴苏联学习，其中有后来成为中科院院士的数学家谷超豪。

  1953年8月，近一年的语言学习终于完成，留苏预备班里考核通过的学生终于可以前往苏联学习。出国前国家重要领导人刘少奇来到俄专做重要讲话，鼓励留苏人员在国外虚心学习，学成后回国参加祖国建设，还组织后勤部门为每位留苏人员统一制作了四季服装、鞋帽、各种生活用品和两个箱子，面面俱到、细致周全。为保证留苏学生在苏联的学习生活无忧，在国内经济困难的状况下，中国政府每月发放给每位留苏研究生700卢布生活费。

第三章
走向半导体

新领域的召唤

适应新的学习环境

经过九天九夜漫长而艰难的火车旅行,李志坚和他的同伴们终于来到了莫斯科,然而这并不是终点,被派往莫斯科以外的留学生们仍需继续他们的旅程,李志坚就是其中之一。接收留学生们的学校和导师完全由苏联有关部门决定,在物理学研究方面,苏联做得最好的是苏联科学院,之后才是高等学校,然而苏联科学院这种在物理研究方面处于世界翘楚地位的机构却没有接收中国留学生的名额。当时和李志坚一样是物理学专业的学生有的分配到莫斯科大学(如段一士学习广义相对论),多数去了列宁格勒大学(1991年改名为圣彼得堡国立大学),如李志坚、张礼和杨桢。

列宁格勒大学于1724年创建,比莫斯科大学还要早32年,是世界最优秀的大学之一。在刚刚成立的新中国,苏联是学子们的朝圣之地,他们渴望来到苏联，来到列宁格勒大学和世界一流的教授、学者进行学习和对话。然而残酷的现实是，最初的憧憬和幻想都受挫于来自他乡的不同生活和学习环境。当从北京开往莫斯科的列车进入苏方边境站奥德波尔之后，留学生们的胃就要为入乡随俗做准备了，车上的工作人员全部换成了苏联人，餐车供应也开始按照苏联方式。1955年前往莫斯科的留学生温良弼回忆说："我在车上有眩晕，现在伙食一变，见着黄油头就更晕，……食物逐渐依赖起从北京带来的苹果。"① 每天的食物都缺少蔬菜、水果，只能在沙拉里见到一点，李志坚的留苏同学杨桢抱怨道："一个小西红柿切两半就是一个菜"，这在中国人看来是不可思议的。苏联的冬天又冷又长，中国学生，特别是像李志坚一样来自中国温暖南方的留学生往往无法忍受苏联的酷寒，一到冬天就不能出门，杨桢说："屋子里取暖也不好，男同学挤在一起，屋里又臭又闷。"如果说漫长寒冷的冬天可以通过躲在屋里缓解的话，短暂的日照时间带来的不适是无法回避的。列宁格勒在北纬59度，靠近北极，不仅冷，昼夜变化还大，在冬天，上午11点钟太阳才露出头，下午2点太阳就没了，一天基本都在电灯下过日子。杨桢就是因为日照太短，得了淋巴结核病，医生建议他住院治疗，费用可以由政府支付，为了赶上紧迫的研究进度，他选择自己付钱打链霉素，将节省下来的住院时间用来学习。苏联学校上课的安排也同中国不一样，每天只有上午六节课，从早上八点到下午两点。下午两点后学生们都可以各自回家，这种排课法在苏联人不觉为奇，但中国学生早已习惯了上午四小时的学习，一到午饭时间肚子就饿得咕咕叫，这样根深蒂固的饮食

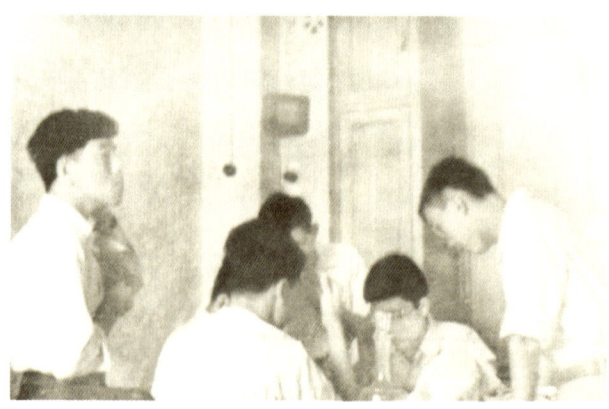

图 3-1　1954 年留苏同学学习照（资料来源：杨桢提供）

---

① 温良弼：难忘的往事——留苏回忆片段。见：胡传淮主编：《蓬溪文史资料精选》。北京：中国文史出版社，2011年，第136页。

生物钟没有一年时间是改变不了的。①

留学生在苏联的交流仍旧是一个很严重的问题，虽然留学生们在留苏预备班集中了近一年的时间学习俄语，但来到苏联后才发现要掌握这门语言谈何容易，一年的时间远远不够。就在李志坚前往苏联的 35 年后，17 岁的单刚作为中苏关系解冻后国家第一批派往苏联的大学生于 1988 年来到莫斯科，他在刚到苏联的一个月内完全听不懂老师的讲课，精神几乎崩溃，在回忆录上他感言说："我在出国前已经学习了六年俄语，出国后又接受了一年完整的预科教育，尚且如此；可以想象，仅仅'填鸭'般突击了一年俄语，程度远远不如我等的老一代留苏生们，该面临怎样的艰难处境！"② 35 年后国内的俄语教育与苏联实际学习和生活需要相差很远，更何况是 50 年代初最早的留学生俄语教育。

列别杰夫老师

在刚刚签订中苏友好同盟互助条约的新中国成立初期，来到苏联留学的中国学生们无法选择学校，同样地，导师也由苏联的有关部门指派。选择导师这一步在留学生们看来也完全是碰运气，运气好可以分配到一个学术比较活跃的导师，运气不好的即便分到科研水平较好的大学，如果导师年龄比较大，缺乏学术活力，就很难给留学生带来比较前沿的课题。李志坚分配到的导师是亚历山大·阿列克谢耶夫·列别杰夫（1893—1969），这是属于让同行留学生们羡慕的导师。也就在李志坚刚刚入学后的 10 月，列别杰夫被苏联科学院大会选举为苏联科学院院士，在苏联学术界有很高声望。同时，他还在列宁格勒大学附近的国家光学研究所领导军事应用有关的研究工作，在列宁格勒大学兼任研究室主任。除此之外，列别杰夫院士还研究非晶态和多晶半导体做器件。

---

① 温良弼：难忘的往事——留苏回忆片段。见：胡传淮主编：《蓬溪文史资料精选》。北京：中国文史出版社，2011，第 139 页。

② 单刚、王英辉编著：《岁月无痕——中国留苏群体纪实》。北京：中央编译出版社，2007，第 64 页。

李志坚进入列宁格勒大学物理系时他学习的专业仍旧是保密的。其实他有着自己的打算，在来苏联之前，考虑到当时国内在发展钢铁工业，他想学习固体物理学科中的金属学专业，回国后便可以立即学以致用。然而他所在的列宁格勒大学物理系没有金属学专业。这时他的导师列别杰夫院士正从事红外探测器等军事应用方面的研究工作，需要有关光电子器件方面的研究，于是建议他选择半导体专业。一方面，他听取了列别杰夫院士的建议，另一方面他也阅读了很多相关书籍，认识到半导体研究刚刚起步，研究潜力很大，前景也很好，当时苏联半导体权威约飞院士等人也在从事相关研究，最终李志坚决定选择半导体专业，从此迈入了半导体研究的领域。他在自传中特别提到了他的异国导师列别杰夫，感谢带领他跨入了做学问的门槛。

半年做了两年的事

苏联的学生报考研究生部必须满足两项条件，一是接受过高等教育，并具有相关研究方向两年以上实际工作的资历，二是高校毕业后直接报考研究生部的人员，必须有高等学校委员会（系）的推荐才可以参加竞试[①]。同时，苏联大学为五年制和五年半制，因此高校毕业生的基础理论一般都比较牢固，而且有一定的实验与科研训练。有些人员在考入研究生前就有2年以上的实际工作锻炼，又为科研工作打下了一定基础。所以在苏联能够进入研究生部的学员有扎实的理论基础，甚至还有一定的实践经验。相比较而言，中国的大学生只接受了四年的大学教育，这四年又是政治风波和政治运动迭起的四年，专业课学习有限，因此理论基础就薄弱些。许多功课如固体物理、电路技术及一些半导体方面的专业课在国内都没有学过。这种专业课缺失的现象在物理系中国留学生中并非个例，杨桢说："他们（苏联）有些专业的东西我在国内是没学过的，比如超高频电动力学，全是数学计算、全是理论式子，搞得我很苦。"

---

① 王清华编：《苏联高等教育的历史和现状》。长春：吉林教育出版社，1985年，第110页。

考虑到中国留学生的这种情况，苏联的导师普遍要求留学生先补基础，例如学习理论物理专业的张礼，他的导师是 Fork 院士，也指示他补习一些基础理论，并要求他去听 Fork 院士自己教授的量子力学和相对论两门课程。列别杰夫老师也列出了一批书目单子，让李志坚自学或听课，并表示根据他当时的物理学程度，给他两年时间，在此期间必须将这些书读完，并通过考试，才能做课题。李志坚一直记得在自己即将赶赴苏联时，刘少奇来到留苏预备部所做的讲话，他说："我们国家还很穷，国家建设需要培养大批技术干部，其中包括选派一批青年去苏联等国学习。你们知道，供养一个留苏学生需花费 30 户农民家庭的全年收入，因此你们出国后一定要刻苦学习，如果谁在苏联考试不及格请自动卷铺盖回国。"这些嘱托是留苏学生们刻苦学习的强大动力，他们夜以继日地用功，渴望早日学成回国，并将所学回馈给祖国。李志坚也是如此，在刚刚抵达苏联，甚至日常会话还未能用俄语完全表达清楚的情况下，他开始恶补俄文著作和文献，仅用了半年时间就把列别杰夫老师规定在二年时间内完成的功课全部补完，并参加了资格考试。苏联的资格考试全部是口试，资格考试委员会组织考题，考生准备后参加口试。

中国留学生普遍擅长的是笔试，口试考核的不仅是对知识的掌握，还有临场应变能力，除此之外，对留学生而言更具有挑战性的恐怕是作为外国人运用非母语来回答专业问题并得到苏联人认可的勇气和心理素质。据李志坚回忆，他到考试时俄语表达还是不熟练，后来参加口试的老师告诉他，他当时答题既用俄文，又有英文、德文，甚至还有中文，庆幸的是考试委员们都听懂了。

收获成绩是要付出努力和汗水的，辛勤读书的半年时间里，李志

图 3-2　1954 年李志坚在列宁格勒

（资料来源：杨桢提供）

第三章　走向半导体　　53

坚的全部时间都用在读书上，没有周末，也没有业余活动。他的同学杨桢记得有一次苏方组织留学生去参观冬宫，冬宫近在咫尺，从宿舍窗口就看得见，那里放满了各种珍贵的、帝俄时代收藏的珍宝和文物，是闻名全世界的文化宝藏之一。可是他不愿意去，原因就是为了准备考试。[①]

立足于世界前沿

自己动手，追求卓越

通过资格考试之后，李志坚就进入了课题研究。导师列别杰夫院士把他在国防部的一个课题——使用薄膜电子势垒理论研究光电子器件，也就是部队用的红外探测器，交给李志坚完成。PbS等薄膜虽然当时已在红外探测器等军用方面得到应用，但其物理机理只用一般固态能带论来解释难以令人满意。另外，当时苏联半导体权威约飞院士等人（包括李志坚的导师列别杰夫）研究非晶态和多晶半导体做器件，他们有相同看法，认为固体中原子的近邻作用应该起主导作用，建立在完全周期场的能带论模型过于简单，所以难以解释诸如液态半导体、半导体表面态、非晶半导体及多晶薄膜等问题。因此，他的研究除了改善红外光电器性能这一实用背景外，还有这方面的理论背景。[②]简单地说就是实验已发现光谱和膜的做法有关，但还没有理论支持，需要李志坚用理论来解释现象。在李志坚看来，这个工作难在如何把薄膜做好，因为他认为光谱的产生不是半导体有光电导效应，而是因为半导体之间的缝隙。薄膜薄，缝隙就大，是一个光谱；薄膜厚，缝隙就小，是另一个光谱，这样就可以解释膜和光谱的关系了。如何把薄膜做得非常薄是最大的问题，需要薄到最后只剩下原子，并

---

① 杨桢著：《淡淡的星迹——杨桢传》。南宁：广西科学技术出版社，1990年，第56页。
② 中国科学技术协会编：《中国科学技术专家传略·工程技术编·电子信息科学技术卷2》。北京：中国科学技术出版社，2007年，第210页。

把这些原子堆起来。做这样实验需要做一个玻璃装置来产生真空，阻止其他原子进入。李志坚把他的实验构想告知了物理系专门做玻璃系统的师傅，希望他能帮助自己把需要的实验仪器做好。然而这个做玻璃的苏联师傅不仅一

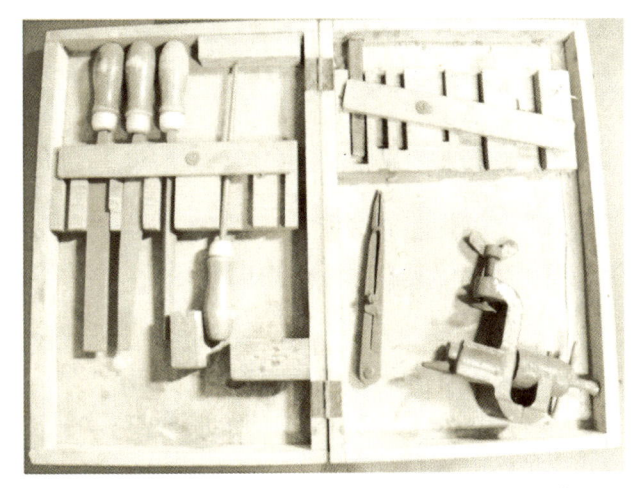

图 3-3　李志坚从苏联带回的工具箱（资料来源：李志坚家属提供）

直推脱工作，拖延时间，而且还是个爱喝酒的醉鬼，即使做好了，也总被他酒后失手打破。在这种情况下，李志坚决定自己动手。

　　李志坚自己动手做实验器材的决定并不是一时头脑发热。那时虽然苏联的条件比国内要好，但是由于帝国主义的封锁，苏联的实验条件并不是最先进、最完备的，很多实验器材都要自己准备，自己动手，他知道自己正在进行的研究课题是一项开创性的工作，如果连一个玻璃系统的制作都不能顺利完成的话，后面将会遇到的更大的实验困难就更无法克服了。得益于大学时期开设的工厂实习课，李志坚对于做玻璃器皿还是有些经验的，在课上系主任何增禄先生曾手把手地教他吹玻璃，当时他和同学们在最初学习这门课程的时候还有些抗拒和不解，认为大学生是来学习理论知识的，何必要做这些工厂工人们的技术活，更未料到在这门课程上学到的手艺竟然给自己留苏时的研究提供了关键性的支持。凭借自己在本科时学习的吹玻璃的技术手艺，李志坚在经历了无数次的失败后最终制造出真空度达 10^{-10} 托的全玻璃真空系统，当时世界上也只有少数最先进的实验室能达到这样的水平。

一天工作 15 小时

　　虽然在制作玻璃装置方面李志坚取得了初步成果，但想要把实验完

成,等待他的还有无数艰难。首先是基本的近代物理学试验方法的缺失,李志坚在大学时学习过普通物理实验,但这仅仅是物理学的入门。在新中国初成立的时代,物理教学远远落后于苏联,在苏联研究生看来非常简单的物理学实验方法却难倒了中国留学生,他们不仅要适应用非母语的语言进行交流学习,读书以补习物理学理论基础,还要去实验室与本科生们一起学习中级物理实验这门课程中教授的近代物理基本试验方法。多重学习任务的重压下他们只能增加每天的工作时间,一个实验程序需要连续做才能有结果,李志坚整个白天的时间安排去做实验还不能完成,总是要加班到深夜才能把一小步做完,有时实验数据不好或者实验操作有失误还要重新做。他的同学张礼在回忆时说:"李志坚给我最深印象的就是,他要在实验上花很大很大力气,但这也有好处,可以补基础。"

有了最基础的玻璃装置并掌握了实验方法,李志坚开始从次原子层、单原子层薄膜做起,在不同成膜条件下和膜厚度下,对电导、光电导进行仔细的测定。但在20世纪的50年代前半叶,即便是在苏联,实验技术上仍是非常简陋,在国际上都没有现成的测试工具,甚至连测试高真空的电离计都是刚刚仅在文献中出现,很多测试工具需要自己制作。因此,李志坚自制出可避免X射线诱生离子流的电离真空计。接着,为了测试原子层薄膜的电导,他还自制出电流灵敏度10^{-15}A以上的电流计。为了观测从很低能量到较高能量范围内的能谱,又能实现从晶粒表面激发电子,他设计制造了能量分散度只有100毫电子伏、从零到几伏变化的低能电子束枪。这些创造性的成果凝聚了李志坚无数的日日夜夜,也是经历了无数次失败后取得的甜蜜果实。他的导师列别杰夫总是热忱地鼓励他,肯定他取得的每一小步成绩,同时也严格要求,不让任何指标打折扣,李志坚回忆这段经历时说:"导师列别杰夫总是问,你的真空真的不能再高了?再高一些现象还会是这样吗?你为什么不再把电子束能量分布做得更均匀一些,有的现象不是更清楚一些吗?他最不喜欢我讲:'国际上发表的最高水平也就是这样了'。听到这样的话,他会严厉地说:'那你不能比他们更高、更好一些?'。与此相对照,当我向他汇报一些新的想法或新的实验发现时,他会十分高兴,到你的实验桌旁边来看演示,他认为研究工作就是要有新发现，要有创新"。杨桢回忆李志坚曾跟他倾诉实验艰难，充满挫败感，甚至一度认为如此前沿的课题无法完成，然而正是在导师的严格标准和自己的不断尝试努力下，他用明确的实验证实了多晶膜的晶粒间电子势垒对电导、光电导所起决定性的作用，

图 3-4　1954 年李志坚和杨桢在列宁格勒（资料来源：杨桢提供。左为杨桢，右为李志坚）

及这一势垒与晶界状态、晶粒大小等依赖性的有关规律，从而指导了对一系列薄膜半导体电特性的了解和相关器件的制作。

在那个时代，李志坚所从事的开创性研究并不是个例，而是留苏的中国研究生的普遍经历，他们用着自己不熟悉的语言，忍受着苏联人对中国人的藐视，在自己所从事的领域中做出了令世界赞叹的成绩。那时中国留学生在实验室从白天工作到晚上八九点钟是习以为常的事情，有些甚至在苏联同事下班后，利用安静的空间和稳定的电源继续工作到凌晨两三点钟。李志坚同期的留苏研究生杨桢被指定到苏联学习雷达波、射电物理专业，在国内时他连此专业的基础课都没学过，然而经过夜以继日的学习和实验，他在一个大实验室用一个月的时间成功完成了一整套微波波谱仪，包括真空系统、波导系统、稳压电源充气装置等等，让苏联的技术员为之侧目。到 1955 年秋天，杨桢被钱三强挑走指定为首批接受原子能技术培训的科技人员，并让他立即办理离校手续，到莫斯科报到。这是因为当时赫鲁晓夫同意向中国传授核技术，而当时中国在核物理方面没有专家，苏联便答应帮助中国培训一批。能够接受苏联培训的中国人必须熟悉俄文又要有一定的专业基础，这样的人只能在留学生中选择。经中央特批，钱三强先生在留苏学生中选择了一些组成实习团带去莫斯科，其中就有杨桢。还有学习理论物理的张礼，他从早到晚都在图书馆读书，据他描述，离他们宿舍很近有一个苏联科学院图书馆，条件非常好，图书管理员会帮读者把

今天没看完的书放到固定的地方，第二天读者来了就取来交给他继续看。最终他在毕业论文中提出正电子在进入多体系后的湮灭问题，用三年的时间就取得了副博士学位，他的这一研究很受重视，毕业之后便被苏联研究核物理的一个通讯院士录用为博士后从事研究工作。

李志坚对这四年的学习评价说："四年'磨一剑'，我认为，我的研究生成绩不只反映在最后发表的学术论文上，主要是学会了学术研究的方法，懂得了学术研究中严谨学风和开创思维的重要性，大大加强了自己从事科研工作的毅力和韧性。从此，我对克服科学研究中的困难总是信心十足，并对工作中的开创性情有独钟。"

艰苦而充实的留学生活

美丽的异国风光

留苏学生的学习任务重压力大是普遍情况，但让他们感到温暖的是，当时一穷二白的祖国政府每月都会给他们700卢布的助学金，这个金额竟然一点都不比苏联本国研究生得到的少。留学生们知道祖国供养留学生的艰难，在苏联餐厅吃饭时会将花费的卢布金额自动换算成人民币，总是按照最低的标准吃饭。他们中午去便宜的学生餐厅，晚上买点面包和香肠，加一起再抹点酱，就是一顿晚饭，如果能回到宿舍在厨房煮一盒饺子便是改善生活了。留学生们可以尽最大可能在吃饭上省钱，但是却抵抗不了照相机的诱惑。苏联相机制造业在二战后德国和日本相机没有恢复生产的情况下，生产了很多品种、数量众多的相机，中国留学生到苏联后第一次见到如此小型的可以拿在手里把玩的照相机，而且苏联相机质量好，价格便宜，20世纪60年代的莱卡可能要卖600美元，而同等类型的"Zorki"或"Fed"可能只需要60美元。所以那时的留苏学生都会将生活费省下来买一台照相机把玩。张礼把他当时买相机时的狂热当笑谈说："那时我们都买照相机，他那拿一台照相机，我这也有照相机，我买的照相机比他们要稍微高级一点，我是喜欢照相的，钱都是我们平时吃饭省下的。其实我也非常喜欢音乐，喜欢看音乐会、芭蕾舞或者歌剧，但我一次都没去过，就是为了省钱，苏联有收音机啊，我就听那个，干嘛花钱去现

图 3-5　1955 年张礼在列宁格勒为李志坚拍摄的照片
（资料来源：张礼提供）

场。"张礼还特别得意于当时自己给李志坚拍的一张特写，认为自己拍摄的技巧和捕捉的韵味都很妥帖。

有了照相机，留学生们便盼着能在短暂却又舒适的夏天暂时放下繁重的学业和工作去好好认识一下列宁格勒的风景。夏天是苏联人特别重视的季节，因为只有在这段时间，被憋了一整个酷寒又漫长冬季的苏联人才能走出室外去享受阳光，去度假和郊游。这个时候从事各行各业的苏联人都外出度假了，不管是大学里的实验室管理员还是管设备的工人。趁着无法使用实验设备和学习场所，又不愿浪费钱自费回国度暑假，苏联留学生们便拿着各自的相机出门郊游。列宁格勒大学为学生们提供轮流去休养所度假一个月的机会，这个休养所在就在列宁格勒附近，条件非常好。没轮到去休养所的留学生便自发组织起来坐火车去南方，去基辅、敖德萨、莫斯科等更远一些的地方度假。

图 3-6　1955 年留苏同学在列宁格勒合影（右一为李志坚，右二为管惟炎，右三为杨桢。资料来源：杨桢提供）

第三章　走向半导体

心系祖国

李志坚和他的同伴们远离家乡，夜以继日地学习，承担着报效祖国的期望和重任。他们以图书馆、实验室为家，早出晚归，即便住宿在一处也很难碰头见面，只能在偶尔轻松的周末相互倾诉学习工作中的压力和烦恼。他们一出国便三四年，期间不能回家，与家人亲友的联系只能依靠书信，这种情况下，国内的师友能来到苏联与他们相聚便是可遇而不可求的事。

1955年5月，让李志坚和物理系的留学生们兴奋的是物理学前辈周培源先生来到苏联列宁格勒大学参观访问。更让他们意外的是他与张礼等三位同学被选中作为优秀留苏学生陪同周先生参观游览列宁格勒。在这次相聚中，周先生和留学生们畅谈近年来祖国物理学发展需求，鼓励他们抓住机会，圆满完成学业，早日回国。李志坚和同学们见到来自祖国的前辈，自然又拘谨又欢喜，向周先生报告来苏联后的所学所想，为周先生介绍苏联的风土人情和著名景点，并和周先生留下的珍贵的合影。

在这次相聚之后，紧接着9月份，高教部为响应中共中央发展核工业的决定，组织了一次以清华校长蒋南翔为首的团队访苏。这次访苏为一些留学生们回国后的归属带来了决定一生的机遇。蒋南翔校长率团访苏的最大目的是就和平利用原子能方面的人才培养问题进行考察，并物色在苏联学习的优秀人才，为国内大学创办新专业做人才储备。代表团仔细考察了苏联几所学校有关原子能专业的办学情况，考察归来后蒋南翔深感为国家培养原子能干部的任务重大，在《高

图 3-7　1955 年周培源来到列宁格勒看望留苏学生（左一为李志坚，左二为周培源，左三为张礼。资料来源：张礼提供）

等教育考察团访苏报告》中，他提出了在清华大学、北京大学创办新专业的计划，包括核物理、电子学、无线电物理、放射化学、远距离自动控制、半导体、固体物理等十个专业。就在此次考察中研究理论物理的张礼被选拔毕业后到清华参加工作。

更让留学生们振奋的是，1957年11月17日，毛主席率领中国代表团访问苏联，参加十月革命40周年庆祝活动，在此期间，主席前往莫斯科大学会见中国留学生，向他们问好，并发表了对年轻人寄予希望与厚爱的著名演说："世界是你们的，也是我们的，但归根结底是你们的。你们青年人朝气蓬勃，正在兴旺时期，好像早晨八九点中的太阳。希望寄托在你们身上。"虽然李志坚没能作为代表前去莫斯科参加这次会见，但主席的鼓励和希望是他在之后的工作中念念不忘的。当他作为导师指导远在他乡留学的学生时，他给予学生的力量不仅有父辈般的关爱，还有作为留学生的信仰和坚持。他提醒学生要时刻心系祖国，在他们学成后建议他们回国工作，报效祖国。正是这一段留学时光，也正是在苏联时受到师长们的谆谆教导，使50年代的留学生们建立了坚定的爱国主义信仰，而这信仰在他们为人师长后又薪火相传，鼓励后人。

同学们

李志坚自大学起就以共产主义为坚定信仰，在1947年民主爱国学潮运动中表现积极，之后还加入了新民主主义青年团。来到苏联这个苏维埃共产主义国家后，他也时刻关注苏联的政治和民生，观察普通民众和当地学生的面貌和信仰，积极参与了列宁格勒大学党支部的各种活动。他的同学张礼年长几岁，曾参加过工作，期间加入了党组织，在苏联时期曾担任列宁格勒大学党支部的支部书记，他讲述了至今记忆犹新的一件事："我去了苏联之后，进入中共列宁格勒大学党支部，做支部委员兼学生会主席，那时李志坚还是团员。当时支部有点脱离群众，引起很大意见。我刚进入支部也不太了解情况，只知道好多学生串联在一起开会酝酿对党支部的意见，如果这时我进去，他们就会刻意避开我。最后这股风潮平息下来，但

图 3-8　1955年李志坚和张礼（左为李志坚，右为张礼。资料来源：张礼提供）

党支部必须要改选，支部委员会就选我为党支部书记，但是我不会当干部，虽然之后我一直是干部，但我始终觉得我不会当干部。当时觉得自己不行，在做工作时也没信心。李志坚是我的室友，有时我会把我遇到的问题讲给他听，他经常可以分析留学生里面的一些问题和发生的情况，给我提了好多意见帮助我处理问题，那个时候他对我帮助还是比较大，他那时虽不是党员，但是他很会观察，知道问题在哪。"也正是通过和李志坚在党务工作中的接触，让张礼对李志坚印象深刻，他说："我和李志坚先后回国，都来到清华工作，李志坚在清华取得的成绩和荣誉是和他在苏联留学时的表现相一致的。"李志坚不同寻常的成熟和稳重，让比他早5年就大学毕业的张礼印象深刻，在那时就觉得他有想法有性格，而且还会在思想上帮助别人。

在与李志坚同时进入苏联留学的物理系同学中，除了年纪最长的张礼外，还有年龄较小的杨桢，他年龄小，性格开朗，玩心也大，男男女女的朋友总有不少，那时学风淳朴，同学间的相处也很单纯，但有时难免会厚此薄彼，生出些误会和嫌隙。在现在看来，这也是很私人的事情，如果有旁人掺和提意见，往往会被人说爱管闲事。但李志坚会提醒杨桢，建议他和所有的女同学都保持距离。也正是因为李志坚的提醒，杨桢恍然大悟，才知道自己的无心之举给别人造成了很大困扰。现在杨桢回想起这件事来仍感激李志坚，将他的提醒称为非常及时的"灭火"。

在苏联学习四年多之后，根据大量试验结果，李志坚开创性成功地提出薄膜光导体的晶粒电子势垒理论。完成关于 CdS、CdSe 薄膜的电子激发电导的毕业论文，用明确的实验结果证实了多晶膜的晶粒间电子势垒对电导、光电导所起的决定性的作用，及这一势垒与晶界状态、晶粒大小等依赖性的有关规律。他的研究成果形成了三篇论文，其中两篇经导师审阅后投稿于苏联的学术期刊《固体物理》杂志，并于1959年发表在该杂志的创刊号上，同期还发表了苏联著名物理学家约飞（A. F. Joffe）的文章。另一篇是在全苏科学学术会议上报告，该报告受到好评，但因受到保密条件的制约，没有公开发表。在圆满完成副博士论文之后，李志坚获得了苏联列宁格勒大学物理—数学科学副博士学位。

图 3-9　1956 年留苏同学集体合影（左一为李志坚，中为张礼，右二为杨桢。资料来源：杨桢提供）

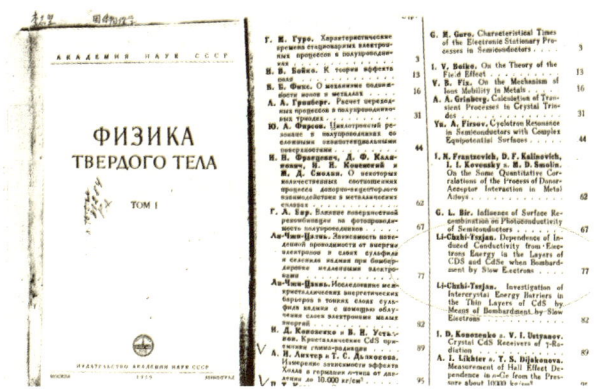

图 3-10　1959 年苏联《固体物理》创刊号发表的李志坚的文章目录（资料来源：莫斯科大学图书馆）

在回国前，他整理节省下的卢布，与其他留学生不同的是，他将节省下的卢布全部上交给中国大使馆，而非将卢布换成人民币带回家补贴家用。李志坚带着祖国人民的期望来到苏联，四年后，他带着满腹才学，怀揣建设祖国的热情和希望，踏上了回家的路。

第三章　走向半导体　　*63*

第四章
落脚清华

清华园与"清华缘"

在向"科学进军"的背景下，高教部派遣以蒋南翔校长为首的代表团出访苏联。回国后，蒋南翔认为在清华等高校设置国防尖端专业，既能有力地促进国防现代化事业，也可使学校自身科学技术水平及学科建设迈向新的高度。从1955年末，清华陆续建立了实验核物理、同位素物理、放射性稀有元素工艺学、电子学、无线电物理、电介质及半导体、热物理、空气动力学、固体物理、自动控制等十个新技术专业；1956年设立工程物理系，1960年又相继增设了工程化学、工程力学数学和自动控制等系[1]。作为建设新专业的重要组成部分，清华大学于1956年在无线电系筹建半导体专业，系主任助理、党总支书记李传信总体负责，并设半导体筹备组，由南德恒负责。同时，国家又制定《一九五六年至一九六七年科学技术发展

---

[1] 金富军：面向工业化建设的院系调整（清华校史连载之十二）。《清华人》，2008年第5期。

远景规划纲要》(简称十二年科学规划),把半导体技术列为国家重点发展项目之一。在制定十二年科学规划的过程中,为了优先发展某些具有关键作用的新学科领域,使其在短时期内改变现状,接近国际水平,科学规划委员会提出《发展计算技术、半导体技术、无线电电子学、自动学和远距离操纵技术的紧急措施方案》(简称"四大紧急措施")。大力发展电子工业,已经提到了重要日程。[①] 作为"四大紧急措施"实施的一部分,1956年暑期,北京大学、复旦大学、南京大学、厦门大学和吉林大学五校,在北京大学联合开设了我国第一个半导体专业,由黄昆任主任、谢希德任副主任。该专业开设固体物理、半导体物理、半导体实验、半导体材料、晶体管电路、半导体器件等全面的半导体专业课程。基于安排,清华大学从电真空专业三年级学生中抽调曹培栋、张建人、金保生、庄同曾、应联华、黄培中、俞鲁棣、崔君八人(后称"八员大将")前往学习,为清华半导体专业培养人才,同时他们也参加清华半导体实验室的筹建。为了加强技术领导,按黄昆的建议,清华聘请中国科学院应用物理所的王守武[②]兼任清华半导体教研组主任。1957年,曹培栋、张建人等八人从北京大学半导体专业毕业,清华大学无线电系半导体教研组于1957年9月正式成立,并开始了教学与科研活动。

　　李志坚留苏前的派遣单位是同济大学,按照规定完成学业后应返回原派遣单位,然而正是清华大学半导体教研组的建立为李志坚回国后的去向带来了新的契机。

　　1957年6月,李志坚的同学张礼回国,他是由南开大学派出,本来应该回到南开,但1955年蒋南翔访问苏联物色新学科的优秀人才时,发现他正是理论物理专业需要的对口人才,于是在当时就决定让他毕业后进入清华工作,在当时国家创建新专业的需求下,张礼回国后顺利进入清华大

[①] 《当代中国》丛书编辑委员会:《当代中国的电子工业》。北京:中国社会科学出版社,1987年。

[②] 王守武(1919-),半导体器件物理学家。1941年毕业于同济大学。1946年赴美留学,从工程力学转向固体物理,1949年获普渡大学博士学位。1950年回国受聘于中国科学院应用物理研究所。1956年7月,应用物理所成立半导体研究室,聘为主任。1958年筹建了我国第一个晶体管工厂。

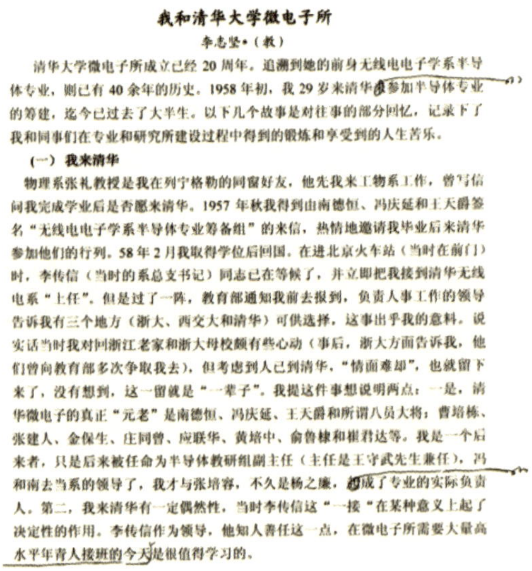

我和清华大学微电子所

李志坚•（教）

清华大学微电子所成立已经20周年。追溯到她的前身无线电电子学系半导体专业，则已有40余年的历史。1958年初，我29岁来清华参加半导体专业的筹建，迄今已过去了大半生。以下几个故事是对往事的部分回忆，记录下了我和同事们在专业和研究所建设过程中得到的锻炼和享受到的人生苦乐。

（一）我来清华

物理系张礼教授是我在列宁格勒的同窗好友，他先我来工物系工作，曾写信问我完成学业后是否愿来清华。1957年秋我得到由南德恒、冯庆延和王天爵签名"无线电电子学系半导体专业筹备组"的来信，热情地邀请我毕业后来清华参加他们的行列。58年2月我取得学位后回国。在进北京火车站（当时在前门）时，李传信（当时的系总支书记）同志已在等候了，并立即把我接到清华无线电系"上任"。但是过了一阵，教育部通知我前去报到，负责人事工作的领导告诉我有三个地方（浙大、西交大和清华）可供选择，这事出乎我的意料。说实话当时我对回浙江老家和浙大母校颇有些心动（事后，浙大方面告诉我，他们曾向教育部多次争取我去），但考虑到人已到清华，"情面难却"，也就留下来了，没有想到，这一留就是"一辈子"。我提这件事想说明两点：一是，清华微电子的真正"元老"是南德恒、冯庆延、王天爵和所谓八员大将：曹培栋、张建人、金保生、庄同曾、应联华、黄培中、俞鲁棣和崔君达等。我是一个后来者，只是后来被任命为半导体教研组副主任（主任是王守武先生兼任），冯和南去当系的领导了，我才与张培容，不久是杨之廉，成了专业的实际负责人。第二，我来清华有一定偶然性，当时李传信这"一接"在某种意义上起了决定性的作用。李传信作为领导，他知人善任这一点，在微电子所需要大量高水平年青人接班的今天是很值得学习的。

图4-1　李志坚"我和清华大学微电子所"

学工程物理系担任副系主任。之后在校内活动中，他结识了无线电系副主任李传信，此时无线电系的半导体教研组正处于初创阶段，急需人才，李传信就向张礼打听同在苏联学习的半导体专业人才。张礼自然想到了李志坚，便向李传信极力推荐，同时他又立刻给李志坚去信，鼓动他结束学业后来清华工作。此后不久，李志坚就收到清华大学南德恒、冯庆延和王天爵以"无线电电子学系半导体专业筹备组"名义写来的信，热情邀请他来清华加入这个行列。当时李志坚没有明确表示能否前去，因为当时的政策是统一分配，毕业后的去向是个人无法左右的。

返乡与"劫"站

1958年2月，无线电系副主任李传信得知李志坚回国，特地从学校要了一辆车到北京火车站把他接到清华来，这后来成为一个流传很广的故事，以至于提起李志坚的来历，大家都大笑说他是被"劫"来的。李传信回忆他当时接李志坚时的心情说："这是我心头最重要的事，必须把他弄到清华来工作，因为他是真正学半导体的。"李志坚到清华后李传信亲自给他安排住宿到十三公寓，这在当时算是比较好的教工宿舍了，并把自己才买的椅子和很好的桌子借给他使用。为了使他安心留在清华，李传信还听取了张礼的建议，把李志坚的夫人邹逸惺从上海华东师范大学里调来，分到清华大学化学系任教。期间因为教育部认为李志坚没有回原派遣单位，让他去教育部报到，并告知他有三个地方（浙江大学、西安交大和清华大学）供他选择，这出乎他的意料。虽然他本人对能够回到浙江老家很为心动，但考虑到人已到清华，"盛情难却"，也就留了下来。[①] 还有一些波折，但最终因为清华无线电系半导体教研组的特殊需求和引进人才的迫切希望，李传信向教育部申请，为李志坚打破了条条框框的阻碍，使他最终留到了清华。李志坚在之后回忆来清华大学的经历时说："我来清华有一定的偶然性，当时李传信这'一接'在某种意义上起了决定性的作用。"[②]

年轻的半导体教研组主任

1958年3月，李志坚正式加入半导体教研组，从事教员工作，讲授课程《半导体物理》，他是半导体专业出身，又是留苏副博士，来清华之后大大增强了半导体教研组的科研力量。当时半导体教研组的学生和老师都不多，在1956年秋，清华大学将电子学、无线电物理和半导体物理与器件三个专业调到无线电电子学系领导，有两个班的学生也随专业转入无线电系，其中有半导体专业学生42人，这是该专业的第一批学生。[③] 根据全国科学规划，北京大学、复旦大学等五所综合大学物理系部分师生也成立了以黄昆、谢希德为首的联合半导体教研组，在北大培养我国综合大学半导体方面的首批本科生。为了给清华半导体专业培养师资骨干，清华大学调出电真空技术专业三年级8名学生前往学习[④]。经过一年多的学习，到1958年初，这"八员大将"（曹培栋、张建人、金保生、庄同曾、应联华、黄培中、俞鲁棣、崔君）回到清华正式留校成为教师。在李志坚到清华任

---

① 李志坚：我和微电子学研究所。《新清华》，2000年10月25日，第二版。
② 李志坚：我和微电子学研究所。《新清华》，2000年10月25日，第二版。
③ 方惠坚、张思敬主编：《清华大学志下》。北京：清华大学出版社，2001年，第257页。
④ 方惠坚、张思敬主编：《清华大学志下》。北京：清华大学出版社，2001年，第257页。

教的时候，半导体教研组的师资除了以南德恒为首的三人筹备组加一个从中等专业学校调来的实验员蒋志龙之外，还有新晋的"八员大将"和早李志坚半年从美国学习固体物理回来的高联佩。

李传信回忆当时的情况时说，半导体专业能办起来而且发展迅速，李志坚在其中发挥了决定性的作用。清华半导体研究室招揽到李志坚的同时面临的一大问题是：谁当教研组主任。当时中科院半导体研究所的研究员王守武兼任清华半导体教研组的挂名主任，还需要有一个能够将全部精力投入半导体教研组创办和发展，带领教研室走出一条广阔前景的领导者。当时的主任人选主要有三人：一位是从工程物理系转来的青年才俊，一位是半导体专业筹备组的主要负责人之一，还有刚从苏联回国的李志坚。身为无线电系副主任的李传信是决定半导体教研组主任的主要决策人，他回忆说："有人直接找我，跟我说他要当教研组主任，这人很直，但我观察这样的性格怕他不适应环境，当时政治气氛很浓，我看他不太适合。有的人资格比较老，也做出很多成果，但是他不是学半导体专业的，所以也不能用他，最后还是觉得李志坚各方面都比较合适，就决定让他做主任。"李志坚几乎是在多重压力下扛起了新生的半

图4-2　1952年建成的清华大学立斋（采集小组拍摄）

导体教研组的主任的担子，一方面是全组成员都关注着他如何管理教研组，如何带领教研组开创半导体研究；另一方面是全国政治氛围越来越浓厚，如何在政治运动中开展科学研究，成为他时刻思考的问题。

李志坚很快投入清华大学半导体专业的创建，与同事和同学们一起建成了国内工科大学第一个半导体实验室，半导体教研组代号为310教研组，设在清华大学立斋三楼，这是几间由学生宿舍临时腾出的空房，作为办公和实验室。虽然实验条件非常简陋，但在这里他们开始了与半导体有关的

各项实验研究工作。

　　李志坚当上主任后非但没有摆架子，耍官威，反倒更加谦虚，教研组的老师和同学都直呼他"李志坚"，没人称"先生"、"主任"，他一点都不以为意，这个习惯一直持续到他被评为院士，旧时的同事们才改口称他为李院士。在郑州大学毕业后分配到清华工作的亢宝位回忆说："我1960年9月16日报到，领我去教研室的是主任李志坚。只见他是个很平常的人，个头不高，穿着脱了色，说不上整齐的咔叽布衣服，头发也有点乱，似乎刚刚还在忙着什么。他讲话平和简单，态度平易近人。这使我心中稍稍有点宽慰……作为教研室主任，李志坚很关心大家，我到清华第一个月就丢了仅有的钱和布票、棉花票，李志坚送给我一个在苏联穿的皮夹克才对付过了冬。……在九区走廊有一张乒乓球桌，工作中间休息和下班后，大家常去打一会儿乒乓球，打'七个一场下台'制，李志坚跟大家一样轮着打，下了台靠边等着排队再打。"① 在他的回忆中还流露着对在清华大学半导体教研组工作13年光阴的留恋和感谢，认为在教研组的生活和科研环境陶冶了年轻时的他，对他一生作用很大，在清华养成了实干、傻干精神，他后来领导的研究集体选择了李志坚做主任时的教研室管理的老模式，并运行顺利。

---

① 亢宝位：令人留恋的岁月.《新清华》，2000年10月25日，第七版。

第五章
投入半导体的"大跃进"

鼓足干劲与全民科学

随着新中国成立后经济建设的恢复，为更快更大规模地提高经济发展步伐，需要科学技术给予支撑，而当时资本主义国家对社会主义阵营全面封锁，中国的科技工作相当薄弱，在这种情况下，周恩来总理于1955年领导国务院成立了科学规划委员会，调集了几百名各种门类和学科的科学家参加编制规划工作，还邀请了16名苏联各学科的著名科学家来华，帮助中国了解世界科学技术的水平和发展趋势。最终在1956年编制了《一九五六年至一九六七年科学技术发展远景规划》，这个规划指出了中国科学技术的发展方向，极大地鼓舞了全国科技人员，由此，一个大规模的、全面的向科学进军的热潮在全国蓬勃发展起来。继而中共中央提出"向科学进军"的号召，"百花齐放、百家争鸣"的方针，广大科学技术工作者在不同的岗位上努力奋进，中国的科学技术水平得以迅速提高。但1958年"大跃进"使原本健康发展的科学变了味道，在"全民搞科学"的热潮中，科技工作的客观规律被无视，用群众运动取代了原本应该深入细致的研究工作，大多贪多图快，急于求成。这种技术观的转变，将科学主义推到极端，也正是这种极端的、盲目的全国上下对科学的狂热加促了伪科学的产生。当时风靡全国的"超声波化运动"就是明显一例，几乎各行各业都一哄而起，把"超声波化"诩为"全党办科学"、"全民搞科学"的标志，结果浪费了大量人力、财力和物力，而实际上得不偿失。①

与"超声波化运动"类似，社会上也吹起了"塑料半导体"之风，到处鼓吹因"解放"了思想，已制造出了种种塑料半导体，一根木棍插上电极也可以做半导体，甚至食堂的大师傅也称用西红柿、橘子皮能做出半导体，这样一来好像到处都是半导体，还有人半夜给李志坚打电话，说自己发现半导体这样的闹剧。在全国人民都"发现"了半导体的压力下，清华大学半导体教研组想要保持科学的严谨就意味着落后和反动。北京市委大学部的一个领导把李志坚和书记冯庆延叫去，征求他们对当时"群众运动"的看法，实际上是想推动清华大学积极实行塑料半导体的生产。李志坚在领导的压力下并没有向当时已被公众认可并赞扬的伪科学低头，他跟领导争辩与塑料半导体相关的科学原理，指出塑料有半导体性是可能的，但是在当时全世界的科学水平下，不可能用以制造实用器件，橘子皮之类的更是无稽之谈。后来李志坚在"文化大革命"中得知，待他俩回到清华，市委大学部的这位领导立即给清华大学党委副书记何东昌打电话，不仅重新提出生产塑料半导体的要求，还批评李志坚"苏联框框"太多，要何东昌对这位"青年专家"好好加以"开导"。在这样的社会氛围下，李志坚想出一个解决办法，他专门成立了一个小组，这个小组的工作是"专攻"塑料半导体器件，一听到社会上有做出半导体的消息，就立刻着手证明这些"器件效应"实际上只是一种假象。例如，把聚丙烯腈高温燃烧使之碳化，再用一根金属丝触上就有可能获得一定的检波效应，但是也可以用烧过的火柴头得到同样的效应；又如，把聚丙烯腈表面弄湿，再插入铝电极，因法拉第效应就有一定整流能力，这些都不是什么真正的半导体效应。② 就这

---

① 董光璧主编：《中国近现代科学技术》。长沙：湖南教育出版社，1997年，第1181页。
② 李志坚：我和微电子学研究所。《新清华》，2000年10月25日，第二版。

样，李志坚一边带领团队批判社会上"塑料半导体"的伪科学，一边抓住"全民搞科学"的积极风气进行超纯多晶硅的研制，以赶超世界先进水平。

借着科学热潮，半导体教研组于1958年在立斋建立了实验室，在"科学大跃进"提倡的"赶超精神"、"全面科学"氛围中，60届（当时三年级）学生全部进入实验室参加攻关。当时的口号鼓舞人心，大部分年轻人包括学生和教师，都力争上游，加班加点为国庆献礼。他们一早起来就开始工作，每天分为四个单元，前三个单元老师和同学一起进实验室或者上课，到了深夜第四个单元，和李志坚一样的老师们才得以为第二天的教学进行备课。这种"赶超"精神似乎在当时"科学大跃进"的氛围中成为一种普遍现象，然而难得的是在全民"科学"的狂热中，半导体教研组利用激发起的爱国主义干劲和自力更生、勇于攀登的精神，在有关半导体材料和器材的科研方向都展开了全面的探索。

李志坚在总结这段时期的科学研究时曾说："我们在当时如不解决好这些干扰，解放思想就会成为灾难，半导体事业的创立就会受到挫折。所以对任何事，只有用科学的态度才能经得住历史考验；另外，当前假科学和伪科学很多，解决的最好方法是，你能用实验事实来证明它是伪的，要做到这一点当然首先自己要有严谨的科学学风和勇气"。[①]

图5-1 半导体专业所在的清华大学东主楼（上世纪60—80年代）

---

① 李志坚：我和微电子学研究所.《新清华》，2000年10月25日，第二版。

走"南锗北硅"的路线

半导体教研组进行科学研究的最初并没有形成一个研究的特定方向,在"百花齐放"、"遍地开花"的口号下,研究范围很广。由于李志坚在苏联学习的专业是光电半导体,所以形成了以他为首的光电组,这个组主要是向苏联学习,从薄膜做起,形成了光敏、光电等光电材料与器件等研究方向。另外,列宁格勒电工学院的苏联专家契尔金在1958年10月加入了清华无线电系半导体实验室,以他为首,以杨之廉、李瑞伟为辅助,形成了碳化硅组,开展碳化硅半导体材料和碳化硅器件的研究。除了这两个组之外,还有单晶硅组和多晶硅组,主要从事硅材料的研究。总的说来,攻关的内容十分广泛,有锗器件、半导体收音机,整流器、光电器件,硅材料,等等。在那个时候,老师少,学生也不多,往往一个老师带几个学生就进行了一个课题研究,大多数人都在独当一面。这样进行了几个月之后,老师们普遍认为应该把研究方向集中一下,认为专业的建设战线过长、力量分散都难于深入取得好成果,最终把焦点集中到了硅材料和锗材料的选择上。

1958年李志坚刚从苏联学成回国时,国内最好的半导体研究是以王守武先生为首的中科院半导体研究室。王守武在1956年就负责筹建了中国第一个半导体研究室,设计制造了我国第一台拉制锗的单晶炉,制成了我国第一批锗合金管和合金扩散管,并筹建了中国的晶体管工厂。因此,当时锗的工艺在国内是比较成熟的,锗器件在国外也已经商品化,而硅材料和器件在国内还是一片空白,美国、苏联等国家已经开始了硅的工作。初生的清华大学半导体教研组到底是选择硅还是锗作为半导体材料便成了当时急需解决的问题。

半导体教研组是一个年轻的、少经验的集体,如果进行锗研究可以参考学习的东西比较多,比较"保险",而硅和硅器件技术在1958年的中国还是一片空白,需要从零做起,李志坚和其他老师们认为,虽然开展硅的研究会比较艰难，但这也正是发展半导体教研组的契机。而且从理论上看，硅的性能比较活泼，提纯比较困难，所以发展缓慢，但同时硅这种物质是沙子，是地球表满上含量最多的元素，比较容易得到，在当时的条件下可以用氧化硅还原而成，而且其禁带宽度为 1.1 电子伏，器件可望工作到 120℃；而锗是稀有元素，材料成本高，当时是利用烟灰来炼，又用多种酸来洗，最后才能弄出几克锗来，而且其禁带宽度只有 0.66 电子伏，器件只能工作到 80℃以下。综合以上因素，以李志坚为主要科研负责人的半导体教研组认为硅材料的发展前景是很好的，决定以硅材料和硅器件的研究作为主要科研方向。而后在北京召开的一次会议上，李志坚与中科院半导体所的林兰英根据当时半导体科研情况正式商定了"南锗北硅"发展策略，即以上海为主的南方地区以开发锗为主，以中科院、清华以及有色冶金研究所为主的北方地区则以开发硅为主。而正是这个决策对于半导体教研组的专业，乃至以后微电子所的顺利发展都具有决定性的意义。

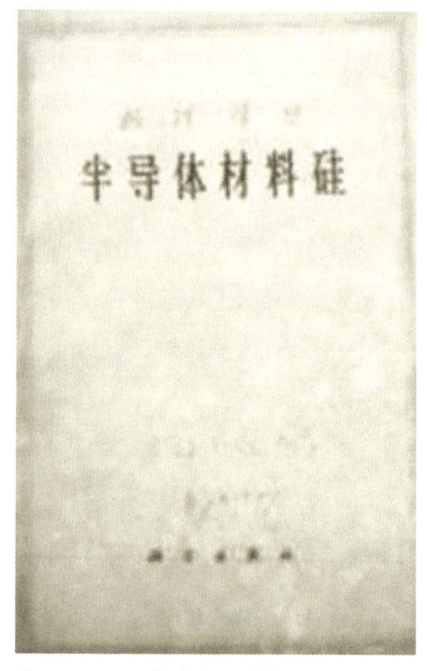

图 5-2　1962 年出版的《半导体材料硅》（采集小组拍摄，资料存于采集工程数据库）

为了说服上级领导同意他们进行在国内还是一片空白的硅材料研究，同时也为了对硅材料进行进一步了解和学习，半导体教研组在李志坚的组织下开始搜集国外有关硅的最前沿的文献，并着手翻译成文，最终编译成国内第一部系统讨论半导体硅材料的科技文献参考书《半导体材料硅》，并于 1962 年 4 月由科学出版社出版。这部编译论文集不仅指导了早期的实验，而且有比较详细的有关硅和锗性能的比较分析，虽然没有评价两者的语言，但从论文的编译也能看出编译组对半导体材料前景的展望和把握。

其实早在李志坚回国之前，他已经到莫斯科大学考察了当时苏联半导体科研状况，那时苏联还没有着手硅器件的研究，主要集中在硅电池和硅太阳能，并获得了一些成果。他了解状况后分析，国内如果要做半导体硅的研究，应先从材料做起，做单晶硅和多晶硅。于是就从莫斯科大学带回一张草图，涉及单晶硅和多晶硅的拉制。这张草图被证明最终成为半导体教研组开始硅材料研究的主要参考材料，通过图示，大家知道要拉制多晶硅必须要有高频感应炉，于是就自己动手做，然后购买四氯化硅和氢气。就这样，在简陋的立斋两间房子里，国内首次建立起了提纯硅材料的实验室。硅的提纯说起来很容易，买工业上用的四氯化硅，通进氢气，就可以还原成硅和盐酸，但这一过程是很危险的。但当时新学科的建设百废待兴，实验条件太差，实验中的安全保障没有做到万无一失。有一次做还原反应时四氯化硅爆炸了，到处弥漫着四氯化硅和盐酸，这些气味不仅难闻，关键是对人的身体都有损害，而且盐酸扩散很快，无法防备。当时负责多晶硅研制中的四氯化硅还原工序的操作实验员是转业军人梁培虎，他很冷静地立刻疏散人员自己去清理事故，由于疏散清理及时，其他人员没有受伤，但他不仅受了外伤，也不可避免地吸入氯气，导致在多年后因肺癌去世。这件事让当时半导体教研组的师生印象深刻，当时电子系的领导南德恒及协助李志坚管理半导体教研组具体事务的杨之廉都提及这位在半导体事业发展中无私奉献的军人。当时一穷二白的新中国在前沿科学的实验安全方面不可避免地存在很多疏漏，半导体教研组的师生在事业的初始阶段付出的不仅是时间和精力，还冒着在艰苦简陋的实验条件下极高概率的事故风险。然而就是在这样的条件下，半导体教研组关于硅材料的研究从无到有逐渐建立起来，并成为之后教研组科研活动开展的重要基础。

在清华半导体教研组平地起家，土法上马，率先开展硅材料研究之后，国内做硅的单位越来越多，这一方面是因为硅比锗在地球上更普遍，硅酸盐这一硅氧化合物大家族占了地壳组分的74%，而且硅也是地球上第三丰富的元素（重量占15%），仅在铁（35%）和氧（30%）之后；另一方面是硅平面光刻工艺的出现，只需要简单地做一个高温氧化反应，一个非常高品质的绝缘体可以在硅片上生长，即二氧化硅（地质学家叫做"石英"），是自然界最完美的绝缘体（1厘米厚的二氧化硅可以承受高

达 $1×10^7$ 伏的电压而不会被击穿）之一。而正是二氧化硅可以创造性地用于晶体管的设计和制造。因此，在李志坚的学生（其中一部分留校任教），常常感叹李志坚在那个时候高瞻远瞩，很早就把握了晶体管的主流材料硅的制作工艺，成为此后二极管甚至集成电路的研发以及纳电子学的发展基础，并取得了前瞻性和前沿性成绩。科技发展的迅猛是李志坚和他的同仁在当时无法想象的，在硅材料逐渐普遍使用后，20世纪70年代末、80年代初，掀起了研究和应用建立在集成电路工艺基础上的微机电系统（MEMS）的浪潮。它利用蚀刻硅片技术制备的薄硅片振动膜在压力下变形会影响其表面的压敏电阻的原理，将压力转换成电信号，在电容感应移动质量加速计、汽车安全气囊和定位陀螺仪等领域广为应用。90年代，主要围绕着信息技术的兴起，MEMS在投影仪、热式喷墨打印头等领域大行其道。在21世纪初，MEMS作为微光开关、射频无源元件、生物和神经元探针在生物化学药品开发系统和微型药品输送系统的静态和移动器件等领域有光明的发展前景[1]。所有这些MEMS，都是建立在单晶硅材料的基础上。

向十年大庆"献礼"

半导体教研组决定了进行以硅为主要材料的半导体研究后，便开始着手准备实验工具，并详细制定了实验步骤。在这种集中力量进行硅材料研究的科研目标下，大部分教研组的科研人员必须放弃自己原有的专业和课题，比如李志坚之前带领的光电组。但大家的热情和劲头仍旧高涨，立刻调整原本的研究计划，听从教研组重新安排的科研任务，分头行动起来。

半导体教研组先从多晶硅做起，在当时简陋的实验条件下多晶硅提纯并非易事。一般市场上的硅是在电弧炉里制备的，所用二氧化硅（砂）是被碳电极所还原的，这个过程可以产生97%纯度的硅，若把这种纯度的硅

---

[1] 何杰、夏建白主编：《半导体科学与技术》。北京：科学出版社，2007年，第10页。

用酸洗，就可以进一步纯化达到99.8%，把后一种纯度的硅熔化，加进控制了的杂质，并控制凝固的方向，可以制出满足制造点接触二极管所需的材料。不过，这样的材料在大多数的半导体应用中纯度不够，而且纯化锗时非常有用的区域提纯法在制备高纯度多晶硅时并不十分有效，所以必须使用其他纯化方法。其中一种是制备一种易挥发的硅化合物，例如氢化物或者卤化物的一种，利用分馏法可以使这种易挥发的化合物纯化，然后使之还原而获得最后的高纯度硅。半导体教研组从设计精馏设备做起，玻璃厂按照设计做好精馏塔，把工业用的四氯化硅（两个九或三个九，即99%或99.9%）进行一次次地精馏，达到五个九或六个九，完成后用炉子把精馏后的四氯化硅用反应炉，加上氢气，还原成硅。这样一个反应要在上千摄氏度的密闭室内进行，没有水冷的钢制反应器，便用玻璃罩加以蜡封，在上面不断浇水加以冷却。这样做出来的是多晶硅，需要再把多晶硅用区域熔化法再提纯。区域熔化法需要一个高频反应炉，绕一些线圈用来高频加热，反应炉里有石英舟，把多晶硅放在石英舟里，用高频加热，多晶硅熔化后再慢慢通过籽晶重新结晶，这样的结晶就是单晶，同时随着线圈的移动，熔化的区域也在动，可以过滤杂质，这样重复做了多次，就可以做纯度比较高的硅。这时经切片后的硅片才可以制作成电子器件晶体管。

  为实现这样一个实验过程，半导体教研组的师生付出了无数的日夜和艰辛。实验室里几乎所有的东西都是教研组自己动手制作的，高频炉是修理其他单位废弃的，纯度很高的石英是拉石英玻璃的师傅自己做的，最重要的是教研组全体师生齐心朝着一个目标奋斗。"成立晚、年纪轻、干劲大、成绩多"是当时外界对半导体教研组的评价。实验员梁培虎原是部队来的党员，当时实验室工作条件很艰苦，到了冬天工作的小屋内不准生火炉，暖气也不能引进来，四氯化硅又有很强的腐蚀性。党支部看他工作条件很艰苦，问他要不要换个工作，他回答："这工作我不干，不还得有人干吗？"并恳请让他继续干下去[①]。1958年夏天半导体实验室上下灯火通明，

---

  ① 杨之廉：奋战在我校微电子战线的共产党员们。《新清华》，2001年10月19日，第三、四版。

半零班学生虽然还没有学习过专业知识,但也参加了奋战。大家吃了早饭就进实验室,有的甚至不吃早饭就进实验室,中午饭和晚饭都是在实验室简单吃点,一直在实验室持续工作到凌晨一两点。那时因为想给国庆献礼,时间很短,失败了之后再来,大家集体讨论,讨论完了之后再试,经过很多次的实验,用 50 天时间共制出 17 种晶体管和 5 种光电器件,并于 1958 年 9 月 27 日国庆前研制出纯度高达 99.999999%(八个九)、电阻率为 100Ω·cm 以上的超纯半导体多晶硅棒。年底,半导体教研组做出的半导体材料硅等实验性成果被清华选出,参加北京市组织的高校科技成果内部展览,刘少奇、邓小平、聂荣臻和有关负责同志前去参观。

1959 年半导体教研组从立斋迁入东主楼九区一层,重新建设了实验室,面积扩大到 1000 平方米,并新购一批器件工艺和测量设备,实验条件有了明显改善。9 月底,经反复实验和总结经验,终于实现纯度高达"九个九"的多晶硅,这项成果在国际上达到了领先水平,向国庆十周年献了厚礼。之后制造多晶硅的工艺流程在完善实验设备、逐步成熟,并达到小批量生产之后,提交到北京玻璃厂生产,成为国内首批半导体超纯多晶硅产品。1959 年又自制了直立式单晶炉,拉出了高纯度的单晶硅。1960 年研制出了硅三极管。

图 5-3 1958 年 10 月 12 日《新清华》报导半导体教研组的成果

此项成果不仅是国内半导体事业的创举,而且在当时科技发达的资本主义国家对社会主义国家冷战敌对局面下,对突破国外的科学封锁具有重大意义。在冷战时期,国外的一切先进技术,包括实验设备都对中国保密,中国的科学家取得了哪一步的成果,国外才可以卖给

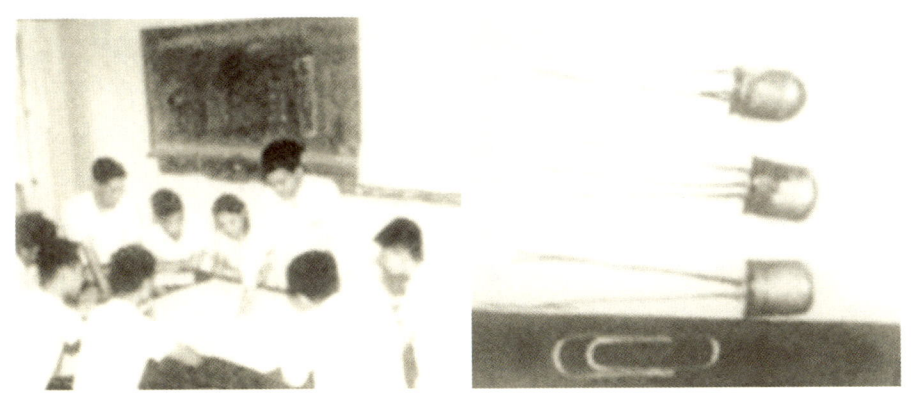

图 5-4　1959 年半导体教研组的小组讨论及试制出的三极管

那一步的设备，换句话说，如果我们自己不研制半导体硅技术，国外永远不会将这项技术，甚至和这项技术有关的任何设备卖给中国。在这样严峻的国际科学形势下，科学技术发展的前沿性不仅是平衡国际关系的凭借，更是维持国家主权稳定的潜在要素。李志坚及和他一样具有战略眼光的科学家们看到攻克国际科学前沿的重要性，在选取硅技术作为科研方向后，他带领半导体教研组师生集中力量跟踪国外关于硅的前沿性课题，如：材料制造和性能检测，硅器件制造技术，硅－二氧化硅界面物理，硅 PN 结击穿机理，硅表面稳定性，锗硅合金材料等，进行专题研究。资本主义国家企图用"冻结科学"的方式控制新中国的阴谋在奋斗于各行各业的中国科学家们的艰苦创业下破产了。

　　李志坚刚刚进入清华无线电系半导体教研组的两年是他半导体事业的开端，这两年他经历了"大跃进"，在激进而又积极热情的工作环境中从无到有完成了半导体教研组实验室的创建，更为关键的是，他带领实验室成员以高瞻远瞩的视野选择了在当时还是一片空白的硅材料研究，现在看来，用于制造电子器件的半导体材料 90% 以上是硅单晶，已经名副其实地成为微电子产业乃至信息产业的基石，即便是在可以预见的将来，硅单晶仍是纳电子时代最为重要的半导体材料。伴着李志坚半导体事业的开展，他致力于以硅作为材料的晶体管器件，就在 1959 年，他的儿子诞生了，李志坚为他起名李平，这普通的名字却蕴涵着李志坚的事业追求，李平与之后出生的李晶，他们的名字组成了李志坚的事业核心"平面晶体管"，或者可以说，在李志坚心中，他一手开创的半导体事业已成为自己的孩子。

　　李传信曾说，"在起步阶段，以他（李志坚）为主导解决了专业发展的两大问题。首先是冷静而机智地对待了'大跃进'刮起的'浮夸风'和'批判风'，没有干什么蠢事，又始终保持了自力更生的充足干劲；更重要的是在起初'全面开花'的许多学术发展方向中，选定国际上刚起步的硅材料和器件技术为主导的学科建设方向，规划师资队伍，抓好实验室建设。确立这个方式是很正确的，又是很不容易的。1963年我校即酝酿发展硅集成电路，1964年开始研制。四十多年过后回头再看，当时的选择使学校在微电子领域的人才质量、学术水平、研究成果一直处于国内前列，是何等重要，对专业和研究所长期的顺利发展有决定意义。李志坚同志一直起着主导作用。"[①] 李传信作为李志坚的老领导所说的这些话，不仅是给予他的下属最高的评价，恐怕也是对自己知人善用的自信。

[①] 李传信：微电子学研究所的几件事。见：李传信著：《清华往事即时：入学60年（1944.9-2004.8）》。北京：清华大学出版社，2004年，第75页。

第六章 挫折与坚持

向国际前沿靠拢

1958 年 12 月 12 日，美国德州仪器公司（Texas Instruments Incorporation，TI）的杰克·基尔比（Jack S. Kilby）在半导体锗衬底上形成台面双极晶体管和电阻等元件，并用超声波焊接的方法将这些元器件连接起来，形成了一个电路。1959 年 2 月基尔比申请了专利，将它命名为集成电路（Integrated Circuit，IC），宣布发明了世界上第一片集成电路。当时该电路仅为 12 个元件的混合集成电路，但是它使人们看到了在一块固体上可以形成一个电路。这项发明标志着世界从此进入了集成电路时代，基尔比也因此获得了 2000 年诺贝尔物理学奖。1959 年 7 月美国仙童半导体公司（Fairchild Semiconductor Company）的诺依斯（R. N. Noyce）基于 J. Hoerni 发明的硅平面双极晶体管的技术，提出用淀积在二氧化硅上的导电膜作为元器件之间的连线，解决了集成电路中的互连问题，为利用平面工艺批量制作单片集成电路奠定了基础。诺依斯的发明也获得了美国专利。诺依斯的发明让人们认识到用这种方法可以在硅片上集成成千上万个晶体管。1960年仙童半导体公司利用平面工艺制作出第一个单片集成电路系列，称为"微逻辑（Micrologic）"。上述革命性的发明为微电子技术奠定了重要的基础，使人类社会进入了一个以微电子技术为基础，以集成电路为核心的信息时代。

回过头来看一下中国的集成电路发展，1963年清华领导层已经看到集成电路发展的革命性意义。当时组织无线电系半导体专业和自动控制系计算机专业部分同志酝酿，集中力量发展硅集成电路。何东昌、李寿慈、李传信、凌瑞骥等多次组织人员进行一些讨论，并组成了由李寿慈为核心领导小组加以推动。

集成电路是从双极型电路开始的，所以，半导体教研组在取得硅晶体管器件的初步成果后立刻开始了二极管和三极管的研制。1958年年末至1960年初，与北京电子管厂协作生产点接触二极管、锗晶体三极管。1964年8月15日，历经5年的奋斗，"平面型高反向击穿电压硅晶体三极管"研制成功。在他一贯提倡的产学研相结合的发展理念下，高反压管做出来之后就移交给北京市电子工业局建于沙河的北京半导体器件研究所进行生产，无线电系副系主任南德恒在该所兼任副所长，带领一批教师和学生移交高反压管技术，参加产品的批量生产和开发，并帮助他们在那里研究集成电路。同时，以李志坚为首的这一年轻集体又着力开展现代集成电路基础的硅平面工艺和晶体管及TTL集成电路的突破性工作，这一工作进入了当时的国际前沿。

半导体教研组在60年代中前期，就掌握了硅平面技术，1964年开始进行硅集成电路的研制，可以说是紧紧地跟上了当时国际最先进行列的步伐。半导体教研组除了在科研上发展迅速之外，在教学方面也培养了一大批半导体专业人才，1961年半导体专业首届毕业生半零班毕业，这届学生在之后的学习、工作中都大有所为，最杰出的有之后被评为中科院院士的吴德馨，被半导体教研组誉为"金童玉女"的夫妻档徐葭生和吴启明，还有之后任微电子所所长的钱佩信。但遗憾的是，这一快速平稳的科技发展和教书育人进程被"四清"运动及随之而来的"文化大革命"干扰了。

"只差三年"

在李志坚和他的老同事的回忆中，都对 1960 年前后的工作充满自豪和自信，曾不止一次地提到当时他们所做的工作与国际最前沿水平几乎"只差三年"甚至更短的差距。然而当时干劲十足充满信心的他们没有想到，短短的三年距离随着 1965 各种政治运动的到来成为了他们永远的遗憾。

"四清运动"是"文化大革命"的序幕，从 1962 年底开始，确定以"五反"、"四清"为主题进行社会主义教育运动，"五反"是在城市，即反贪污、反投机倒把、反铺张浪费、反分散主义、反官僚主义；"四清"则是在农村进行，即清账、清仓、清财务、清分工。"清"的内容开始只限在经济领域，到了后期则上升到"清政治、清经济、清组织、清队伍"。当时，全国的工厂、农村几乎都在搞"四清"，北京大学也于 1964 年暑假开始搞社会主义教育运动的试点。当时清华校长蒋南翔，虽然不赞成工作队到高等院校进行"社教运动"，更不赞成工作队在北大的做法[①]，但在各种压力之下于 1965 年相继派出七千多人下乡到北京周边延庆、怀柔、平谷、密云四个县参加"四清"。

李志坚在当年 9 月被抽调到北京怀柔带队参加"四清"，担任怀柔山区崎峰茶公社的副书记。在 1965 年 9 月刚刚考入电子学系研究生的陈弘毅回忆当时他跟随李志坚"四清"时的情形说："1965 年我刚入学第一件事是上阶级斗争的主课，就是去县区'四清'，李先生带队。那个时候形成的队是混编的，有清华北大两个高校的师生；有怀柔县的干部，怀柔县长就在我们这个公社；有部队的军人，在顺义驻军的 4618 部队；还有城市里的手工业管理局。一个公社分几大大队，每个大队负责几个村子，我们公社负责的几个村子是一个细长条，走一遍要走四十多里路。李先生那时候是副书记，跟我们年龄二十左右的学生一样到处跑，跑到哪个村就住

---

① 李志伟著：《清华百年风雨实录》。北京：作家出版社，2011 年，第 230 页。

哪个村，在老百姓家吃派饭。"对当时农村的贫穷和辛苦，陈弘毅很有感触："一开始要开会，然后宣讲。那时候搞运动把老百姓搞得很疲惫，农村里头本来那些农民可能下工回家吃完饭就要睡觉了，晚上就必须得开会，宣讲当时'四清'的那些文件，老百姓有的困得厉害，我在下各工作队参加他们的那些会也是看到他们一边开会一边鼾声大作，经常是这样，他们挺累的。到后来搞了几个阶段，包括'清思想'，主要是学《毛选》，那时候学毛主席著作，我在政治处，要抓一些各个村里的一些典型，比如老贫农啊这些，有时候去开座谈会，听他们讲一讲体会什么的，讲得好的话就给各个村弄来然后整个公社再开大会学习，学习毛主席著作积极分子，讲这些。当时在农村也搞了一些这些事情，当然有些时候火药味儿是比较足的，主要是'清经济'，看他们会计有没有贪污啊什么的。现在来看的话，本来那个地方是挺穷的一个地方，挺苦的。"或许下农村参加劳动的知识分子们更关注的是当地的农民，而非他们本身，李志坚也说："那的老太太都没有裤子，白天出不去，晚上也缺被子盖，还是在北京啊。我们下去四清，清人家干部，他们全家都没多少钱。干部非常可怜，还要管老百姓的事儿。清不出来钱，因为没钱可贪，都是山沟。"李志坚又举了一个例子说："我们和干部一起劳动，也清不出干部，但这样不行啊，这样叫右倾

图 6-1 1965 年半导体专业的第一批研究生（资料存于采集工程数据库）

叫保守，实在弄不出来，我们怎么办啊，我们抓到一个典型，这是个什么典型呢？有个年轻的农民，养了一头毛驴（山区都养毛驴），配种比较好，生下一头骡子，他这是运气好。他不愿意把骡子归队，因为骡子很值钱。老百姓认为这不是属于你自己的财产，但没办法审查，他也不是干部。"

那时的"四清"不仅仅是清干部，更重要的是学习精神，端正思想。李志坚和学生们都要白天劳动，晚上开会，白天劳动的强度非常大："我们白天劳动，晚上开会。大概到1966年的3月份，那儿干旱，非常旱，干旱的话基本上就是挑水点种，我们都跟着一起挑水。他那儿山区都是梯田，冬天也不让老百姓休息，我们去时是冬天，白天干活的话就是造田，把山坡弄成梯田，边沿要拿石头垒一个坝尖儿。他们那儿农民是喜欢到山里头把草一烧，烧荒，烧完了那地把籽往那儿一撒，就长了，如果能收就收，如果来了雨水或者山洪一冲，那些土就全没了。这样的方式是有破坏性的，所以到冬天以后就做梯田，那个劳动强度也很大。反正我们这些活儿白天都是跟着他们干，年轻的学生还可以，不过这个锻炼也是很大。尤其是到第二年3月份的时候，那个时候老不下雨，就要挑水，挖一坑，点种，全部都点种。那时候挑水挑得我们也是一开始挺吃不消的，挑几天肩膀就肿了，然后慢慢就挺过来了。再一个问题就是到3月份断粮了，没粮食了，老百姓家里基本上断粮了。他们每年到秋天的时候，那些树叶掉下来，他们一定是搜集那些树叶，杏树叶，那些杏树就是苦杏，不是那种结大杏的，然后就在河沟子里头一麻袋一麻袋在那儿拿水泡，泡完了以后叫做扎杏叶，晾干了以后就囤积起来，到3月份断粮的时候就吃杏叶，我们跟着他们一块吃树叶。现在回想起来还挺有意思。但是你吃派饭的话，他们老百姓看着你是工作队员，他总想法儿给你做得好一点，扎杏叶上头最后总要给你撒点棒子面什么这些。到后来清华后勤做的也比较好，他们经常去看我们，也给我们拉一些东西过去。有了这样的经历，对咱们民情就会比较了解，自己也等于尝试一下。"李志坚和他的同仁在条件艰苦的农村参加高强度的劳动直到第二年的6月中旬，期间因过春节在1966年1月16日全体返校，在家的时间仅有十天，还参加了思想总结大会，于当月26日又全部返回农村。

在即将完成"四清"工作前不久,清华大学发生了很大变动。1966年6月9日,工作组人员进校,学校党委书记、校长蒋南翔停职反省,工作组代行学校党委职权。在李志坚从绵阳回校的第二天,系主任、党支部书记李传信和杨之廉等人就被戴了高帽,分别分配到劳改一队和劳改二队。因李志坚刚刚参加完"四清"工作返校,幸运地没有被戴高帽。到7月底这段时间,大批党员干部包括学生政治辅导员、班主任被大字报点名为"黑帮分子"、"黑帮爪牙",并被揪斗,有的被戴高帽子游街。

工作组组织"文化大革命"领导小组,对党支部书记、辅导员等党员干部采取煞威风与攻心战相结合的办法"检查下楼",并有组织地批斗"黑帮"(党委负责人)。科学研究机会全面中断了,所有师生都要服从组织安排,即便是搞业务的老师,也叫业务干部,同样需要锻炼政治。"文化大革命"期间,工宣队进校,由学生挂帅抓半导体生产,李志坚和其他一些领导被"挂"起来。8月24日,清华大学红卫兵总部纠集11所中学的红卫兵来校搞红色恐怖,推倒"象征封资修"的二校门,强迫中层以上干部拆卸搬运被推倒的二校门的砖石,稍有缓慢即遭毒打,还对部分所谓"黑帮分子"、"黑五类"进行抄家。把大批中层以上干部从家中拉出来半夜集中在西阶梯教室毒打,以后又关押在科学馆和生物馆折磨约两周之久(后被称为"八二四"事件)。[1]

李志坚被说成是留苏特务,这一说法除了他曾在苏联留学四年之外,还因为在1960年他受邀去苏联参加了一次国际会议,在苏联停留了两周,接受了曾在半导体教研室工作后回到苏联的专家契尔金私下赠送给他的十余件大功率晶体管等苏联的新产品。当时李志坚一心想着如何将苏联的先进技术为我所用,在当时中苏关系已经恶化的情况下,能从苏联取得有价值的技术成果经历百般周折,没想到这在"文化大革命"期间成了他的一条罪状。在此期间,因同事、学生对李志坚的爱护和照顾,他并未受到太大伤害,当他晚年病重,曾跟前来探望的昔日留苏同学、清华大学物理系张礼感叹清华学生的好,不但学习上聪明一点即通,更是重情重义的好孩子。

---

[1] 清华大学校史研究室编:《清华大学九十年》。北京:清华大学出版社,2001年,第270页。

李志坚没有去鲤鱼洲[①]，在1969年12月作为先行军被派往四川绵阳建设分校。1969年11月28日，清华工宣队向中央呈递了一份《清华大学关于继续建设四川绵阳分校的报告》称：清华大学于1965年初开始在四川绵阳建设一所分校，占地近900亩，原规划共建五个系，招生2800人，计划建筑面积14万平方米，计划投资1530万元，于1966年底停工。现已基本建成学生宿舍等生活辅助用房11000多平方米，三栋主要教学实验楼主体结构已分别建至一到三层，约10000平方米，已经投资700多万元。遵照伟大领袖毛主席"要准备打仗"、"三线建设要抓紧"的伟大教导，我们准备立即复工，并将无线电与自动控制两个系的全部及其他系的有关电子技术方面的专业迁往绵阳，把原分校改建成为以培养电子技术人才为主的（配合光学等专业）教学、科研、生产三结合的基地—电子综合试验厂。[②]1969年11月30日，林彪"一号命令"下达，无线电系等具有军事意义的国防专业被派往四川绵阳建设清华分校，无线电系及其他有关的系和单位的教职工及家属700余名到达四川绵阳分校工地，其中包括半导体教研组部分师生。李志坚全家四口第一批去绵阳建设分校，他最初是连长，也就是教研组主任，主管技术。到绵阳之后，那里没有房子，连桌子都没有，只有草棚子，所以被称为"草棚大学"。不仅硬件设施不全，连教材、讲义都是自己制作。为做好基建，他还带领师生筛沙子、当电工，与当时的学生（70年第一届工农兵学员）共同学习与劳动，还架设电缆和挖地沟。所以，李志坚到绵阳后身兼重任，除了最基本的生活、教学建设，他还要重新把科研恢复起来，然而这并非易事。当时仍是四人帮横行时期，虽远离了政治风波的中心，但科研工作者们在绵阳仍生活、工作在紧张的政治氛围中。李志坚在绵阳的同事贾松良回忆他与李志坚共事时的情景说："在绵阳时，李先生是连长，我是指导员，也就是支部书记，李先生办事情实事求是，当时我被怀疑是'五一六分子'（1966年5月16日，人民日报刊登了毛泽东主席写的'炮打司令部——我的一张大字报'，从此'文化大革命'正式开始，由此揪出的'坏分子'叫'五一六分子'），

[①] 南德恒、杨之廉、李瑞伟等老师在1969年5月被送往江西鲤鱼洲农场"改造"劳动。
[②] 李志伟著：《清华百年风雨实录》。北京：作家出版社，2011年，第273页。

因为当时在鲤鱼洲的人受审,审得受不了就瞎说,把我也说成了'五一六分子',所以就把我的指导员抹掉了,挂起来了。在这种情况下,李先生站出来明确说'贾松良对陈伯达有看法的',对我的审查是最宽松的。所以,在政治运动中李先生比较好,没有的就是没有,他不会瞎说这个事情。"

图6-2 "文化大革命"期间的清华大学绵阳分校(资料来源:清华大学校史馆)

李志坚本着善意远离政治风波,然而个人单薄的力量怎么与社会洪流抗衡,他的善意并不能为家人驱除厄运。他的父亲在1970年被单位清洗,仅一次性发了三个月工资。父亲一夜未眠,原本眼睛就高度近视,在受到如此打击后第二天即彻底失明。父亲担心的是全家的生活来源被切断,此时小妹和六弟又下乡支农,投住在亲戚家,李志坚一力承担起供养大家庭的重任,每月给父母邮寄生活费,还寄钱给弟弟妹妹下乡居住的亲戚,感谢他们尽心照顾弟弟妹妹。

李志坚的夫人邹逸惺当时在清华大学化学系任教,到达绵阳后不久,她就被化学系叫回北京参加本系工作,他们的两个孩子李平和李晶还很小,也适应不了绵阳当时艰苦的生活条件,于是邹逸惺带着两个孩子返回了北京。之后不久,邹逸惺便被化学系派往唐山开门办学,主要是参加劳动、办短期培训班、开展技术革新、作社会调查等,只能请李志坚的妹妹来北京帮忙照顾两个孩子。正上小学的儿子李平因参加拉练到北京远郊黑山扈,过于劳累导致半夜发烧,又没有得到及时医治,转为急性肾炎。李志坚的妹妹给他写信说"家里面出了这么大的事,你快回来"。儿子得病,李志坚不得不中断绵阳的工作，利用探亲假回北京看望妻子和儿女，之后又回到绵阳校区。

四川绵阳校区不仅劳动强度大，而且饮食也差，同时还要抓科研，在高强度的体力和脑力劳动下，李志坚浑身浮肿，肝功能指标高，他的儿子仍旧在北京北医三院治疗，病情一直未能好转，在这种情况下，李志坚在绵阳坚持劳动工作到1973年，身体实在扛不住才回到北京。然而，他的儿子还是被病魔夺去了年幼的生命。

丧子之痛恐怕是人一生中最难愈合的伤口，然而在"文化大革命"那个风雨飘摇的时期，即便心中有再多的苦能向谁倾诉？即便儿子的过世有着天大的冤屈，又能向谁去讨回？在"文化大革命"平反后，即便当选为中科院院士，他也再没有提起过儿子，他的老同事们都知道这件事，也都为之惋惜，却也只能从旁观者的角度感受他的悲痛。不说并不代表着遗忘，李志坚去世后骨灰跟随他的女儿和妻子到了美国，或许是他对没有照顾好儿子的遗憾，或许更多的是他对儿子无限的爱，按照李志坚的遗嘱，在他的墓地，他和儿子李平葬在了一起。

逆境中的坚持

电子厂四连中原无线电电子学系半导体专业的教工大部分在1970年10月迁往绵阳，继续建设分校。自动控制系（即现在的计算机科学与技术系）在半导体教研组迁往绵阳之时正准备着重开发MOS集成电路，在北京改建成立MOS场效应晶体管集成电路生产车间，但苦于没有专业人才，于是请求无线电系支援老师，最终确定半导体教研组的徐葭生老师和李瑞伟老师留在半导体车间主持MOS生产线的开发。

迁往四川绵阳的半导体教研组在建设校舍，置办实验室之后开始了微波半导体器件（微波二极管和GaAs体效应器件等）和集成电路（双极型器件的中小规模集成电路）方面的研究，在方向上主攻双极电路和晶体

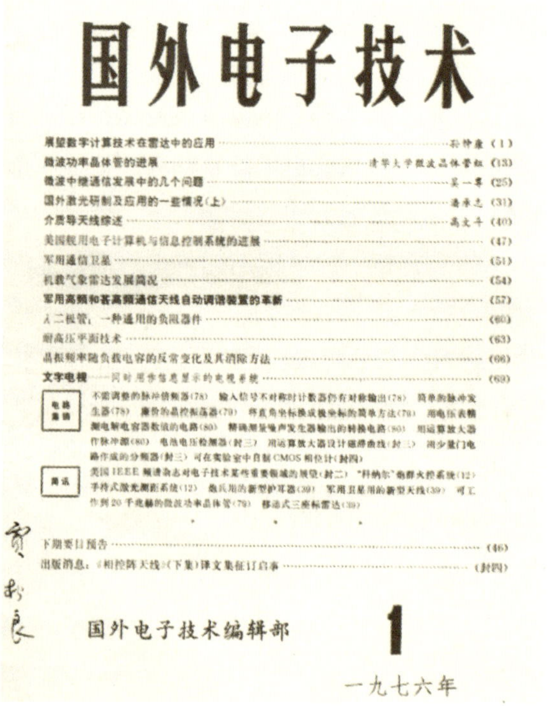

国外电子技术

展望数字计算技术在雷达中的应用……孙仲康(1)
微波功率晶体管的进展……清华大学微波晶体管组(13)
微波中继通信发展中的几个问题……吴一粤(25)
国外激光研制及应用的一些情况(上)……潘承志(31)
介质导天线综述……高文斗(40)
美国舰用电子计算机与信息控制系统的进展……(47)
军用通信卫星……(51)
机载气象雷达发展简况……(54)
军用高频和甚高频通信天线自动调谐装置的革新……(57)
λ二极管：一种通用的负阻器件……(60)
耐高压平面技术……(63)
晶振频率随负载电容的反常变化及其消除方法……(66)
文字电视——同时用多路信息显示的电视系统……(69)

电路集锦 不需调整的脉冲倍频器(78) 输入信号不对称时计数器仍有对称输出(78) 简单的脉冲发生器(78) 廉价的晶控振荡器(79) 将直角坐标换成极坐标的简单方法(79) 用电压表精测电解电容器数值的电路(80) 精确测量噪声发生器输出的转换电路(80) 用运算放大器作脉冲源(80) 电池电压检测器(封三) 用运算放大器设计磁滞曲线(封三) 用少量门电路作成的分频器(封三) 可在实验室中自制CMOS相位计(封四)

简讯 美国IEEE频谱杂志对电子技术某些重要领域的展望(封二) "丹纳尔"舰群火控系统(12) 手持式激光测距系统(12) 炮兵用的新型护耳器(39) 军用卫星用的新型天线(39) 可工作到20千兆赫的微波功率晶体管(79) 移动式三座标雷达(39)

下期要目预告……(46)
出版消息：《相控阵天线》(下集)译文集征订启事……(封四)

国外电子技术编辑部 1 一九七六年

贾松良

图 6-3　1976 年第一期《国外电子技术》杂志上刊登的李志坚的文章（采集小组拍摄）

管。然而遗憾的是，李志坚在完成分校基建建设，刚刚开始科研工作之后不久，因为身体太差不能继续完成绵阳方面的工作，在 1973 年回到北京。

回京之后，李志坚仍想尽快参加工作，无奈受疾病折磨只能在家休养。在此期间他一直在考虑如何把之前颇有成果的研究延续下去。由于只能卧床休养不能来回走动，他就委托老同事，当时在绵阳校区任支部书记的贾松良帮他寻找国外文献，他在北京卧床翻译整理，形成关于对国外微波功率晶体管发展概况、设计、工艺、可靠性方面的某些问题的概要介绍性文章《微波功率晶体管的进展》，最终这篇概述国外理论前沿的综述型文章发表在《国外电子技术》1976 年第 1 期。

待他身体状况稍微好转，他又参加了自动控制系（即现在的计算机科学与技术系）半导体车间的教学工作。当时招生形成的教学班叫工农兵学员培训班，学员主要来自工厂的工人，理论基础不好，大都只有初中水平，但颇有实践经验。培训班的招生由李瑞伟负责，李志坚则主要负责讲课，讲一些存储器、MOS 管等有关的基本概念，从半导体器件到工艺，综合起来，即有利于学员理解，又能快速地进入车间进行实践环节。而这个培训班也正是李志坚一直坚持的产学研结合的一个重要组成部分。清华大学以科研为主，当时集成电路设计出来之后需要进入半导体工厂生产出来，而生产产品并不是清华大学的强项，因此就将理论和技术教授给工厂的工人，这些工人经过培训后掌握了相应技能，科研改善性能，提高生产，而且还可以独立做一部分设计。据李瑞伟介绍，"文化大革命"期间在培训班学习的学员回到原单位后大部分都成为了业务骨干，不仅能下得了车间，还具备一定的理论素养，这也是当时产学研教学成果的一个典型案例。

同时，北京半导体车间的科研也继续展开，1974年北京半导体车间开发的系列PMOSIC产品在全国推广应用，并不久开发出N沟硅栅工艺和1K位SRAM。绵阳分校半导体专业则在TTL电路、I^{2}L、双极晶体管等方面做出好成绩，并与成都九七零厂、北京半导体器件二厂、北京电子管厂等进行了有效的协作，进行新器件和电路的研制。

就李志坚的感情而言，初回北京的很长一段时间他都处于失去爱子的悲痛中，病痛不减反增，他的夫人作为失去孩子的母亲更是心如刀剜，此时他不仅要自己照顾身体，还要维持表面的镇静劝慰过度伤心的夫人，同时在政治上又被"靠边站"。李志坚的小妹回忆这段特别艰难的时光时说："大哥告诉我这是他在学生还有同事的爱护、保护下，得到的最轻'处罚'。大哥没有从此沉沦，没有一蹶不振。有很长一段时间，他让我去主楼用他的图书卡借书，都是厚厚的日文专业书和日文字典，我记得那时的图书馆在主楼的顶楼，很少人在看书借书的。他还用一个红白相间的小收录机，跟着学日语……大哥说当时日本的半导体发展很快，他是多么企盼着'科学的春天'！"

李志坚的坚持没有被辜负，1975年春，半导体车间在京率先建成了用于研

图6-4　1976年李志坚和家人合影（资料来源：李志坚家属提供）

第六章　挫折与坚持　　**91**

制 MOS 集成电路的净化车间，在何东昌等同事关心下，将他的组织关系转回了北京清华，李志坚也越来越多地参加到半导体车间的工作中，并于 1978 年晋升为教授，在 1979 年 12 月 28 日国务院举行的全国先进单位和全国劳动模范授奖仪式上，还被授予全国劳动模范称号。而他报以国家的仍然是一颗感恩和赤诚之心，1978 年，李志坚的父亲摘帽平反，但曾被单位占用了十几年的二间店面只退赔了三百多元钱，父亲恢复名誉后的待遇也只属保养人员而非正式退休人员。他的弟弟妹妹都认为不公平想再去争取，却被他劝阻，他认为，十年"文化大革命"国家遭受很大损失，全国有很多人要平反退赔恢复待遇，而弟弟妹妹们都又有了各自的工作，应该懂得知足、懂得体谅国家。他劝说弟弟妹妹："只要政治上得以真正平反就可以，经济上只要父亲够用就行，不要再去计较，家里如有困难我可以再寄钱回家。"他的这一想法得到了父亲的支持，父亲跟子女说："你们都要听你大哥的，他说的没错！"

1978 年 5 月，中央决定撤销清华大学绵阳分校，10 月开始搬迁回京。到 1979 年 1 月，绵阳分校半导体专业返京人员搬迁完毕，只留个别人员处理遗留事物，至 5 月全部撤离。四川绵阳分校搬迁回校后仍叫无线电电子学系，全力集中于 CMOS VLSI 的研究。并在这一指导方针下，逐渐形成了包括工艺、器件物理、电路设计和 CAD 技术等几个子方向的全面和先进的微电子技术发展格局。

李志坚对十年"文化大革命"感触颇深，在多年后的一次访谈中，他提到在 1979 年 2 月 24 日—3 月 30 日赴美国参加国际固体电路会议，他说参加此次学术交

图 6-5　1979 年李志坚获得全国劳动模范称号（资料来源：李志坚家属提供，资料存于采集工程数据库）

流会的老师固然有很多，但是出现频率最高的竟然是一些企业的人事管理人员，他们参加会议的目的非常简单：搜罗有价值的技术人才。并感慨地说："美国在那个时候就已经十分重视抢夺有可塑性的人才了，而我国却刚刚从'文化大革命'的废墟中走出来，十年的停滞会造成多么大的反差呀？"[①]。

为培养人才，在"文化大革命"刚刚结束之际，李志坚就支持钱佩信前去德国慕尼黑固体技术研究所学习高速处理技术。1981年学成归来的钱佩信带领一批骨干从无到有建立了一套有别于传统思路的采用射频感应加热石墨板作为红外辐射热源的快速退火实验装置，并获得由美国应用物理杂志授奖的专利"高剂量硼、砷注入硅的二氧化碳激光退火特性"。

---

① 重耳：创新，缔造知识产权的源泉——记微电子技术专家李志坚院士．见：周忠德主编：《甬籍院士风采录》．杭州：浙江大学出版社，2002年，第68页。

第七章
走进科学的春天

创建清华大学微电子所

1978年之所以被称为科学的春天,知识分子的春天,是与这年三月召开的全国科学大会分不开的。1978年3月18日,全国科学大会在北京隆重召开。这是"文化大革命"后,科学领域的一次盛会,在这次全国科学大会上,邓小平深刻地阐述了"科学技术是第一生产力"、"知识分子是工人阶级自己的一部分"等影响重大而深远的论断。在这次大会的闭幕会上,播音员代郭沫若朗诵了《科学的春天》一文,赢得了与会者的热烈掌声。此后,崇尚科学犹如一股强劲的春风,吹散了知识分子心中的阴霾,全国人民深切感受到:科学的春天到来了!

早在1977年5月12日,邓小平约见时任国家科委主任的方毅和中国科学院副院长的李昌谈话,24日,他又和王震、邓力群、于光远谈话。谈话的中心内容基本上是一致的,就是强调实现现代化的关键是科学技术,发展科技必须抓教育,一定要在党内造成一种空气:尊重知识,尊重人才。邓小平说："我自告奋勇管科教方面的工作。"因为邓小平已经深刻意识到，实现现代化的关键是科学技术。为此他采取了一系列步骤和举措。

1977年9月，中共中央发出《关于召开科学大会的通知》，决定于1978年3月召开全国科学大会。说是一个通知，实际上一个全面阐述党的科技政策和知识分子政策的文件，通知指出，四个现代化的关键是科学技术现代化。必须建设世界第一流的科学技术队伍，拥有最先进的科学实验手段，在理论上有重大创造，技术上有重大发明，在科学技术的主要领域接近、赶上和超过世界先进水平，促使我国国民经济进入世界的前列。当代自然科学正在酝酿新的重大突破。能不能尽快地把科学技术搞上去，这是一个关系到社会主义建设的全局，关系到我们国家命运与前途的大问题。

中共中央决定召开科学大会，对广大知识分子无疑是一个巨大的鼓舞。清华大学的师生知道了这个消息，和全国科技工作者一样，无不欢欣鼓舞。随后，全国科学大会在北京召开预备会议。参加预备会议的有各省市自治区党委、国务院各部委、人民解放军各总部、各军兵种、国家科委和各大军区等方面的负责人，共二百多人。会议研究、讨论了筹备全国科学大会的各项工作。会议要求各地区各部门认真评选先进人物、先进集体，特别是表扬有发明创造的科技人员和工农兵群众，奖励重大科技成果。会议对总结典型经验、加强宣传工作、制订科学规划等也做了部署。全国人民对于这次大会寄予无限的希望。

具体到清华大学微电子所，六十年代末、七十年代初，集成电路技术在国外的发展也只不过十年左右时间，还不很成熟，在我国则刚刚在起步阶段。不论国外还是国内，集成电路都是在双极型器件的基础上发展起来的。后来在六十年代后期，国外出现了MOS集成电路，发展十分迅猛，使集成电路水平很快从小规模集成提高到中、大规模。而在我国，集成电路技术仍处在双极型小规模电路的研究与小量生产阶段。在当时，MOS集成电路技术还存在不少困难，大家对它的发展前途仍有很多疑虑。在这样的形势下，1970年当时清华大学半导体车间（现清华微电子所的前身之一）的徐葭生同志带领十几个中青年教师毅然投入了开拓我国MOS集成电路的研究开发与应用推广的事业。

从 70 年代开始直至 76 年以后相当长的时期内，清华大学在国内一直保持着 MOS 集成电路技术的最高水平，成为我国集成电路技术发展的领头羊。除了集成电路技术本身之外，清华半导体车间对我国集成电路生产基础条件的发展也起了重要的推动作用。集成电路技术的发展是一个系统工程，不但需要有深入的器件物理、电路设计和工艺制造研究，而且还必须有高精尖的工艺与测试设备、高纯度高性能的基础材料以及超净厂房等基础条件的配套发展。实际上，很多集成电路技术是固化在基础条件发展中的。而当时我国半导体生产的基础条件根本不能满足大规模集成电路发展的要求。[①]

当时半导体车间所用的工艺设备全部是国产的、用于早期晶体管小量生产的产品。这些设备根本不能满足大规模集成电路生产对设备的高精度和自动化要求。有很多关键设备是自制的，例如制版用的高精度初缩机，栅氧化用的三氯乙烯氧化设备，光刻用的高速匀胶机，刻蚀多晶用的等离子刻蚀设备等。为了满足大规模集成电路研制的需要，有些关键设备是与有关设备生产单位协作开发的。例如掩模制造用的高精度分步重复精缩机就是由清华大学电子系与精密仪器系共同设计制造，由半导体车间试用并提出改进意见，经过多次改型才最后定型生产的。这个分步重复精缩机成为了当时国内集成电路生产厂普遍采用的设备。

当时半导体生产所用的原材料也大都不能满足大规模集成电路生产的要求。例如当时所用最纯的化学试剂也只是达到优级纯（高于分析纯），但它仍含有大量不溶性颗粒物，因而会在集成电路芯片上造成缺陷而大大影响成品率。为解决这一问题，半导体车间与北京化学试剂厂协作生产出了电子纯和纯度更高的 MOS 纯产品。又例如与北京化工三厂协作生产出能满足大规模集成电路生产要求的光刻胶等。这些产品都成为了当时集成电路产业普遍采用的基础原材料。实际上，当时很多半导体生产所用原材料厂都以通过清华大学半导体车间试用作为他们开发产品的重要参考。

---

① 杨舰、戴吾三主编：《清华大学与中国近现代科技》。北京：清华大学出版社，2005 年；戴吾三、叶金菊：从半导体教研组到微电子学研究所——清华大学半导体专业、微电子学研究所的发展和创新，《自然科学史研究》，2003 年增刊。

当时国内半导体器件与集成电路生产所普遍使用的厂房也就是卫生条件好一些、干净一些的密封空调房间,空气并未经过净化过滤,灰尘含量通常为每立方英尺几百万颗(直径在0.5微米以上的灰尘)。这样的条件下,硅片上的灰尘污染当然是很严重的。为了满足大规模集成电路研制的需要,半导体车间的同志自己设计、自己采购材料联系施工,对原来的800m^{2}实验室进行了净化改造,建成了净化级别达到1000级(每立方英尺空气含0.5微米以上灰尘1000个以下)和10000级的超净车间350m^2。这是当时国内第一个可满足集成电路生产要求的超净车间。它不仅为当时半导体车间的集成电路研制提供了合格的净化环境,也为后来微电子所的研究开发准备了基础条件。这一净化房还为当时国内集成电路产业提供了很多可供参考的经验,成为许多集成电路厂厂房改造与建设的取经目标。

集成电路技术的研究开发具有很强的集体性。以上这些成就的取得是与半导体车间全体同志的努力分不开的,而李志坚的学生,微电子所的首届毕业生徐葭生则是这一团结战斗的科研集体的杰出代表和学术带头人。由于徐葭生对我国集成电路事业的突出贡献,他与当时的清华大学校长刘达同志作为清华大学的两名代表参加了1978年由邓小平同志倡导召开的我国首次全国科学大会。

3月18日,全国科学大会在北京人民大会堂隆重召开。这是我国科学史上的空前盛会。出席大会的有包括台湾省在内的30个省市自治区,中直和国家机关,以及解放军和国防工业部门,共33个代表团,近6000名代表。代表中,来自科研机构、高等院校、工厂、农村、医院的科技人员3478人,占代表总数的62.3%。其中,副研究员、副教授、副总工程师以上职称的978人,包括中国科学院学部委员117人,各学会理事长54人。许多的科学工作者,怀着激动的心情来参加科学大会。

在开幕会上,时任中共中央副主席、国务院副总理邓小平说:"全国科学大会胜利召开,我们大家感到非常高兴,全国人民感到非常高兴。今天能够举行这样一个在我国科学史上空前的盛会,就清楚地说明了'四人帮'肆意摧残科学事业,迫害知识分子的那种情景,一去不复返了。科学技术工作受到了全党和全国人民前所未有的重视和关怀。广大科学技术工作者和工农兵群众，积极开展科学实验运动。青少年中，出现了热爱科学、学习科学的新风尚。一个向科学技术现代化进军的热潮正在全国迅猛兴起。在我们面前展现了光明灿烂的前景。"①

根据历史文献，邓小平的讲话，全文共约一万字，主要讲了以下几个问题。

第一个问题，对科学是生产力的认识问题。邓小平说，科学技术是生产力，这是马克思主义历来的观点。现代科学技术的发展，使科学与生产的关系越来越密切了。科学技术作为生产力，越来越显示出巨大的作用。

第二个问题，关于建设宏大的又红又专的科学技术队伍。邓小平说，我们向科学技术现代化进军，要有一支浩浩荡荡的工人阶级的又红又专的科学技术大军，要有一大批世界第一流的科学家、工程技术专家。邓小平还讲到了如何培养、选择人才的问题，强调必须打破常规去发现、选拔和培养杰出的人才。科学家、教师发现人才，培养人才，本身就是一种成就，就是对国家的贡献。他还说，科学技术人才的培养，基础在教育，要使教育事业有一个大的发展，大的提高。

第三个问题，在科学技术部门中怎样实现党委领导下的分工负责制。邓小平说，能不能把我国的科学技术尽快地搞上去，关键在于我们党是不是善于领导科学技术工作。我们的国家进入了新的发展时期，党的工作重点、工作作风也都应当有相应的转变。科学研究机构要建立技术责任制，实行党委领导下的所长分工负责制。科学研究机构的基本任务是出成果出人才。

最后，邓小平说："路线是非基本澄清了，规划制订了，措施提出来了，群众已经发动起来了。现在，摆在我们各级党组织面前的事情，就是要鼓实劲，要切实解决问题，要踏踏实实地工作。一句话，就是要落在实处。"邓小平的讲话，赢得了与会代表一阵阵掌声。②

邓小平的讲话，充分肯定了科学技术在社会主义现代化建设中的地位

---

① 肖卫：科学的春天——创作记事，《党史纵横》，2008 年 7 月。
② 肖卫：科学的春天——创作记事，《党史纵横》，2008 年 7 月。

与作用，对"文化大革命"以来在知识分子问题上的"左"倾错误进行了全面而彻底的清算，透彻地阐明了知识分子政策上一系列的重大问题，引起了强烈反响。他在讲话中关于知识分子的阶级属性和红专关系的论述，深深地打动了包括李志坚、徐荙生等人在内的广大知识分子的心，引起了他们的强烈共鸣。听完邓小平的讲话，对于广大知识分子来说，不仅仅是激动和兴奋，更多的感到自己肩上沉甸甸的责任。

邓小平在开幕式上的讲话，实际上是这次大会的主题报告。在全国科学大会上，共有四个重要的报告，除了邓小平的讲话外，还有中央政治局委员、国家科委主任方毅的主题报告，华国锋在会议中间的演讲，以及郭沫若的讲话。

3月18日邓小平致完开幕词后，方毅在大会作了主题报告。报告共分为三大部分：我国社会主义科学技术事业发展的新阶段；树雄心，立壮志，向科学技术现代化进军；全党动员，大办科学。

方毅对科学技术在社会主义现代化建设中的地位和作用做了进一步的阐发，强调自然科学和生产技术本身是没有阶级性的，是全人类在生产斗争和科学实验的长期实践中积累起来的经验的总结。方毅讲话的第二部分，对《1978—1985年全国科学技术发展规划纲要（草案）》（即八年规划）做了说明。八年规划草案虽然目标有些过高，但它反映了全党和全国人民迅速改变我国科学技术落后面貌的强烈愿望。这个规划草案稿印发给了每一位代表审议，这也是此次全国科学大会一项重要议题。

方毅提出了需要扎扎实实做好的十件事，包括：整顿科学研究机构，建立科学技术研究体系；广开人才之路，不拘一格选拔人才；建立科学技术人员培养、考核、晋升、奖励的制度；坚持百家争鸣；学习国外的先进科学技术，加强国际学术交流；保证科学研究工作时间；努力实现实验手段和情报图书工作现代化；分工合作，大力协同；加快科学技术成果和新技术的推广应用；大力做好科学普及工作等。

方毅在报告中提出："中国科学院、国务院各部门和重点高等院校，要集中力量，恢复、加强和新建一批急需的基础科学和新兴科学技术的研究机构。"① 根据这个要求，从1978年下半年开始，在中央和地方各部门的支持下，中国科学院进行了较大规模地收回和新建科研机构工作。到年底，院属机构从1977年的65个增加到110个，院属工厂由6个增加到9个，大学从1所增加到4所。还成立了上海、成都、新疆、兰州、合肥、广州、沈阳、长春、武汉、南京、西安、昆明等12个分院。全院固定职工人数从1977年的5.4万人增加到8万人。科学的队伍在重新集结，科学的旗帜在高高飘扬。

3月24日，华国锋在大会上作了《提高整个中华民族的科学文化水平》的讲话。华国锋说，由党中央召开这样一个盛大规模的、具有广泛代表性的、动员全党全军全国各族人民向科学技术现代化进军的大会，在我们党、我们人民共和国的历史上，还是第一次。为了实现新时期的总任务，全党全军全国各族人民必须从各方面进行艰巨的工作，一定要极大地提高整个中华民族的科学文化水平。

起草中央领导讲话的胡平回忆，中央委托时任中国科学院副院长的方毅负责筹办大会的文件和报告，当时从中央各部委抽调了一批"秀才"，组成文件起草组，由中科院副秘书长童大林领导，中科院政策研究室主任吴明瑜和原国家科委的"大秀才"林自新两位同志负责主持日常工作。此时他仍在旧"中宣部干校"劳动改造和等待分配，也出乎意料地被列入了这个借调名单之列。他从1963年下乡"四清"到"文化大革命"十年被批斗靠边站，已有14个年头没有工作了。来到文件起草组，他既感兴奋，又感胆怯，担心做不好这份工作。文件起草组的主要任务是起草中央关于召开全国科学大会的通知和四个大会讲话文件，第一个文件是邓小平讲话，第二个文件是华国锋讲话，第三个文件是方毅的报告，第四个文件是郭沫若的讲话。

除领导讲话和报告外，胡平还承担了搜集国内外舆论对我国科技工作的评价和对这次科学大会的反应，写成简报，供大会代表和中央领导同志参考。进入文件起草组之后，胡平做的第一件事就是去新华社查阅大量国

---

① 肖卫：科学的春天——创作记事，《党史纵横》，2008年7月。

内外资料，把这些年来国外科技飞速进步和中国科技大幅度落后的现状作了对比，差距之大，令人震惊。他花费了一个星期的时间，整理了一份几千字的简报，作为科学大会的第一期简报发了出来，引起了与会代表的高度关切。简报中有这样一段话，反映了国外媒体对我国进行现代化建设的总体评价，大意是："中国现在想搞现代化。但现代化说起来容易做起来难。现代化是什么，中国人还不完全了解。现代化不是靠引进一批技术、买一批机器、生产一批产品就能实现的。现代化主要是一种体制，一种机制，能够培养出大批有创新思维的人才，能够使人的智力摆脱思想禁锢而得到充分发展，能够使科技与经济社会发展协调地互动，使整个社会在一种创造性的空气里蓬勃成长。只有这一切的总和，社会才有可能进入现代化。而目前的中国，还是一个封闭的社会，还是一个缺乏创新思维的社会。"[1] 这个评论很尖锐，但切中时弊，引起许多与会代表的共鸣。

李志坚心里十分明白微电子领域中国和世界的差距，在世界范围内，七十年代，决定半导体工业发展方向的，有两个最重要的因素，那就是半导体记忆体与微处理机。

在微处理机方面，1968年，美国成立了英特尔（Intel）公司，不久，1969年，一个日本计算机公司比吉康（Busicom）和英特尔接触，希望英特尔生产一系列计算机晶片，1971年11月15日，世界上第一个微处理器4004诞生了，它包括一个四位元的平行加法器、十六个四位元的暂存器、一个储存器与一个下推堆叠（push-down stack），共计约2300个电晶体。4004与其他唯读记忆体、移位暂存器与随机存取记忆体，结合成MCS-4微电脑系统，从此之后，各种集积度更高、功能更强的微处理器开始快速发展，对电子业产生巨大影响。

记忆体晶片与微处理器同等的重要，1965年，美国快捷公司的施密特（J. D. Schmidt）使用金氧半技术做成实验性的随机存取记忆体。1969年，英特尔公司推出第一个商业性产品，这是一个使用硅闸极、P型通道的256位元随机存取记忆体。记忆体发展过程中最重要的一步，就是1969

---

[1] 肖卫：科学的春天——创作记事，《党史纵横》，2008年7月。

年，IBM的迪纳（R. H. Dennard）发明了只需一个电晶体和一个电容器，就可以储存一个位元的记忆单元；由于结构简单，密度又高，现今半导体制程的发展常以动态随机存取记忆体的容量为指标。大致而言，1970年就有1K的产品；1974年进步到4K（闸极线宽10微米）；1976年16K（5微米）；1979年64K（3微米）。

而当时中国的情况是在MOS电路和IC上有一定突破，但是在微处理机和记忆体晶片上，落后世界很远。1968年，中国组建了国营东光电工厂（878厂）、上海无线电十九厂，至1970年建成投产，形成中国IC产业中的"两霸"。1968年，上海无线电十四厂首家制成PMOS（P型金属—氧化物半导体）电路（MOSIC），拉开了我国发展MOS电路的序幕，并在七十年代初，永川半导体研究所（现电子第24所）、上无十四厂和北京878厂相继研制成功NMOS电路，之后，又研制成CMOS电路。

七十年代初，IC价高利厚，需求巨大，引起了全国建设IC生产企业的热潮，共有四十多家集成电路工厂建成，四机部所属厂有749厂（永红器材厂）、871（天光集成电路厂）、878（东光电工厂）、4433厂（风光电工厂）和4435厂（韶光电工厂）等。各省市所建厂主要有：上海元件五厂、上无七厂、上无十四厂、上无十九厂、苏州半导体厂、常州半导体厂、北京半导体器件二厂、三厂、五厂、六厂、天津半导体（一）厂、航天部西安691厂等等。但是在记忆体晶片与微处理器方面中国还远远落后，不要说64K（3微米）就是16K（5微米）都是达不到的。

在简报受到关注后，胡平又接受了第二项任务：摘译国外最新出版的一本未来学方面的书《公元2000年的世界》。这本书扼要地预言了人类未来二三十年科学技术发展的方向和前景，涉及信息科学、微电子技术、生物技术、航天技术等诸多方面的内容，并引人入胜地描述了由于科技进步而引起的人类生活方式、经济社会结构、哲学思维等方面的惊人变化。胡平把它编译成一份科技情报资料，作为大会的第二期简报。当时，科学大会有五千多名代表，人人一份简报，大家都踊跃传看，并在小组会上热烈议论。这些材料开阔了眼界，对启发思想起了一定的作用。

3月31日，大会举行闭幕式。中国科学院院长郭沫若作了无数人为之激动的《科学的春天》的书面发言。本来，郭沫若的身体已不允许他参加这样的大会了，但他坚持要参加。全国科学大会召开的时候，86岁高龄的他已病倒在床。"日出江花红胜火，春来江水绿如蓝。这是革命的春天，这是人民的春天，这是科学的春天！让我们张开双臂，热烈地拥抱这个春天吧！"当播音员在大会上朗读郭沫若的书面讲话时，人民大会堂里响起了一阵又一阵的掌声。全国科学大会是新中国科学发展史上的一次历史性会议，是一次关于知识分子政策拨乱反正的盛会，具有深远的历史意义。

李志坚深知，微电子的春天是中国科技春天的一部分，伴随着科技春天的浪潮就要来到了。在邓小平的关怀下，绵阳分校撤销，全部教工回到清华园，与在京的半导体车间的人员会师。

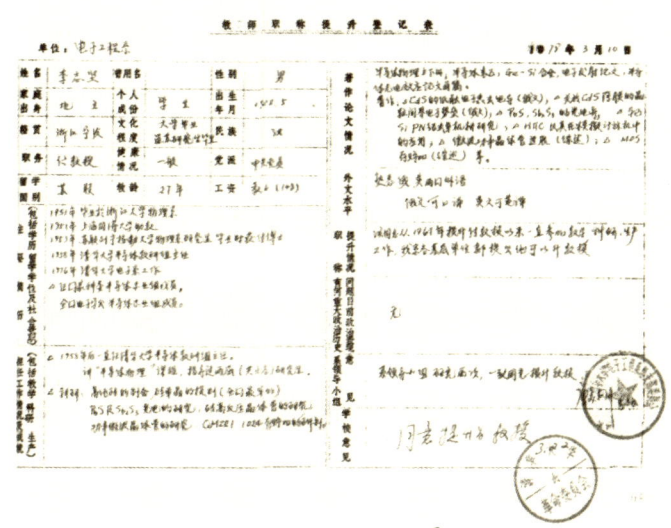

图7-1 1978年李志坚被评为教授的材料（资料来源：清华大学档案馆）

据微电子所现任副所长王志华教授回忆："1978年初，邓小平有一个批示，让绵阳分校撤回到北京，大家就都急着想回来，当时我们去清华火车站，帮着这些老师们搬东西，这些东西里有那个烧煤用的煤炉子，这里面的煤灰都没有来得及掏。"

王志华说："时任四机部部长王铮中将曾提出把绵阳分校迁到合肥去，然后整个整体接收的想法。"

李志坚向学校汇报，说明清华大学不能没有半导体专业，如果半导体专业迁到合肥，清华大学还要重新建立新的半导体专业。时任清华大学副校长何东昌听取了李志坚等人的意见，再次给中央打报告，经过逐级再次向小平同志汇报，并得到小平同志的再次批示，半导体专业才迁回北京。

半导体专业回到北京后的归属是一个新的问题，是回到无线电系，还是成立一个新的组织机构呢？

清华大学信息科学三系一所的变迁是一个复杂的历史过程。1969年秋，林彪发出了"一号命令"，无线电电子学系开始迁至四川绵阳成立清华大学绵阳分校，当时也有少量自动控制系的师生去了绵阳分校。1970年初，当时的工宣队和军宣队决定把无线电电子学系和自动控制系合并成"电子厂"，取消了以前"教研组"的称谓，改用部队的连、排编制。大部分的连都是由原来的教研组组成的，"电子厂四连"是唯一一个混编连——以原无线电系半导体教研组为主，加入了自003班全班学生和五个原自动控制系的教职工，这是当时的工宣队和军宣队决定将两个系合并成立"电子厂"时协商的结果。电子厂分开后，原无线电电子学系（除了电视专业）搬迁四川绵阳，没有用"无线电电子学系"的系名，而是被统称为绵阳分校，留在北京的原自动控制系也没有恢复原来的系名，开始还是留用"电子厂"名称。它由原自动控制系的部分专业（自动控制专业去了自动化系）、原无线电系的电视专业、原力学系的计算数学专业、半导体车间——电子厂四连和原自动控制系的机加工车间——电子厂三连。"电

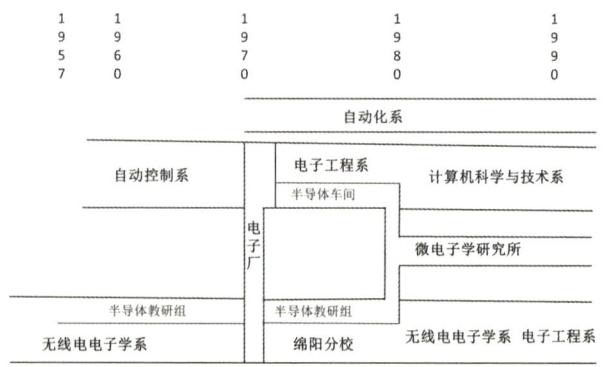

图 7-2 清华大学信息科学三系一所历史变迁图

子厂四连"的编制保留了下来，继续搞集成电路研究的方向没有变，但是人员结构发生了本质的变化，首先是没有专业人才，所以请求无线电系支援，两个系的领导经过多次协商，无线电系半导体教研组给出三个老师的名单：徐葭生、李瑞伟、陈天鑫，让自动控制系挑选，自动控制系答复无线电系给谁都可以，最后无线电系半导体教研组决定：徐葭生老师和李瑞伟老师不去绵阳，留在校本部，关系从无线电系转到自控系。因此，在原无线电系半导体教研组搬迁四川绵阳后继续留在校本部的"电子厂四连"，是由自动控制系重新组建的，同"无线电系半导体教研组"没有任何隶属关系，人员结构也发生了根本性变化——指导员是自动控制系的黄兆树，连长是徐葭生，其他人员开始是原自动控制系的教职工、原自动控制系毕业留校的"新工人"、1970年分配来的青工和几个复员军人。由于半导体车间需要人，所以后来陆续调入不少人，包括个别原无线电系半导体教研组出身的老师和实验员。

北京的半导体车间有天时、地利的客观原因，研究方向的选择上不同于绵阳分校研究的双极型集成电路和单个特殊晶体管等，半导体车间研究的是MOS集成电路，这是当时国际最热门、最尖端的课题。从1970年底，到1978年，经过艰苦创业，半导体车间不但有当时国内最好的洁净车间，有一条很好的科研线，更重要的是有了一支多元化、高水平的复合型科研队伍，在国内的MOS集成电路研究领域已经独领风骚，赫赫有名。半导体车间虽然只在清华大学的历史上存在了短短的十年（1970-1980），但是它在我国集成电路技术发展史上做出的贡献不可磨灭。

1978年，半导体教研组回到清华后，学校把西主楼四区原自动化系可控硅车间分给了他们，他们用从绵阳带回来的仪器、设备建起了实验室，开始教学和科研工作。

二者的合并大大加强了清华半导体研究的力量，加上一批相关专业的新生力量（主要是70届毕业生）加盟，再有原半导体车间已有一批自动控制系的教师，从而使半导体团队的系统知识大大加强和扩充。但是不可否认，经过十年"文化大革命"，国内的研究水平与国际先进水平的差距已大大拉开。新的形势迫使几位主要领导思考新的发展方向，最后达成共识，集中方向，集中力量于 CMOS 的研究。在新的指导方针下，逐渐形成了包括工艺、器件物理、电路设计和 CAD 技术等几个子方向的全面和先进的微电子技术发展格局，从而为微电子学所的建立奠定了组织基础。

清华半导体研究人才和技术的积累，为后来微电子学研究所建立提供了基础。1980 年清华大学发布了关于建立微电子学研究所的决定。

> 1. 建立"清华大学微电子学研究所"。在计算机系半导体教研组、车间、微处理机设计组等单位的基础上组建而成。图形发生器制版小组待电子束制版设备引进落实后，亦划归研究所。研究所按系一级建制。

图 7-3　1980 年清华大学关于建立微电子学研究所的决定

计算机系半导体车间和无线电系半导体教研组合并是强强联合：半导体车间有科研条件、科研项目，半导体教研组有李志坚等科班出身的人才。1980 年 9 月，微电子学研究所正式成立，建制直属学校领导，南德恒任所长，李志坚为副所长，主抓科研。除了进行科学研究外，每年招收半导体器件与物理专业五年制本科生两个班。1982 年后，半导体器件与物理专业又被批准为有权授予硕士、博士学位的学科、专业。

微电子所成立时全所人员总数为 135 人，教师 74 人，只有李志坚一名教授（教授 1 人，副教授 9 人，讲师 3 人，助教 31 人），技术员 3 人，职员 2 人，工人 58 人。全所组织形式包括五个部分：集成电路工艺线、集成电路设计组、器件物理组、教研组和行政后勤与生产管理。①

建立微电子所的过程分成两个阶段，第一阶段还是延续过去的这种传统去做科研，做教学；第二阶段就是瞄准国外半导体发展的前沿，去发现国家的需求。

李志坚在"文化大革命"期间对国外电子技术的追踪给了他极大的帮助和指导。李志坚首先确定了建立一条中国自己的实验线的想法，在听到李志坚的想法后，时任清华大学校长高景德对这个想法给予了充分的肯定

---

① 杨舰、戴吾三主编：《清华大学与中国近现代科技》。北京：清华大学出版社，2005 年；戴吾三、叶金菊：从半导体教研组到微电子学研究所——清华大学半导体专业、微电子学研究所的发展和创新，《自然科学史研究》，2003 年增刊。

和极大的支持，王志华回忆高校长做了两个决定："第一，高校长做的决策，清华大学要做中国乃至世界第一的微电子；第二，李志坚去国家科委、国家计委去要经费，但是经费没有立即到位，高校长是拿清华大学自己老师的工资钱先垫上作为微电子所的科研经费。这个阶段，外面是李志坚的呼吁，国家科技发展的需要，内部是高校长的决策，是拿清华大学自己的钱去完成国家的事业。"[1]

1978 年 12 月 18 日至 22 日中共十一届三中全会确立了以发展经济建设为中心的战略思想和改革开放的方针；1980 年 3 月，第四机械工业部颁发了"关于扩大研究所自主权的试行办法"，指出，电子工业系统的开发研究机构将是技术和经济结合的组织，它可以利用其技术上的优势，把技术和研制的产品作为商品与其他单位进行交换，发生经济联系。因此，用经济办法管理研究所是改革研究所管理的重要环节；扩大研究所的自主权是科研体制改革的重要内容；1981 年中央又宣布了科学技术面向经济和经济依靠科学技术的新方针。会议要求电子工业认真贯彻调整、改革、整顿、提高的方针，在国家统一部署安排下，对三线的科研单位进行有计划、有步骤的调整、撤并、搬迁，以改善科研条件。又采取了一系列改革措施，不断解决科研面向生产、面向经济的问题。

1980 年 8 月，清华大学根据十一届三中全会的精神和世界微电子学迅速发展的形势，珍视经过"文化大革命"劫难保留下来的高素质队伍和选择的研究方向，在校长工作会议上议决：建设微电子学方面的实验基地；成立跨系跨学科的研究所——微电子学研究所，承担国家有关研究任务和培养研究生，相关专业本科学生的教学任务；通过可能的渠道，引进 1—1.5 微米超大规模集成电路的关键设备和其他精密仪器。

---

[1] 王志华访谈，2013 年 5 月 12 日，北京。资料存于采集工程数据库。

突破封锁，占领高端

据李志坚回忆："为了迅速追上国际先进水平，在十一届三中全会后，国家开始实施第六个五年计划时就强调高技术的科学研究。我们（当时的专业领导有南德恒、杨之廉、顾祖毅、贾松良、王天爵和我等）就乘此东风筹建新的超净实验室。它的成功为微电子所的成立创造了物质基础。"[①]

微电子所第四任所长陈弘毅，1965年本科毕业于半导体专业，李志坚觉得陈弘毅的业务水平很强，是个人才，就推荐他继续读研究生，不想第二年就爆发了"文化大革命"。期间，陈弘毅被派到内蒙古去工作，中断了学业。"文化大革命"结束后，微电子所急需人才，李志坚想到了品学兼优的陈弘毅，恰逢微电所第一届研究生招生，陈弘毅就问李志坚能不能报名，李志坚说："当然能啊，非常欢迎你回来。"于是陈弘毅第二次报考研究生，成为了微电子所成立后的第一批研究生。陈弘毅回忆："李先生是亲自给我们上课的，不过我的导师不是李先生，我的导师是杨之廉老师，但是大家都很敬重李先生，李先生也非常关心每位研究生的学习和科研情况，我们也都把李先生当成自己的老师。"

陈弘毅告诉我们，李先生的每一步选择都是有十分明确的方向性的，就是要突破国外的禁运和控制，使中国的半导体科技发展不断地上台阶。"他是选硅、然后选MOS、然后MOS里头再进一步做CMOS，这些都是有方向性的。CMOS这些年一直向着这个方向发展，从李先生的作用来看，或者说是从清华微电子所来看，基本上在国内就是起一个先导的作用，就是从硅发展到MOS发展到CMOS。这些先进的技术，国外基本上是禁运的，对中国是封锁的，国家是十分支持的，但是给微电子所的经费不多，那个时候80年成立到90年差不多十年左右的时间，加起来没有投多少钱。"

[①] 李志坚：我和清华大学微电子所，《亚太电子商情》，2001年6月。

在建立起了微电子所的超净车间后，微电子所进一步突破的国外封锁就是要研制我们自己的超大规模集成电路技术，当时国内半导体研制所能达到的精度是 10 微米，5 微米以上的技术。国际上是能够达到 1 微米以下的精度的，当时成立的输出管制统筹委员会，又称巴黎统筹委员会（COCOM）将这些先进的技术严格对中国禁运，COCOM 规定 5 微米以下的超大规模集成电路管芯是要严格对中国禁运的，这实际上是想卡住中国半导体发展的脖子。李志坚决定带领微电子所自主建起来一条生产线，这条线上可以完成 1 微米的半导体工艺。

　　1—1.5 微米成套开发工艺的关键技术是 1 兆位汉字只读存储器的研制，在研制开发这项关键技术时，从电路设计、工艺专题、流水试制、测试分析以及超净环境的保证，都要经过上百个环节，每一步都关系到研制的成败。

　　李志坚认为有三个关键点：第一，设计是最主要的，首先要设计出来才能完成后面的工作。第二是工艺，设计出来的图纸要经过流水线生产出来。微电子所就是要完成整套开发工艺，用自己的工艺线，自己设计自己生产。第三就是测试，生产出来的样品，要有合理的测试方法，保证达到指标。这样一个复杂的过程不太可能一帆风顺，为了早日完成攻关任务，全所放弃了假日的休息，大家都知道这将是一个持久战，需要层层把关，连续作战，奋力冲刺。陈弘毅老师回忆："基本上全部的老师都投入到这条生产线的建设上来，从 80 年代初到 90 年代末，将近 20 年，很多老师把自己的科研事业奉献给了这条生产线。"

　　作为总负责人，李志坚一方面要和各个工作人员进行沟通、指导，另一方面又要从大局出发，协调好各个方面的工作。半导体工艺组的齐家月教授回忆："李先生工作作风非常踏实的，按理说他是所长，他用不着抓那么细，但是他对我们这个科研工作抓得很细。"在开发过程中之所以李志坚事必躬亲，是因为他明白这项工艺比较复杂，哪个环节出了问题都会影响到国家电子技术上台阶的这个总目标。在研制过程中总会出现各种各样的问题，出了问题是谁的问题，哪个环节的问题，有的时候是很难弄清楚的。在一次生产过程中，有一个指标总是出问题，大家谁也不知道问题出在什么地方，而且都认为自己的环节是没有问题的，李志坚就把大家召集起来，听大家的汇报，甚至有老师表示："如果是我这个环节出了问题，您就把我枪毙了。"李志坚决定多进行几次测试，经过测试发现，这个问题总是在一个位置出现，还挺规律的。所以，他首先怀疑是设计的问题，因为只有是设计错了，才容易出现有规律的错误。如果是工艺的问题的话，所产生的问题一般是随机的。比如在生产过程中掉入了灰尘，灰尘掉落的位置肯定是随机的，不可能总在一个位置。李志坚一方面要求各个环节都要仔细检查。另一面要和设计组的同事一起检查设计的每一个环节，经过检查，没有发现设计环节的问题。半导体的生产过程是首先由设计组设计，设计组设计完了以后，做成电路板，这个板就相当于底版，好多层，十几层乃至二十层，一层摞一层，一会刻铝线，一会刻孔，一会刻多晶硅，然后交由工艺先按照制好的板图来生产，生产过程就像洗照片似的，工艺组先按照设计组的电路图来制作硅片，这个硅片上是有胶的，硅片就相当于相纸，上面的胶就相当于那个相纸上面的感光胶，所以生产过程和照片曝光的过程很像，哪有孔，哪有线，有的地方曝光有的地方不曝光，再一腐蚀，有的地方就掉了，有的地方就没掉，不过半导体生产过程的复杂是因为它有好多层板，最后还要合在一起。在设计组没有发现问题，李志坚又要求设计组下到工艺线，和工艺组一起查，看看到底是工艺的问题还是设计问题。最后大家一起就下到工艺线，一块查，最后查出来，是工艺线的板上掉了一个灰尘，每次曝光、腐蚀都会在这个地方出问题，所以表现出来像设计的问题。检查出问题后，李志坚没指责哪个组有问题，而是要求把问题解决掉，最后这块电路板很快就生产出来了。

根据李瑞伟老师回忆："那时候大家一起讨论，做不出来什么原因，要去探讨。因为不是说一做就能做出来的，经常会做不出来。做不出来的话怎么回事？是不是设计有问题？板图有问题？就得看，一起分析。"

为了更快地发现各种问题，李志坚带领大家节发明了一种测试分析软件，因为出现问题就说明编码不对，什么地方的问题会造成什么样的结果，通过一个分析程序来分析。李瑞伟老师回忆："这样的分析过程不是自动化的，首先有一个思路，我要把测试结果按什么方式分类，我可以分成几个大类，然后怎么找出来我这测试属于哪一类。怎么分块？这个就大家一起讨论。"李志坚和大家一起讨论，因为他明白即使有分析软件还是有一定的技术难度，最后到底是哪儿出的问题，如果各个小组你怀疑我，我怀疑你，就永远做不出来了。很多生产工艺必须要协调，都往自己身上想想，我那儿如果有问题的话，可能会最后出个什么结果。这样才能迅速地解决问题，完成任务。

就这样，超大规模集成电路技术逐步取得了阶段性的成果，1982年李志坚带领微电子所完成了1K静态随机存储器，获北京市科技进步奖二等奖。1984年研制成功了Cμ8085 NMOS高速微处理器和1K×4静态随机存储器（CM2114），分别获得电子工业部科技进步奖一等奖和北京市科技进步奖二等奖。

1986年1月，李志坚的超大规模集成电路研制的梦想终于得到了国家的正式立项，成为了"七五"国家重点科技攻关项目（75-66），专题号88-2-1，项目名称为"1—1.5微米成套工艺开发及相应水平大规模集成电路的研制"，起止年限：1986—1990年。李志坚决定把原有的工作规模扩大起来，要求整个微电子所都投入到这项工作中去，这项工作需要更加超净的工作环境，于是李志坚就安排负责工艺线的李瑞伟带领一批教师和职工开始1微米级工艺线的建设任务，要求建立起中国第一个超净度为10级的超净环境，建立起中国第一条1微米级VLSI管芯片研制工艺线。当时微电子所车间的净化级别比较高，是1000级，也就是一升空气中最多有1000个1微米以上的灰尘，但是这个标准要来做超大规模集成电路还是不行的，清洁程度还是太低，必须要做100级的车间改造，这样的话，就需要整个车间重新盖，重新盖净化厂房，设备重新采购——因为国产的设备都不行，需要用要进口的设备。微电子所为了改变原来落后的科研环境，开始准备建设约7000平方米的微电子所实验研究大楼，负责建设新的净化车间的是庄同曾老师，经费是由国家计委立项给予支持的，由于当时国家经济条件比较差，所以经费并不是很充裕，虽然微电子所当时是全国经费最多的半导体研发机构，但是和外国比还是差得太多了，据李瑞伟老师回忆："外国要建一个超大规模集成电路的线，一般大概是一亿美元，我们只有1300多万美元。"为了克服经费困难，李志坚带领大家抓主要矛盾，保证主要的部分和主要的设备的需要，其他部分能省就省。

有了国家的支持，并且全体投入工作，很快就有了一系列的成果，1986年3月，李志坚带领大家完成了PCM单片机NMOS信道滤波器的设计，并获得了北京市科技成果奖二等奖。5月，大规模集成电路1KMOS，1K×4MOS静态存储器获国家教委一等奖。在这一年里李志坚带领大家完成了多项成果，获得了很多奖项，包括：Cμ8085AN沟道MOS单片8位高速微处理器的设计，获得了国家教委一等奖；16KMOS-SRAM的研制，获得了国家计委、国家科委"六五"公关现金项目奖励；研制成功了16位微处理器大规模集成电路，芯片集成度达到了29000个元器件，面积35mm^2；完成了Cμ8085 NMOS高速微处理器的研制，获得了国家教委科技进步一等奖。此外，还有电话专用大规模集成电路系列：CC2911A单片集成PCM编码器、CF2912单片集成PCM NMOS信道滤波器，获得了北京市科技进步二等奖；CF2932单片集成增量调制信道滤波器，全系列获得了国家计委、国家科委、国家经委、国务院电子振兴领导小组共同颁发的"六五"攻关优秀成果奖。

在上面一系列工作的基础上，李志坚带领清华大学微电子所全体工作人员，一步一步发展了我国微电子开发的关键技术，这些电路技术已经达到了国外八十年代初的水平，而且部分技术已经达到了国际水平，李志坚回想着当年"只差三年"的慨叹，终于有了一丝欣慰。上面的这些奖项都是阶段性的成果，而真正上台阶的是1987年研制成功的大规模和超大规模集成电

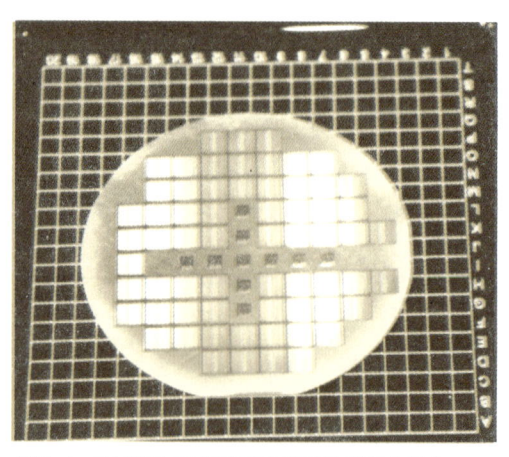

图7-4　20世纪90年代李志坚团队研制的硅片

路研制及 3 微米工艺开发。

3 微米大规模集成电路工艺开发包括一系列的工艺，如：微细图形加工、高密度集成电路的设计方法、微小器件的结构和器件物理、材料的性能和薄膜生长技术、高密度集成器件的可靠性物理、集成电路的测试图案设计和测试技术以及质量控制等。李志坚所带领的微电子所在微细加工、电路设计、器件物理和测试技术等方面都取得了较大的突破。3 微米工艺的总体技术水平主要指标是 3 微米工艺，其中的典型成品是 16K—SRAM 处理器，电路研制方面，李志坚带领大家通过对半导体的短沟、窄沟效应、栅氧化生长质量、垫多晶浅结工艺图形完整性等工艺技术问题的研究，摸索出一套比较合理的 3 微米双层多晶工艺规程，已经做到了集成度达到 108000 个元件，采用了国际上比较典型的 3 微米工艺技术和计算机辅助设计技术，使其可以广泛地用于计算机和各种自动控制设备，达到了国际 80 年代初的水平，国内领先的水平。16K—SRAM 是国内首次研制成功的一种超大规模集成电路，经过清华大学计算机系的试用表明，16K—SRAM 完全可以取代进口的产品，完全符合国际产品标准，与美国的同类产品 TMS4016 相比较，两个重要的技术指标，16K—SRAM 的地址取数时间小于 150 纳秒，工作功耗小于 200 毫瓦（美国的产品地址取数时间小于 250 纳秒，工作功耗小于 300 毫瓦），显然主要指标优于美国的同类产品。这项技术的研制标志着我国 IC 的研究水平有了新的提高，使我国半导体研制水平上到了 3 微米的台阶，加强了我国与外商谈判的地位，打破了国际上对我国的技术禁运。

1987 年 6 月，"大规模和超大规模集成电路研制及 3 微米工艺开发"获国家科技进步奖二等奖。获奖顺序为：李志坚、徐葭生、南德恒、岳震

图 7-5　1987 年李志坚获得的国家科技进步奖二等奖的奖章（资料来源：采集小组拍摄。奖章保存在馆藏基地）

第七章　走进科学的春天　　*113*

五、杨之廉。

3微米大规模集成电路工艺开发研制成功后，COCOM将对中国的半导体技术禁运做了更改，3微米以上的技术就不再对中国禁运了，而3微米以下的技术仍然是对中国禁运的。李志坚就又带领大家向1—1.5微米进行突破。

1—1.5微米成套工艺技术仍然包括各项工艺条件的摸索，工艺流程的设计和检测方法的确定。李志坚带领大家突破的主要关键工艺包括微细线条曝光、显影、全正胶刻蚀、图形形貌的精度控制、细线条测量、高质薄栅氧形成、离子注入技术、线结低温工艺、铝硅铜溅射工艺、硼磷硅玻璃生产等。

李志坚带领着设计负责人徐葭生和工艺组负责人李瑞伟开始了新的突破。3微米的时候完成的是16K的存储器，要完成大规模集成电路的研制就要完成1兆位存储器的研制，从16K到1兆，相当于64倍的差距。据陈弘毅老师回忆："当时我国的集成电路都是些中规模、小规模的电路，不是大规模的电路，真正大规模的电路我们是做存储器。"大规模集成电路的主要设计人是徐葭生老师，他是一个非常全能的科技工作者，从设计到工艺他都很精通，所以这就使得整个研制工作比较顺利。但是微电子所做的是静态存储器，静态存储器的难度要比动态存储器的难度大得多，1k位的动态存储器差不多是1000个晶体管，1k位的静态存储器就是6000个晶体管。因为静态的一个单元要六个管子，动态存储器是一个管子，静态存储器的晶体管数量是动态存储器的六倍。

徐葭生老师开始建设生产线到最后一直在科研工作的第一线，他负责1兆位的存储器的设计，徐葭生老师他们组设计出来的1兆位存储器的电路图，拿到李瑞伟老师负责的工艺组去试制。设计和制造是非常密切的配合，在研制的过程当中，因为1兆位的管子数太多了，总共有106万个管子，1兆位晶体管的设计非常不容易，因为100万个晶体管都安在什么地方，这么多汉字编码都得编在存储器上头，怎么自动地布到板图上头，得有一套程序软件，徐老师就带领大家设计了程序软件。1989年11月，1兆位汉字只读存储芯片的正式流水开始，但第一批流水出来的芯片性能未能达到预期要求。李志坚亲自深入到工艺第一线,和徐葭生一起进行性能测试,指导分析工作,他们采用逐步实现的方式,一开始先做了一些小一点的试验片,从几万个管子,几十万个管子一直到100万个晶体管,通过对一些工艺参数的适当调整,终于研制成功具有我国独立自主版权,在性能指标上达到世界先进水平的汉字只读存储器芯片。

如果从电路水平上来说,叫做超大规模集成电路;从工艺水平来说,叫做1微米级工艺;如果从生产线来说就叫做百级超净线,实际上三者指的是同一个过程,要突破超大规模集成电路攻关,就要建一个百级超净线,采购相应的设备,要开展1微米的工艺,要突破一兆位的存储器的设计。

在1微米工艺实现的过程中,微电子所又取得了一系列的阶段性成果,1988年7月,研制成功的TEE8502-2K EEPROM电路,获得了国家教委科技进步奖二等奖。1988年10月研制成功的标准单元法自动设计系统和工艺、器件与电路一体化模拟系统,获得了国家教委科技进步奖二等奖。1990年12月,李志坚进行了"七五"国家重点科技攻关项目88-2-1——"1—1.5微米成套工艺开发及相应水平大规模集成电路的研制"及"1.5微米-1兆位汉字存储器"阶段工作汇报。12月,1微米工艺中的另一项关键性技术"超大规模集成电路高温快速热处理技术与设备"(钱佩信、侯东彦、陈必贤、林惠旺、马腾阁、李志坚等完成),获得了国家发明奖二等奖。

图7-6 1988年李志坚获得的国家科技发明奖二等奖的奖章(资料来源:采集小组拍摄。奖章保存在馆藏基地)

李志坚带领大家最终建成1微米实验工艺线。研究成功了1兆位超大规模集成电路汉字只读存储器,这是我国各类计算机的重要元件之一。在面积为（6.4×6.5）平方毫米芯片上，共集成了106万个晶体管。该电路采用1.5微米设计规则的N阱硅栅CMOS工艺，28条外引线双列直插式封装。其中每个汉字点阵为16×16位用二片芯片，共容纳了7830个汉字和多种实用字符，字数和字形均达到国家二级汉字库标准。其主要性能与国际上同类产品的技术水平相当，读取速度小于20毫微秒。

李志坚带领清华大学微电子所建成的1微米实验工艺线成为了一个综合的1微米级成套工艺研究和相应ASIC（专用集成电路）开发和加工的基地，经适当的设备补充和条件改善以生产小批量多品种集成电路，可以满足国家（如国防及高技术）对VLSI产品的急需。在建立这条线和开发CMOS工艺中开展的一些有关专题（小尺寸MOS器件模型、浅PN结制备、高性能超薄栅介质制备、硅化物自对准欧姆接触形成、器件的三维模拟、亚微米MOS器件的热电子效应研究等）的成果可以在今后的亚微米技术中得到应用，有些可推广

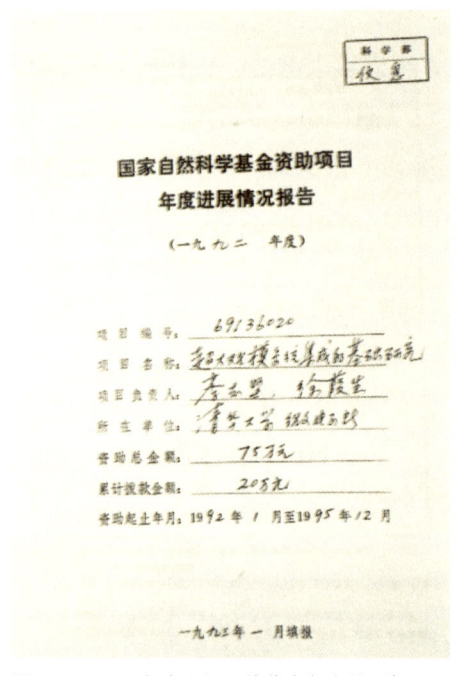

图7-7　1991年李志坚、徐葭生负责的"超大规模系统集成的基础研究"报告（资料来源：清华大学档案馆）

到国内有关厂所。[①]

1991年8月26—29日，国家"七五"科技攻关成果展览会在京举行，1兆位汉字只读存储器在清华展台的醒目位置，党和国家领导人江泽民、李鹏、乔石、李瑞环等参观了清华展台并和李志坚进行了相关交流。9月，李志坚带领微电子学研究所承担的1兆位汉字只读存储器顺利通过了部级技术鉴定。相关的27项成果在国家计委、国家科委、财政部于人民大会

[①] 白欣、杨舰：清华大学微电子学科的建立及产业化的发展,《半导体技术》, 2011年5月。

堂召开的国家"七五"科技攻关总结表彰大会上受到表彰。宣告我国首次跨上了 1.5 微米工艺和百万个元器件集成度的技术台阶,是我国超大规模集成电路技术的一次突破性进展,COCOM 对中国的半导体技术禁运也降到了 2 微米。

1991 年 9 月 30 日,《人民日报》头版刊载文章"清华大学微电子所传来喜讯 我微电子技术跨上 1 微米台阶",其中写道:"此项工艺技术的开发成功,缩短了我国集成电路工艺与世界先进水平的差距,对我国集成电路技术的自主发展具有重大的战略意义"。10 月 14 日,《人民日报》头版再次刊载文章"献给共和国的圆满答卷"中报道了清华大学微电子所研制成功 1 兆位只读存储器芯片。

图 7-8　1991 年 9 月 30 日,《人民日报》刊载"我微电子技术跨上 1 微米台阶"

第七章　走进科学的春天　　*117*

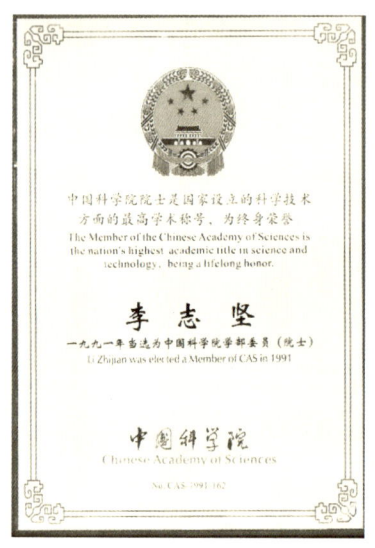

图 7-9　1991 年李志坚被评为中国科学院院士（学部委员）纪念牌（资料来源：李志坚家属提供）

由于在"七五"科技攻关中做出突出成绩，李志坚被机械电子工业部授予国家科技攻关荣誉证书"1—1.5 微米成套工艺开发及 1 兆位汉字库只读存储器"也获得了电子工业部科学技术进步奖一等奖。

1991 年 11 月，经国务院批准，李志坚当选为中国科学院院士（技术科学部学部委员）。

1992 年，"1—1.5 微米成套工艺开发及 1 兆位汉字库只读存储器"这一成果达到中试水平，成功转产给国内集成电路骨干企业——无锡华晶微电子公司。这条线后经过的增容、升级，已具有 0.5—0.8 微米工艺技术、月产 300 片 5 英寸硅片的能力，至此，我国完全打破了 COCOM 对中国的半导体技术的禁运。

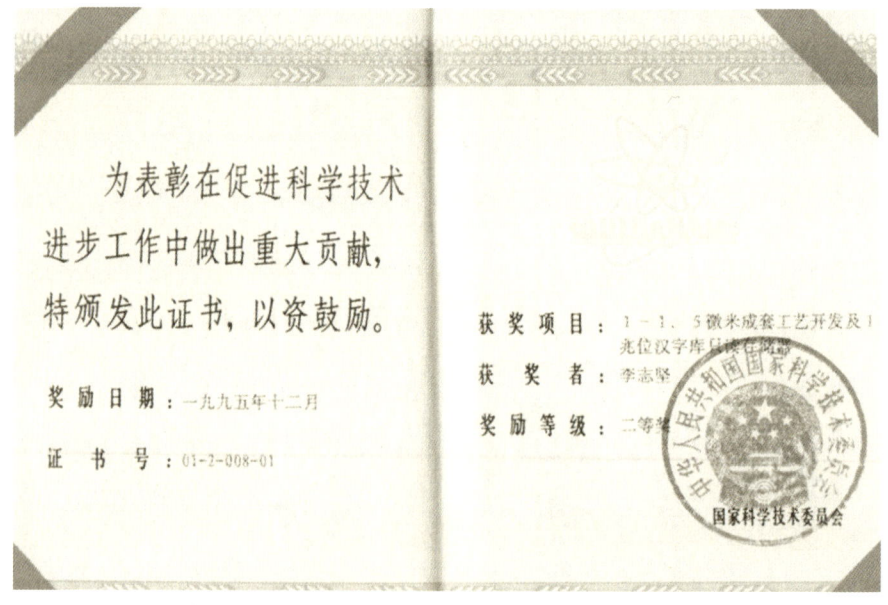

图 7-10　1995 年李志坚再次获得国家科技进步二等奖（资料来源：李志坚家属提供）

李志坚带领大家围绕着国家科研任务，一方面推进了清华大学微电子学研究所的建设，另一方面培养了一批研究生，产生了一大批有深远意义的论文。

20世纪90年代中期清华大学微电子研究所设置的教研组、科研组有：

半导体器件物理研究室：研究领域有集成传感器、深亚微米硅和501器件工艺与器件物理、微机械及其加工工艺、多值逻辑与模糊逻辑、快速热处理技术、光电子集成技术等。

集成电路设计研究室的研究领域为32位精简指令微处理器、门阵列定制电路、高速模/数转换电路、数字信号处理电路、神经元网络等专用数字和模拟大规模/超大规模集成电路。

超大规模集成工艺研究室（含1—1.5微米CMOS工艺线）：研究领域包括亚微米VL-SI工艺、短沟CMOS器件物理、VLSI工艺的开发与优化等。

半导体器件与微电子技术教学组的任务是承担本科生全部专业课程及实践环节和部分外专业大学生、研究生的教学；开展科学研究。已开展的研究课题有CMOS门阵列电路研究、IC工艺的CAM开发、非晶硅薄膜晶体管的研究等。

计算机辅助工程与技术开发部的研究领域包括半导体电路设计系统和模拟软件的开发、模型参量提取系统的开发、标准单元库的建立，以及各种专用集成电路的开发等。

除上述教学、科研室以外，还设有保证教学、科研正常进行的技术后勤部门（如超净水房、净室空调机房、气体供应站）、行政及物资供应等科室。

李志坚从来不支持为了发表论文而写论文，他一直要求要以工程研究的需要进行学术的研究。陈弘毅老师回忆："李先生教诲我们，不能搞纯学术的研究，因为我们微电子方向，假如说你的工作就是为了发表论文是不行的，尽管你发表论文的水平很高，但是你一定不要发表完了就完了，打一枪换个地儿，那是不行的，一定要往下做，应该把它做到能够有价值，那样的话才有贡献，否则单靠发表了几篇论文，就谈不上贡献，或者是说贡献就很少，当然人家看了你这个论文受到启发，人家去进一步做，这样也算一种贡献，但是实际上在学校里，要考虑对国家真正有影响力的工作，要把有些可以被应用的又是有非常重大需求背景的东西完成，不要放弃掉，要一直把它做下去。"所以有很多老师完成了大量的工作并没有发表论文，尽管如此，微电子所在这一阶段还是有很多学术成果，代表性的论文有：《关于MOS结构深耗尽C（V）特性的转折现象》《Si/SiO$_2$界面态研究中辅以脉冲和恒定红外光照的脉冲Q（V）法》《微电子技术发展的回顾与展望》《硅耗尽层少子产生率的强电场效应》《瞬态退火注砷硅亚稳态浓度的后热处理特性研究》《硅耗尽表面准二维系统室温电子隧道能谱》，《MOS界面态电荷瞬态谱方法》《高剂量低能氧离子注入硅形成SiO$_2$薄膜的研究》，《MISIS结构的电特性和C（V）研究》《VLSI成品率统计中的缺陷成团效应及统计参数与面积的关系》《注砷硅快速热退火过程研究》等。

陈弘毅老师回忆："好多人就等于献身给这项事业了，也有很多无名英雄，但是对国家是非常重要的。李先生应该是我们的代表人物，学术上能够把结合这个学科发展起来。如果按照国外的做法，在我们国家当时的这种情况，肯定是发展不起来的。比如美国的学校，他们怎么来做，有很多有特色的东西，但是讲这些必须要根据情况、根据国情，根据当时是什么情况来说这些事情，你必须有一定的基础，有一定的前提条件下，你可以按照这种模式来发展。我觉得李先生带着我们研究所走的这条路是非常艰难的一条路，但是是适合我们当时的条件的，而且走过来了，它的历史作用是应该肯定的。"

为了国家的信息安全

20世纪90年代中期后，在清华大学提出创建世界一流的奋斗目标指引下，微电子学所相继建成了先进的电子系统集成与专用集成电路技术研究中心和微米、纳米加工中心，为集成电路设计创新和自主知识产权芯片的开发，以及新兴的基于硅工艺的微电子机械系统（MEMS）和生物芯片的研究，创造了必不可少的环境和基础。

经过20多年的发展，微电子学所已逐步成为国内微电子学领域一流水平的科学研究和人才培养基地之一。

在人才培养上，微电子学所除完成本科生专业课程教学外，还是我国首批硕士和博士研究生的培养点、博士后流动站及半导体器件与微电子学二级学科的唯一重点学科点。到2000年，已培养硕士236人，博士56人。

在学科建设上，微电子学所基于已有的基地和优势，逐步形成了自己的发展方向。第一，在工艺方面，以研究支持硅CMOS专用集成电路或系统芯片的特殊工艺模块（如高低压混合电路、模拟/数字混合电路、射频电路、GeSi/Si异质结构晶体管与射频电路EEPROM/FLASH和FeRAM不挥发存储器等）为主要方向；第二，在微系统方面，以研究硅基结构的MEMS传感器、执行器、射频无源元件、光电转换器件、生物芯片为主要方向；第三，在集成电路设计方面，以研究无线连接与数据传输为应用背景的各种自主产权电路型式创新与开发（如嵌入式CPU、DSP、RF模拟电路与模数混合信号电路、智能功率电路等）为主要方向；第四，在计算机集成设计方面，以工艺、器件建模与虚拟制造为重要方向。[1]

图7-11 李志坚和陈弘毅（资料来源：李志坚家属提供）

---

[1] 白欣、杨舰：清华大学微电子学科的建立及产业化的发展，《半导体技术》，2011年5月。

2000年，陈弘毅当选为微电子所第四任所长，此前，他还做过一届科研副所长，李志坚果然没有看错人，在历史的转型时刻，陈弘毅抓准了时机，在科研开发上，微电子学所注意为国家的经济建设服务，面向产业化。

陈弘毅回忆："我们大概基本上就是按照李先生的思路走，我反正是这样，我们搞科研不可能空对空，纸上谈兵，这是不行的，一定要为国家的重大的需求做贡献，我做科研副所长的时候也是一直是这么个思想，我觉得当时，微电子做集成电路什么的都是做，但是你应该把有学术价值的东西和国家重要需求的东西结合起来。那么在那个时候，正好是1993年国家提出来'金卡工程'，当然后来有很多意义上的延伸。"

"金卡工程"是指1993年6月国务院启动了以发展我国电子货币为目的、以电子货币应用为重点的各类卡基应用系统工程。金卡工程广义是金融电子化工程，狭义上是电子货币工程。它是我国的一项跨系统、跨地区、跨世纪的社会系统工程。它以计算机、通信等现代科技为基础，以银行卡等为介质，通过计算机网络系统，以电子信息转账形式实现货币流通。金卡工程的本意是做金融的电子化，这个卡指的是芯片，你比如说银行卡，应该里头是有芯片的。陈弘毅讲："当时国家认为，像美国磁卡已经用得非常成熟了，要改反而难改，它的基础设施都弄好了，得全作废然后全弄，中国反倒比较适合。不过我国还是从磁卡开始发展，现在又往IC卡过渡，主要是因为磁卡的安全性问题太大，所以才弄这个事情。"

金卡工程启动的时候，李志坚敏锐地发觉了这项工程对微电子发展的重大意义，经过和陈弘毅等人的商量，微电子所做出了部署，要做这里面的一个核心技术，就是IC卡的芯片上需要的存储数据的存储器，这个存储器是有要求的，即应该是掉电不丢数据的，叫不挥发存储器，因为IC卡大部分时间是不和读卡设备相连的，也就是不带电的，所以要求存了数据以后电池不供电了数据也在那儿存着。在微电子领域叫做E^2PROM（注：电可擦可编程只读存储器），E^2就是EE，就是电可擦擦除的。陈宏毅老师认为"这个过程正好是在当时我们的CMOS的基础上再往下做，李先生觉得这是一个很重要的事情，国内没有别的单位做，只有我们这一家做，实际上李先生在 1986 年就开始了做 E^2PROM 的准备工作,那是他就预见了这种存储器在未来的巨大作用。"

因为李志坚带领微电子所有前期的准备工作和成果,李志坚那个时候立即就带领陈弘毅等人切入到这项工作里面。为打破国外垄断,1995 年李志坚带领微电子所率先自行设计、研制出基于已有 E^2PROM 技术的 HX768 逻辑加密 IC 卡,由无锡华晶微电子公司生产,当时国家计委发来了封贺信,称之为"中华第一卡";1998 年,该所又开发成功 DTT4C01A 公用电话 IC 卡芯片,由大唐微电子公司实现产业化,2000 年销售量已超过 1 亿片。紧接着开发射频标识芯片进入产业化阶段。2001 年又开发出铁电存储器非接触式 IC 卡芯片,用于市政公交"一卡通"和身份识别。

李志坚和陈弘毅等人没有停留在这些成绩上,他们敏锐地发现了这里面还存在的问题。陈弘毅回忆:"E^2PROM 后来进一步要做产业化推广,当时想在清华的校园卡里面试用,就是清华又启动了校园卡工程,用我们的工艺线生产,但是我们的可靠性有问题,当时工艺线上没有人来研究可靠性问题。"

回忆起当时的情景陈弘毅说:"前面的研制都很漂亮,就是没有看到后头的产业化学校自己是很难做的,我对这个事儿是很清楚的。那年开鉴定会的时候,我在所里呼吁,必须得研究可靠性。"李志坚听到陈弘毅的说法,进行了思考,认为陈弘毅说的是有道理的,但是大多数老师没有响应陈弘毅老师的呼吁,李志坚问陈弘毅有什么想法,陈弘毅说应该赶紧转移,转移到公司、工厂去。因为微电子所有自己的工艺线,工艺线运转以后不能停,要维持生产,大部分老师都提出拿这个卡的生产来维持,但是试验结果非常不理想,经常出现丢数据之类的问题。陈弘毅指出:"实际上 2000 年前后的时候,国内的工厂已经发展得很快了,学校这个线的条件,比如说超净的条件,就没办法跟工厂比,这里头有一些产业化的条件,学校没有那么多钱,做不到,学校这时候不应该承担产业化的问题,另外从管理方面,也不可能做到像一个半导体厂那样的管理方式。"所以陈弘毅向李志坚院士建议:"赶紧转移,把这技术转移到工厂,然后我们的教师可以帮助工厂开花结果,就行了。"李志坚听了陈弘毅的分析十分支持,当时生产半导体芯片的台湾华邦公司是做 E^2 的一个大公司,他们研究了一套方法来检验单元丢不丢数据,就是芯片做出来以后,先测一遍它里头的数据是什么,然后把它在高温 250℃ 底下烘 72 个小时。李志坚要求在微电子所按照这个方法做一次试验,结果所有的芯片 100% 覆灭。这下大家都没有话说了,得到了李志坚的支持,陈弘毅顺利地将技术转移到无锡尚华半导体公司,无锡的生产没有出现问题。

金卡工程最初制成的卡是带电极的,电极露在外面,插入设备后联通,然后进行数据交换,但是这样的卡容易发生损坏,对数据的保存是一个较大的问题。于是李志坚就带领陈弘毅进一步研制非接触的 IC 卡,就是把无线技术加到 IC 卡里面。当这项研究成功后,1997 年,国务院正好在委托公安部研制人口管理卡(就是后来的第二代身份证),让公安部制定规范,公安部就找到了清华大学微电子所。于是清华大学微电子所就和公安部第一研究所签了一个合作协议,由清华大学微电子所来研制芯片。2000 年的时候,微电子所已经研制成功了样片,是现在用的第二代身份证的样片,交给了公安部第一研究所。

由于当时国内集成电路制造工艺最好的厂家是上海华虹微电子有限公司,甚至早在 1997 年,在 3 月 24 日李鹏总理主持的第 143 次总理办公会上就明确要求,"全国组织机构代码和社会保障号码(即身份证号码)一律使用 IC 卡,并使用上海华虹微电子有限公司生产的产品。"所以,为了实现国内生产的目标,2001 年 5 月 9 日由国家金卡工程协调领导小组办公室主持在信息产业部召开了"公安系统第二代居民身份证的配套用非接触式 IC 卡芯片设计生产协调会"。会上明确了身份证项目要采用"自主版权、国内生产"的原则。2001 年 5 月 9 日会后,李志坚带领微电子所立即组织力量,采用上海华虹微电子有限公司的工艺参数和不挥发存储器技术,在公安部正式技术规范尚未提供的条件下,按照旧的设计规范,重新设计了新的集成电路,并与 2001 年 6 月 25 日送上海华虹微电子有限公司加工。于 2001 年 8 月 15 号得到制造后的集成电路芯片。测试表明,该芯片完全符合公安部第一研究所于 1999 年 5 月确定的初步设计指标和规范。

但是由于有关部门一直没有将最新的身份证芯片的技术规范要求和数据保密算法移交给包括清华大学微电子所在内的芯片设计单位，造成这些单位客观上无法完成国产芯片的设计、制造。而有关部门竟然提出要仍按原定的计划进行身份证换证的试验工作，而如果按照原来的进度计划，于2001年底开始身份证换证试验，由于身份证技术规范和数据保密算法的移交推迟，国内客观上无法完成逻辑加密专用集成电路芯片设计，必然要采用国外的CPU芯片，采用现场编程的方式得到满足公安部技术规范的身份证芯片，这不但可能对身份证芯片国产化造成影响，甚至要将国家严格控制的数据加密算法的部分代码送到国外，由国外的半导体公司制造企业写入芯片，这不但不符合"自主版权、国内生产"的原则，甚至有可能对身份证的安全带来威胁，其直接后果是不但必须采用国外CPU芯片现场软件编程的方式制造身份证专用芯片，而且如果将掩模数据移交国外集成电路制造厂商，很有可能造成数据失密，影响身份证的安全性，同时，应用国外版权的设计还存在知识产权问题。

李志坚心里很清楚，身份证专用集成电路芯片的"国内生产"对于带动我国微电子产业的发展具有巨大的推动作用。微电子产业是信息产业发展的基础。从市场及技术的角度分析，美国等国家在CPU等类产品上有绝对的优势，中国在短期内赶超的可能性不大。在消费类电子产品及集成电路方面，由于历史的原因，很多整机产业采用了引进国外核心技术的方案，核心技术也在外国人手中。而身份证中采用的IC技术近年来发展迅速，应用范围很广。国内推广IC卡产品的工作做得比较早，从芯片的设计、制造、封装、测试，直到应用系统开发都掌握了全套的技术，是我国微电子产业发展的一个极好机会。

美国半导体工业协会（SIA）对世界集成电路规模的统计预测资料中表明，2000年中国的半导体需求规模为127亿美元，比1999年增长47%，成为亚太地区最大的半导体消费国；2010年后中国将成为世界上第二大半导体消费国，仅次于美国。从近期国际集成电路市场的趋势来看，由于投资过大，生产能力过剩，无论是从事存储器产品还是其他产品的半导体制造企业，2001年都存在严重的生产下滑。与此对照的是，瞄准中国市场的几家集成电路制造线，比如上海贝岭等，却依然保持盈利。适时引导好、保护好这一发展势头，将使我国的信息产业建立在国内集成电路产业坚实发展的基础之上。身份证项目集中换发身份证所需集成电路芯片总数达 10 亿块，这是除半导体存储器之外的单一品种集成电路产量最大的一种。在身份证换证项目中，读写设备、身份证发行设备等也需要大量不同类型的集成电路。换发身份证是 20 年难得一遇的机会，如何利用这一难得的机会，发展我国集成电路产业，不但是我们这些从事电子技术及电子产业的人的责任，而且也是公安部等其他部门不可推卸的责任。初步估计，只计算身份证内部的芯片、只计算集成电路硅圆片加工产值，完成身份证换证项目的所实现的产值就达 40 亿元人民币。与此相对应，芯片设计、模块封装、卡片制造、读卡机具专用集成电路芯片、应用系统等还有巨大的市场和产值。除了相关产品的设计、生产对工业的发展有利之外，身份证相关产品的设计、制造，会锻炼、培养国内的集成电路人才，为在国防、通信、消费类电子产品等领域掌握核心技术、摆脱受制于人的局面奠定基础。

现在有关单位坚持要在年底做换证试验，并采用进口 CPU 芯片，因此只能临时采用现场编程的方法实现芯片的功能。这种做法总体上存在知识产权的问题。这里引入国外集成电路不但没必要，还会给国内集成电路产业带来新的危机。

李志坚提出自己的想法，公安部有关同志认为，在发证试验的身份证中采用进口芯片，试验的目标是验证换证过程中的数据采集、人力组织等问题，而不是验证芯片的可靠性等问题。

李志坚指出即使这样也会面很多问题，首先，如果实验结束后不收回已发行的实验用身份证，则系统试验用的 80 万张身份证（此数据是在 2001 年 8 月 17 日 "身份证专用芯片及模块生产协调小组第二次会议" 上由公安部有关人士提供）将随时间的推移，逐渐分散到全国各地。以后数十年间全国各地研制的读卡、试验设备以及各种应用系统必须考虑与这种少量卡的兼容性，这会增加读卡、验证设备以及各种应用系统的技术复杂程度，从而会增加其生产、制造成本，带来以后二十年中社会资源的极大浪费。即使发证试验结束后，将试验用的 80 万张试验用身份证收回，尽管带来的浪费较小，但也是可以避免的、不应该发生的浪费。

其次，采用进口 CPU 芯片进行身份证发证试验结束后，无论是试验用身份证收回与否，在国产芯片开发成功后，都必须重新进行几乎与前面提到的试验完全相同的第二次试验。这更是不应该发生的事情。且此时由于已经有可用的第二代身份证使用，无论是居民本身还是各级公安部门对重复实验的主观积极性都会降低，最坏的情况就是严重影响采用国家专用集成电路的身份证的过程，最终无法实现身份证专用集成电路国产化的目标，从而也会影响电子产业的核心——集成电路产业的发展。

李志坚和陈弘毅意识到了这件事情的重大影响，为了国家的信息安全，2001 年 8 月 6 日，他们请清华大学出面，把时任公安部部长贾春旺请到了清华大学，向他汇报了这件事情对我国半导体产业和信息安全的重大影响。

李志坚指出，除了公安部和清华大学的合作之外，早在 1997 年 11 月，公安部第一研究所也与中国科学院上海冶金研究所签订了身份证芯片研发的协议。上海华虹集成电路设计公司继承了其股东之一上海冶金所与公安部一所签订的协议，并与 1999 年 10 月与公安部一所签订了新的项目委托合同。上海集成电路设计公司采用了新加坡 Chartered 公司的工艺设计的芯片于 2001 年 5 月初制造出样片，并完成了测试。2001 年 5 月 9 日"公安系统第二代居民身份证的配套用非接触式 IC 卡芯片设计生产协调会"后，也采用上海华虹微电子有限公司的工艺重新设计了芯片，5 月 20 日提交设计结果，7 月 5 日得到制造后的样片，并通过测试。

清华大学微电子所和中国科学院上海冶金研究所两个设计单位设计芯片并在上海华虹微电子有限公司制造出合格芯片的实践证明，在公安部提出设计规范并将设计规范和数据加密算法移交给芯片设计单位后，国内的设计单位有能力按期完成芯片的设计。华虹微电子有限公司也有能力完成芯片的制造生产，随着上海宏力半导体、上海中芯国际等集成电路制造厂的建成投产，国内集成电路的加工能力会不断提高，更能够实现身份证用

IC卡芯片的设计、制造立足国内的目标。此外，国内的封装厂、模块加工厂、制卡厂都具备了相当的技术水平。因此，身份证用IC卡芯片设计、制造"自主版权、国内生产"的原则不但应该遵循，而且也完全有条件遵循。

按照"自主版权、国内生产"的原则，李志坚向贾春旺部长建议推迟身份证换证试点工作，将身份证换证试点工作推迟到移交技术规范和数据保密算法后的半年。只要组织工作得力，有关部门进行有效的管理和调控，预计最多推迟半年就可以实现身份证的换发。

但是公安部三局于2001年8月17日在信息产业部组织的"身份证专用芯片及模块化产业化协调小组会"上发表的意见，表示除了修改身份证条例的立法过程延误，其他原因都不能影响系统试验的进度。

李志坚得到消息，上海华虹方面已经由胡启立同志和张文义同志出面直接会见过贾春旺同志。信息产业部也计划给公安部写报告要求推迟试验计划。因为身份证换证的负责单位是公安部，信息产业部不能直接给国务院写报告。而公安部5月9号给国务院写报告申请立项，国务院6月13号给出11条批复。要公安部8月份就自己写报告申请推迟系统试验进度，是不可能的事情。

在这十分紧要的关头，李志坚和陈弘毅给清华大学王大中校长写信，在给王校长的信中指出："按照公安部三局于2001年8月17日在信息产业部组织的'身份证专用芯片及模块化产业化协调小组会'上发表的意见，除了修改身份证条例的立法过程延误，其他原因都不能影响系统试验的进度。这件事对国内微电子产业的发展影响很大，10亿张芯片数量是除半导体存储器之外单一品种数量最大的集成电路产品，芯片制造业一项产值就是40亿人民币，这些问题必须有人对中央汇报。如果换证试验变成既成事实，对我国微电子的发展不利。"

同时，李志坚、陈弘毅和王志华（时任清华大学微电子所副所长）写好了给朱镕基总理的信，并请王大中校长代为转交。

李志坚、陈弘毅和王志华在信中提出：为了国家的信息安全，建议推迟身份证换证的试点工作，并建议在第二代身份证中不采用进口CPU芯片，也不采用进口CPU芯片进行换证试点。这封信送到了朱镕基总理的手上。

李志坚在信中说：按照公安部有关单位的部署，第二代居民身份证换证工作的试点将于2001年内开始，由于下述五方面的原因，李志坚他们建议推迟身份证换证的试点工作，并建议在第二代身份证中不采用进口CPU卡芯片，也不采用进口CPU卡芯片进行换证试点。

首先，采用国内制造的集成电路芯片实现第二代居民身份证换证的准备工作还没有完备。身份证换证试点工作的开始，应该以证卡专用集成电路（IC）芯片已经设计制造完备、证件发行的各种读写机具开发出来为前提，而身份证专用IC的正式设计制造，应该以技术规范、证卡内保密算法移交给芯片设计单位为前提。从技术规范和加密算法制定、芯片设计和读卡机具开发、身份证换证工作的试点三项工作的时间顺序可以看出，从身份证专用芯片的技术规范（由公安部制定）以及身份证数据保密算法（由国家密码管理委员会制定）移交给IC芯片设计单位开始，到身份证换证试点的时间不应该小于5个月。

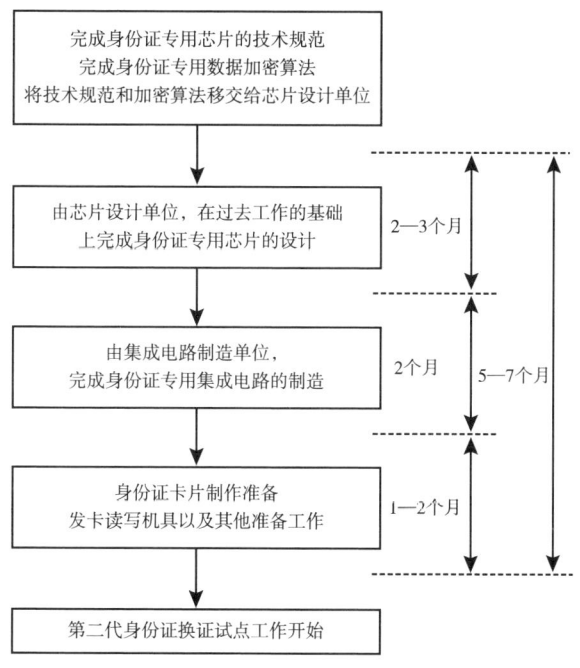

图7-12　身份证专用芯片设计和制造的时间要求

李志坚认为，到 2001 年 8 月 17 日，在信息产业部召开"第二代身份证专用芯片及模块生产协调组会"第二次会议时为止，公安部的身份证芯片正式技术规范仍然没有移交给 IC 芯片设计单位，数据保密算法的移交方式也没有确定，如果坚持按照计划于 2001 年底开始第二代身份证换证试验，则没有给身份证专用 IC 的设计、制造留有时间，这种做法是不符合科学规律的。

李志坚指出，第二代居民身份证专用集成电路的设计制造应该遵循"自主版权、国内生产"的原则。目前国内的技术完全能够胜任第二代身份证专用集成电路的设、制造的要求。第二代公民身份证项目从 1995 年提出，1996 年、1997 年两次由公安部部长办公会给国务院写报告申请立项由公安部第一研究所负责研究技术上的可行性。清华大学微电子学研究所1997 年 2 月与公安部第一研究所就共同开发身份证用非接触式 IC 卡专用集成电路达成合作协议。其主要目的是研究采用射频技术、集成电路存储技术实现公民身份证焕发过程中的技术问题。

根据公安部第一研究所 1995 年 5 月确定的初步设计指标和规范，由清华大学微电子所自行设计的身份证用 IC 卡芯片与 2000 年 3 月在日本松下半导体公司制造成功。这是我国针对身份证要求第一个设计开发成的采用射频技术的非接触 IC 卡芯片。在这一过程中，清华大学微电子所培养了一支高水平的研究队伍，取得一批可实用化的研究成果，积累了丰富的芯片设计经验。

李志坚在给总理的信中写道"不推迟身份证换证试验的进度，以后要在身份证中采用国产集成电路必然要重复试验，会带来人力、物力的大量浪费。如果按照原来的进度计划，于 2001 年底开始身份证换证试验，由于至今还没有将身份证芯片的技术规范要求和数据保密算法移交给芯片设计单位，客观上无法完成国产芯片的设计、制造，必然要采用国外的 CPU 芯片，采用现场编程的方式得到满足公安部技术规范的身份证芯片，甚至要将国家严格控制的数据加密算法的部分代码送到国外，由国外的半导体公司制造企业写入芯片，这不但不符合"自主版权、国内生产"的原则，甚至有可能对身份证的安全带来威胁。"

李志坚提出了解决方案：只要将身份证换证试验的进度推迟到技术规范和数据加密算法移交 6 个月后，就完全可以避免这种情况。如果组织得当，也不会影响第二代身份证换证的整体进度。

这时有人提出，在身份证专用集成电路芯片中应该采用国外最新进的 CPU 技术。李志坚对十分不赞同这个观点，他认为，为了降低身份证的成本、为了保证身份证的数据安全性、为了国产集成电路产业的发展，应该放弃任何采用进口 CPU 的计划。

身份证专用集成电路基本上是单项应用，其数据保密算法也主要是为了防伪，技术上较简单不采用 CPU 技术完全可以实现。在身份证专用集成电路芯片中采用 CPU 技术会带来一系列的问题。

清华大学微电子学研究所自 1997 年 2 月开始与公安部第一研究所合作开发身份证专用集成电路芯片，上海华虹集成电路设计公司自 1999 年 10 月开始与公安部一所合作设计身份证专用集成电路卡芯片，按照公安部一所的要求，全都采用的是逻辑加密技术方案，在现有的技术存储下，改用 CPU 技术，无法保证总体进度要求。

采用 CPU 技术，在同样的集成电路制造工艺下，必然要增加集成电路芯片面积，从而增加集成电路芯片成本。对于身份证项目，价格的要求很苛刻，对于边远地区的穷困贫民，甚至要采用政府补贴的方式解决更换身份证的经费问题。从技术上来讲，采用低成本的逻辑加密卡可以完成的设计，不应该采用高成本 CPU 技术。

由于第二代身份证是一种每一个人、随身携带 20 年以上的"电子产品"，对其可靠性的要求很高。假定身份证的年失效率为 0.1%，在发行出 10 亿张身份证的条件下，每年全国就会有 100 万张身份证失效。芯片面积增大，在封装后的身份证中由于扭曲、挤压等原因对芯片造成的应力就会增大，从而芯片损坏的几率就会增大，身份证的可靠性就会降低。因此，从可靠性的要求来讲，CPU 技术是不可取的方案。

如果按照原定计划于 2001 年底进行身份证换证试验，由于身份证技术规范和数据保密算法的移交推迟，客观上无法完成逻辑加密专用集成电路芯片设计，其直接后果是不但必须 CPU 技术现场软件编程的方式制造身份证专用芯片，而且必须采用进口CPU才能完成。这不但可能对身份证芯片国产化造成影响，而且如果将掩模数据移交国外集成电路制造厂商，很有可能造成数据失密，影响身份证的安全性。同时，应用国外版权的设计还存在知识产权问题。

有人以为推迟换证试验意味着推迟身份证的正式更换。李志坚认为："即使推迟身份证换证试验，只要组织工作得当，各部门通力合作，也可以按照国务院的部署，按照计划在"十五"期间完成绝大多数身份证的换发工作。清华大学会全力按照技术规范尽可能加速芯片设计过程，相信其他芯片设计单位也会努力工作，确保按照国务院的部署完成在"十五"期间完成第二代身份证换证工作。从我们建议的推迟换证试验的进度计划可以看出，只要在2001年10月前完成身份证专用集成电路技术规范和数据保密算法的移交，在"十五"期间完成第二代身份证换证工作是完全可能的。"

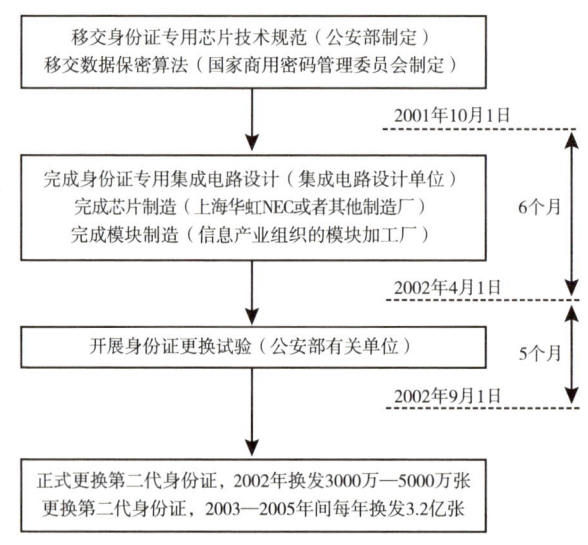

图7-13 身份证换证周期示意图

不久，李志坚收到了国务院办公厅和公安部给他们的回函，过了几天，在中南海西花厅会议室，中央办公厅召集相关部门的有关人员召开讨论会。据王志华回忆:"身份证换证的事情已经经过了两任政府总理的关心,公安部三局表示'身份证这个项目拖了,拖在芯片上,他们曾经试图想用外国的芯片作一点试验,得到了清华大学和华虹的反弹,此后我们就比较谨慎。'然后另一位负责人表示,'这个项目是拖在芯片,是因为没拿到最新的身份证芯片的技术规范要求和数据保密算法,只要拿到规范,保证六个月完成芯片的设计和生产。'"

就这样,李志坚他们的意见终于被国家采纳了,他们在拿到最新的身份证芯片的技术规范要求和数据保密算法后,加紧开始了芯片的研制,由于有以前的基础,很快符合最新规范的芯片研制了出来。芯片研制成功之后,就是生产,李志坚和陈弘毅知道这么大的需求量,微电子所是不可能完成的,但是李志坚认为应该走出一条产学研结合的道路,于是他就和陈弘毅一起向学校汇报,建议成立自己的微电子公司,为了生产 IC 卡,清华同方微电子就这样成立了。

李志坚带领大家在清华大学东南的同方大厦租了几间房子,同方微电子一开始成立的时候,微电子所大部分的老师和研究生都来到了这里和公安部一所合作,完全按照新定的标准来研制新的芯片。芯片研制成功后再移转到同方公司等国内大型的半导体公司,2003 年,微电子所按照新标准完成的芯片通过了第一次鉴定。然后就开始生产并给公安部开始供货,公安部对这批芯片的需求量很大,一年 5000 万片左右,同方公司一共提供了五年的芯片,占全国发行八亿张身份证的三成。

身份证芯片这件事情除了为了国家的信息安全所进行了不懈的努力外,也是李志坚带领微电子所进行科研和成果转化、产业化的一个典型例子。陈弘毅回忆:"我现在回想起来,从李先生一开始弄,他的思想就一直是这么个思路。我们也是按照这个思路。学校还是应该做学校的,学校有它的特长,但是产业化这个事情必须得想通,包揽天下这不太可能,一定是最后变成企业化运作了,然后学校还是要做学校进一步的事情,应该是这么做。"

陈弘毅记得李志坚说过:"做什么芯片都是做,但是一定要去做国家需求的。"所以从那时起陈弘毅就明白,国家的信息安全是一个非常重大事情，是他们作为微电子研究的领军人物应该做的事情。此后，微电子所和中央办公厅机要局合作成立了一个从事信息安全研究的密码芯片实验室，帮助中央办公厅机要局建立芯片实验室，一方面为国家的信息安全做出了巨大的贡献，另一方面也为中央办公厅机要局培养了不少的人才。

受李志坚的影响，陈弘毅对学校和企业合作，产学研结合看得十分的重要。他认为"学校可以结合我们学科的发展来做一些研究，如果不结合学科发展，那就失去了高校的特色，就变成一个公司或者企业了。所以，高校从事的研究一定是要有学术价值的，但是又不能光有学术价值，做一些空对空的东西，明明国家有重大的需求不去结合，做一些没有意义的研究是不行的。"

李志坚和陈弘毅在芯片方面接下来做的工作是芯片里面的安全性的测评，因为随着半导体产业的发展，我们现在用的各种各样的芯片，存在的隐患非常多。这就需要对芯片的安全性进行评估、攻击、分析，研究提高芯片的抗攻击性。李志坚和陈弘毅都认为这是国家的重大需求，而这些研究恰恰是企业不爱研究的内容，因为研究这些内容不能增加企业的利润，企业的压力很大，企业是要面对市场的，企业的任务是把最新的芯片及时生产出来卖掉，不能影响进度。而这种安全性评估，既花时间又看不出经济效果，除非企业生产的芯片实在有问题，不能用了，不安全，才会考虑做安全性的评估。所以李志坚和陈弘毅转移到这条路径上来，为了提高国家的信息安全，他们就对芯片进行评估，做一些攻击测试，看看它们有什么弱点。所谓攻击就是指在做密码运算的时候芯片的密码被他人截获了，这样芯片里面的数据就被对方找出到并提取出来了，相当于芯片一点安全性都没有了。清华大学微电子所和安全部合作去测试破解一种非接触的芯片，这种芯片和我们日常使用的公交卡上的芯片很像，技术人员把保密系统搭起来，然后你拿着公交卡去的话，采集一定的数据，一分析就可以把里面的密码钥匙打开，之后就可以随意改变里面的数据，比如可以往里充钱，就说明这个芯片的安全性不够。大概用了一个月的时间破解掉了，这样信息就是不安全的，然后再帮助企业，告诉他们哪里有问题，怎么提升芯片抗攻击的能力，这样就能够提高国家的信息安全。

陈弘毅老师说："我和李先生的观点是一致的，现在学校比较强调世界一流，要搞一些体制上的改革，但是不管搞基础研究或者搞应用研究，还是要把国家需要和学科建设结合起来。包括培养学生，不能光注意智力因素的提升，有一些非智力方面的也很重要，也得培养。"

李志坚带领着清华大学微电子所，从最初的突破国际对中国的技术封锁，一步一步地上台阶，到后来为了国家的技术安全，做到"自主版权、国内生产"。李志坚深深明白，中国正处在一个十分好的历史时机，只要抓住这个机会，就能够很快地发展微电子、半导体产业，从半导体研究和制造上来看，这个差距跟国外大概只有一代到两代，不像在"文化大革命"时期的差距那么大，另外清华大学微电子所的研究，有的跟国外的也比较相近。李志坚十分欣慰，中国的微电子技术和国外相比，由当年的"只差三年"经历"文化大革命"，扩大到了不可比拟的差距，而经过改革开放后二十几年的发展，终于达到了可以比拟的境界。李志坚始终关心着国际上微电子发展的新形势，他知道微电子的特点是扩展和延伸性都非常强，而此时他发现半导体已经开始发展到纳米级别了，纳电子的时代真的即将到来，他带领着清华大学微电子所开始迎接新的挑战。

第八章
迎接新的挑战

战略科学家

从五十年代中期起,爱国主义(共同基础)、社会主义(现实目标)、共产主义(世界观)三个台阶相连相通的思想脉络是清华十多年思想教育的主旋律。① 她贯穿于清华各类政治、思想、社会活动之中,同时她亦贯穿于微电子所师生日常的学习、工作和生活之中。

但是在年轻的共和国建立初期,浓重的政治氛围带给李志坚的不仅仅是科研上攻关的压力,同时亦要疲于应付"浮夸风"和"批判风"。在这段科研攻关极为艰苦、全民浮夸风搞科学的岁月里,李志坚始终以冷静的姿态对待着这场全民闹剧,并保持着自力更生的充足干劲,悉心规划师资队伍,抓好实验室建设。从最初"全面开花"的学术发展方向中,选定国际上刚起步的硅材料和器件技术,面对国内掀起的各项政治运动,始终保

---

① 吴佑寿、冯庆延、李传信(执笔)、陆大金、南德恒:回顾十四年(1952年秋至66年夏的电子工程系)。见:《清华大学电子工程系五十周年纪念文集》,第14–28页。

持着战略科学家的冷静、谨慎和高瞻远瞩的姿态,将科研攻关和培养人才作为重中之重。

在那个时代,和发达而不友好的国家相比,我们国家在经济、科技、教育方面落后太多,此时,这批拥有拳拳报国之心的年轻人更是励志要向他们学习,并且力求在工作上的前瞻性、创造性和严谨性方面赶上和超过他们。这就是时代赋予那个年代的微电子所师生们的印记和使命。

1958年,年轻的共和国进入"大跃进"之后,半导体事业也进入了"大跃进"的时代。这场半导体事业的"大跃进"并不像"浮夸风"那样给全国人民带来很大的损害和灾难,而恰恰相反的是,它进一步激起了这批年轻人的干劲儿和爱国热情,同时取得了累累硕果。

他在微电子所成立二十周年的纪念文章《我和清华大学微电子所》一文中这样写道:

> 不知道为什么半导体教研组当时被命名为310教研组,编号排在全系之首。实际上,她是全系最年轻和最小的教研组。人员主要是南(兼系工会主席)、冯(很快回系当领导)、王等人,后来有高联佩先生和我参加。无论是张培荣和杨之廉,以及八员大将(后又有李瑞伟从北大分配来)当时确还是学生(毕业班预先调任教师,但仍在北大听黄昆、谢希德先生的课),地点是立斋三楼,这是几间由学生宿舍临时腾出的空房,作为办公和实验室,真可谓白手起家。当时,正是赶上全国"大跃进",号召"超英赶美"。年轻人思想解放,干劲足,无论师生都是夜以继日的工作。我记得我们当时分成小组,攻关的内容十分广泛,有搞锗器件的,有搞半导体收音机的,有搞整流器的,有搞光电器件的,也有搞硅材料的,59年苏联专家契尔金来后又增加了碳化硅非线性电阻的研究,这种状况被称为"全面开花"。因人手不足,60届(当时三年级)学生全部进入实验室参加攻关。虽是因陋就简,土法上马,但却是天天有捷报,日日有进展。当然,在这种情况下,肯定会闹出很多笑话,乃至出现事故,举例说,当时,在我们用四氯化硅氢气还原制作超纯硅,反

应要在上千摄氏度下密闭室内进行，开始时因没有水冷的钢质反应器，就用玻璃钟罩加以蜡封，在上面不断浇水加以冷却。这就免不了爆炸和因氧化而得不到好结果，但同学们在失败中不断总结经验，在这样的条件下还是研制出了超纯多晶硅。直至后来研制成正式设备，达到小批量生产，最后把这一技术提交北京玻璃厂大量生产，成了国内首批半导体超纯多晶硅产品。随后，我们还用自制的多晶硅拉制成功硅单晶，研制出国内第一个硅晶体管（1960）。这场"大跃进"持续了大约一年时间。我当时一天三个单元都在第一线与同学们一起夜以继日地努力奋战，备课用的是四单元（夜宵后），教课质量可想而知，然而，就在这不到一年的时间里，实验室却因陋就简地建立起来了，更重要的是一批年轻人在实干中受到锻炼和成长，为今后发展奠定了良好的基础。①

吴佑寿、冯庆延、李传信（执笔）、陆大金、南德恒在《回顾十四年（1952年秋至66年夏的电子工程系）》一文中也写道：

特别在58年"大跃进"年月开始后，"力争上游"确是大家的共识，无论是年长的同志、年轻的同志、正受着委屈的同志或本人与家庭遭受着严重经济困难的同志，都把自己的工作作为国家和人民赋予的使命。使命感最具体的表现是富于主动性的责任心。各项工作通常是由工作在第一线的同志提出任务、计划、目标，经系共同讨论后主动组织实施。系的工作是在需要时给予帮助，提供服务。②

透过这些文字，我们仿佛看到了以年轻教师为主体的教师队伍边工作边学习的情景。在这个时期，年轻的李志坚每天至少工作15小时，正是以李志坚为代表的年轻教师不分昼夜地辛勤科研和工作才使年轻的半导体

---

① 李志坚：我和微电子学研究所。《新清华》，2000年10月25号。
② 吴佑寿、冯庆延、李传信（执笔）、陆大金、南德恒：回顾十四年（1952年秋至66年夏的电子工程系）。见：《清华大学电子工程系五十周年纪念文集》，第14-28页。

教研组发展迅猛。我们仿佛依稀看见了立斋三楼的灯穿透窗外稀朗的大树；"五公寓三楼的灯光"依旧是深夜寂静清华园的一条亮线。尽管现在的微电子所在东主楼有着明亮的教研室和宽敞的大楼，但是曾经的那"一排排灯光"无疑是微电子所人心中永远的信念和亮光，也正是这一排排的灯光见证了这批斗志昂扬的年轻人的科研热情和取得的丰硕成果，以及从半导体教研组到微电子所的成长和发展。

当我们问及他当年的备课和授课情景时，年迈的李志坚回忆说，"那些课，就是我一个人说了算，明天讲什么，晚上先想好，打一个草稿，明天上午就讲去了。"言下之意，并非是他备课和授课的草率，而恰恰是与他的教学理念相吻合。在李志坚的眼中，大学是一种综合的教学，不仅是专业的教育，同时是教人做人以及全面提高人的修养的过程。而专业的学习是教授技术方法和学习、培养学习方法的过程。师生之间的"教与学"是一个"师傅领进门，修行在个人"的事情，他反对学生拘泥于课本、背公式和老师讲的东西，在他的眼中，真正的好学生都是自学的。因此，李志坚的教学，以及他与学生之间的关系一直是朋友式的开玩笑、探讨和辩论。

与此同时，我们不能忽略的是，在五六十年代，国内、国际形势错综复杂，在政治运动和社会活动严重冲击正常的教学秩序时，原本纯粹的教学也会变得复杂化。因此人才的培养要始终把坚定的"正确的"政治方向放在首位。据李传信回忆，在1965年的一次系干部大会上，有位年轻的同志提出了系的工作"不突出政治"，大家只是

图8-1　1997年李志坚在新加坡讲解微电子发展前景

第八章　迎接新的挑战

"听话、出活"，参加会的本系同志并未在意，但被列席的学校党办的同志汇报到了党委。时任校党委书记何东昌听到后顺势就说"听话、出活有什么不好？听共产党的话，为社会主义出活，不是很好吗？"李志坚的这种开放的教学理念和授课方式无疑是一种尽可能排除政治干扰与"听话"之间的折中，将同学们的政治热情引向勤奋学习、掌握真才实学的一种极好方式。这就为年轻同学以后的发展打下了良好的业务基础，同时使当时的整个系都能以专业学习和科研为中心。这种培养理念是保全学生最大利益的方式，同时又与学校和国家的利益保持了一致。

人生数十载，他待得最多的地方就是教研室和三尺讲台。据他的关门弟子李铁夫回忆，李志坚所有的课都会非常认真地去准备，当时他给本科新生讲入学的导论课，给研究生讲微电子的最新进展，他每次都会在纸上写好文字，由于计算机是 20 世纪后半期产生的新事物，同时在中国大规模的运用也是 20 世纪末 21 世纪初的事情，因此李志坚学计算机很晚，打字很慢，他每次必会条分理析，满满当当地在纸上写好交给助教李铁夫，让他帮忙制作成 PPT。每次李志坚的课，教室里基本都是座无虚席，同学们不仅是来瞻仰院士的风采，更多的是因为李志坚讲的课大家都觉得很实在，对课程的学习很有帮助。但有时，李志坚浓重的宁波口音也会造成困扰，这时候多半就是李铁夫站起来给大家"翻译"一遍，尽管如此，同学们还是都很爱听李志坚的课，这不仅是出于对一位院士的尊重，更多的是被他的讲课风格和人格魅力所吸引。

"大科学"与"小科学"之惑

可以这样说，清华大学微电子所从中国第一个半导体实验室（代号为 310 教研组）基础上建立起来的。从最开始，北京大学、复旦大学等五所综合大学物理系部分师生为培养我国综合大学半导体方面的首批本科生而成立的以黄昆、谢希德为首的联合半导体教研组，以及为培养清华半导体专业师资骨干而抽调出的电真空技术专业三年级 8 名学生前往学习（即后来清华大学微电子所的"八员大将":曹培栋、张建人、金保生、庄同曾、应联华、黄培中、俞鲁棣、崔君),都可以看出,从其最初的人员组成规划上便是按照全国科学规划的版图进行的。

在1956—1967十二年科学规划中,国家将半导体技术列为国家重点发展项目,并提出《发展计算技术、半导体技术、无线电电子学、自动学和远距离操纵技术的紧急措施方案》(简称"四大紧急措施")。[1]这一规划源自周恩来总理领导的国务院于1955年成立的科学规划委员会。为迅速提高年轻共和国的科技实力,国务院调集几百名分属各个不同学科和领域的专家学者参加编制规划工作,并邀请16名苏联著名科学家来华,帮助中国了解世界科学技术的水平和发展趋势,在此基础上最终编制了《一九五六年至一九六七年科学技术发展远景规划》。此后,新中国掀起的"向科学进军"的浪潮不断迎面扑来,这意味着共和国的力量已经开始影响着中国科学事业的发展,并且在今后的年月中仍将继续深入。集中力量办大事、国家行政力量开始干预科学,这就是我们今天所谓的"大科学"的重要特征之一。

1961年,温伯格在美国《科学》杂志发表论文《大科学对美国的影响》,提出了"大科学"的概念(Large-scale Science)。受此文启示,科学家普赖斯于1962年出版《大科学,小科学》一书,从科学哲学与科技史视角评述了二战以后迅猛发展的大科学工程。该书传到中国后,受到高度推重,不少人认为人类告别了19世纪以前的小科学,已经进入大科学时代,从兴趣出发的研究与个人发明的方式,即使不退出舞台,也已大大淡化,许多论著将大科学与小科学对立。[2]

学者赵红州在《大科学观》中指出:大科学源于社会主义的科学事业。与此同时他还将大科学、小科学喻为新、老赛先生,并进行了简要的区分和对比:"老赛先生的研究对象是自然界,新赛先生的研究对象则是自然、社会和人;老赛先生所使用的仪器是单参数仪器,新赛先生所使用的

---

[1] 《当代中国》丛书编辑委员会:《当代中国的电子工业》.北京:中国社会科学出版社,1986年,第273页。

[2] 黄松平:中国工程技术的首创性瓶颈与出路——兼论大科学与小科学的辩证关系.科学思想史家朱亚宗教授访谈录.《第四届全国军事技术哲学学术研讨会文集》,2013年。

仪器则是以二次仪器为中心的仪器系统；老赛先生采用的方法多半是分析的方法，新赛先生采用的方法则往往是系统的方法；老赛先生科研的目的仅仅是增长人类的知识，新赛先生科研的目的不仅是追求知识，更重要的是追求这些知识的应用与开发；老赛先生增长的模式往往是指数的增长，新赛先生的模式则为逻辑斯蒂曲线式的增长；老赛先生的思想方法常常是机械决定论，新赛先生的思想方法则往往是统计决定论与系统决定论；老赛先生习惯于个人自由研究，新赛先生则喜欢集团的（或社会的）协作研究；老赛先生的动力来源于个人的奋斗，新赛先生则取决于社会的科学能力；老赛先生的选题每每是个人的兴趣，新赛先生的选题则常常倾听社会生产和经济的呼声；老赛先生的经费多半是个人资助，新赛先生的经费则常是国家（或社团的）资助；老赛先生之间的社会关系往往表现为一定的精神关系，新赛先生之间的社会关系则常常作为一种特殊的生产关系；老赛先生热心的是个人的专业，新赛先生热心的是国家的科学事业。"[1]

且不管这样区分表述"大科学"与"小科学"的特征是否精准，但不能否认的是，"大科学"的概念早已深入人心，20世纪两大典型的"大科学"项目，给我们留下了深刻的印象，就国际而言是美国发起的"曼哈顿"工程，就国内而言是"两弹一星"工程。两大项目的开展无疑给了我们一个暗示：20世纪是大科学的时代！我们可以从这两大工程上看到大、小科学之间最为明显的特征：服从国家的需求。曼哈顿计划是在法西斯疯狂肆虐的情况下展开的，罗斯福总统赋予这一计划"高于一切的特别优先权"。这项复杂的工程成了美国科学的熔炉，在"曼哈顿"工程管理区内，汇集了以奥本海默为首的一大批来自世界各国的科学家。科学家人数之多简直难以想象，在某些部门，带博士头衔的人甚至比一般工作人员还要多，而且其中不乏诺贝尔奖得主。"曼哈顿"工程在顶峰时期曾经起用了53.9万人，总耗资高达25亿美元。这是在此之前任何一次武器实验所无法比拟的。如此众多的科学家汇聚在曼哈顿，唯有一个目标——服从国家的需求，赶在纳粹德国的"铀计划"之前研制出原子弹。新中国五十

---

[1] 陶迎春：小科学与大科学关系研究综述。《东南大学学报（哲学社会科学版）》，2009年S1期刊。

年代启动的"两弹一星"计划更是为了保卫国家的安全，稳固根基尚浅的年轻共和国。五十年代对于新中国而言是极不寻常的时期，面对严峻的国际形势，为了抵制帝国主义的武力威胁和核讹诈，大批的科技工作者包括许多在国外已经有杰出成就的科学家，以身许国，怀着对新中国的满腔热爱，响应党和国家的召唤，义无反顾地投身到这一神圣而伟大的事业中来。他们和参与"两弹一星"研制工作的广大干部、工人、解放军指战员一起，在当时国家经济、技术基础薄弱和工作条件十分艰苦的情况下，自力更生，发愤图强，用较少的投入和较短的时间，突破了原子弹、导弹和人造地球卫星等尖端技术，取得了举世瞩目的辉煌成就。

"服从祖国的需求"也是上世纪清华大学微电子所所具备的特征之一。可以说，微电子所是大科学背景下，新中国"大家长式科研"的典型。它在人员的构成上，科研经费的来源上所体现的是社会主义国家统筹规划下的"大科学"模式；在其内部运作上则是表现为"大家长式"的科研模式，其核心及最为直观的表现即是全所齐心协力干好一件大事。例如，在最初选择半导体制作材料时，一旦确定下来"南锗北硅"的路线，大部分教研组的科学人员必须立即放弃自己原有的专业和课题，一同着手准备实验工具和制定实验步骤。李志坚即放弃了之前带领的光电组，立刻调整原先的研究计划，听从教研组的安排。

在这种"大家长式"与"大科学"的科研模式下，集体攻关，国家给与相应的政策支持、较多的科研经费和资源（与小科学模式下相比，学者们在科研政策、经费等方面会获得相应较多的支持，但是在新中国成立初期，由于各方面条件限制，科研人员获得的资源仍是有限的），稳定了人心，也减少了不必要的资源浪费。微电子所亦不负众望、不负国家所托，硅器件半导体、1兆位只读存储器芯片的制成等不仅填补了新中国相关科学领域的空白，更是为新中国打破帝国主义的科技封锁、提高国际地位和威望做出了杰出贡献。从这点来说，"大科学"的科研方式功不可没。但是，这是不是意味着，这种"大科学"的科研方式就是百利无一害呢？是不是意味着，有了这种"大科学"之后，我们就可以抛弃"小科学"了呢？

我们在先前就已提到，"大科学"的重要特征之一是国家干预科学。国家集中力量办大事，它使现代科学技术第一次获得了社会科学能力的巨大推动，实现了许多人类长期的梦想，创造出诸如高能物理、宇航科学这样的伟大成就，同时又把许多科学成果迅速变成高技术产业，大大推动了社会经济的极度繁荣。① 从这一角度而言，大科学体制的诞生是现代社会的巨大进步。一位美国评论家说："大凡属于大科学范畴的科研项目，社会主义国家均有一定的优势。但是，基础科学的成就，则很少与社会主义国家有缘"。这则评论当然苛刻，可是倒也切中时弊。科学的发展，除了要符合经济发展的需求之外，还应满足科学自身的内在逻辑。美国开展大科学是建立在其雄厚的基础研究之上的，美国对基础研究的经费支持也是逐年增加。例如美国国立卫生研究院 2000 年实际获得的经费达 170 亿美元，其中 101 亿用于基础研究；2001 年和 2002 年的预算分别为 195 亿和 220 亿美元，用于基础研究的经费 115 亿和 130 亿美元。② 然而，回头看看我们自己的科学发展，似乎它已在国家经济运行的轨道上走得太远，此时，只顾大科学发展的我们，是不是忽略了小科学的发展呢？

我国科学思想史家朱亚宗教授在关于"中国工程技术首创性瓶颈与出路"的相关访谈中对"大科学"与"小科学"之间的关系进行了颇有洞见的阐述，他说他本人仔细阅读过普赖斯的《小科学，大科学》一书，国人将大学科与小科学对立是他们对普赖斯的误解，因为"这本原著对大科学与小科学之间相互依赖的辩证关系有清醒的认识，也就是说

图 8-2　李志坚和王守觉在一起

---

① 赵红州："小科学大搞，大科学小搞"——"大科学"国策二则。《科技导报》，1995 年 01 期。

② 汪力：美国基础研究概况。《全球科技经济瞭望》，2001 年 09 期。

普赖斯不仅看到了人类科技发展在新阶段的大规模特征，还注意到大科学时代的科学与历史上的科学之间的'一致不变性'……"："一门经历了250多年、五个数量级的稳定发展的科学，不会在本世纪下几个十年里被科学发展的另一个数量级所搅扰。……这种一致不变性富于意义与价值地与科学的历史永远相随，……在对科学进行人文和科学的分析上，我们必须作的工作是去发现这样的一致不变性。诸如科学方法，公众反应，数学模型的使用或人力及行为动机的基本原则，并把这些运用到我们那种似乎是纯粹现代的，与阿基米德或伽利略，或波义耳，或本杰明·富兰克林毫无关联的科学的批判和了解中去。"[①] 朱宗亚教授说，小科学时代创立的科技发展的许多原则和方法，不仅不会过时，而且是"批判和了解""纯粹时代"科学的基础。而且"从全面的历史角度看问题，举早期的如伽利略的例子在很多方面比举奥本海默的例子要有效得多，尽管伽利略对现代原子物理一无所知，而奥本海默却是原子物理学大家。"[②]

与此同时，普莱斯还给出了"大科学"与"小科学"之间的关系图，指出任何一门具体的科学技术，不管是小科学时代，还是大科学时代，大多呈现"阶跃曲线"发展规律，即呈现出指数型快速增长期与平缓型相互交替的发展过程。朱宗亚接着指出，"在大科学时代，国家主导的大规模资金和人力投入的大科学项目同样无法摆脱这一规律的制约，相应的学科专业一旦进入平缓的慢速发展期，巨大的资金与人力的投入，只能导致数量扩张型的重复性大科学项目，而不大可能使项目产生'阶跃'性的质变，而新的阶跃性质恰恰有待于'小科学'的突破。""现代规模巨大的'大科学'内部，如果不是数量扩张型的重复性大科学项目，则必有一个或数个'小科学'核心，它们由少数高水平的精英科学家组成，并拥有相应的实验试验设备，唯有这一核心在科学原理与技术途径上取得突破，方有宏观大科学的工程技术首创。"

从我国上世纪五十年代开始，除了大科学模式轰轰烈烈开展之外，对于科学发展影响巨大的还有"政治运动"。如果说，大科学模式的开展对于科学的发展存在着不同侧面的影响，那么一场场的政治运动对于科学的

[①] 普赖斯：《小科学，大科学》。北京：世界知识出版社，1982年，第13—14页。
[②] 普赖斯：《小科学，大科学》。北京：世界知识出版社，1982年，第14页。

发展则是"百害无一利"的。1958年的"大跃进"使原本健康发展的科学变了味,浮夸的群众运动取代了本该谨慎、细致深入的科研工作,贪多求快、急于求成的浮夸风之下,出现了西红柿、橘子皮之类的半导体器件,成为半导体发展史上一个无可奈何的笑话。"文化大革命"前夜的"四清"运动,不仅清经济、清政治,同时还清组织、清队伍,这就意味着这将是全国范围的大规模运动。当时清华校长蒋南翔虽然不赞成工作队到高等院校进行"社教运动",但在各种压力之下也只能于1965年相继派出7000多人下乡到北京周边延庆、怀柔、平谷、密云四个县参加"四清"。"四清"运动一开始也就意味着科研工作的全面停滞,李志坚在六十年代初期所说的"离国际最前沿水平几乎只差三年"也只能因政治运动而被远远地抛在后面。科研工作亦如逆水行舟,国外的学者并不会因为中国的科学家正遭受灾难而停止手头的工作。而"文化大革命"时期,则更是科学家们的坟墓,微电子所同样不能幸免。工宣队进校,学生挂帅抓半导体生产,李志坚和其他一些领导被"挂"起来;系主任、党支部书记李传信和杨之廉等人被戴了高帽,分别分配到劳改一队和劳改二队;大批党员干部包括学生政治辅导员、班主任被大字报点名为"黑帮分子"、"黑帮爪牙",并被揪斗,有的被戴高帽子游街;同时李志坚还被说成是留苏特务……这些历史事件都是在国家干预科学的境况下才有可能大规模发生,或者也可以稍轻率地说,倘若不是在大科学的背景之下也不会有大范围的科学家遭受到不公正的待遇和迫害,科学也不至于停滞十年。

不得不说,当一种独立于科学特征之外的外来物开始干预科学的时候,一开始必然会引起不良反应。正如一开始戴隐形眼镜,因其与肉眼直接接触,必然会引起不适,最终会带来两种后果,一是通过眼泪冲刷或者手指将其抠出;一是通过泪水相伴的过程逐渐适应并带来光明。政治干预下的大科学同样如此,我们今天看到了大科学背景之下的技术与经济的繁荣,但是并不意味着我们已经彻底消除了"戴隐形眼镜"所带来的痛苦、以及将来可能引发的"炎症"。当中国的学者在大科学与小科学之间游移不定,无法解开大科学与小科学之惑时,20世纪90年代清华大学微电子所新一代的学者们正试图探寻另一种出路。

希望和骄傲——李志坚和他的学生

对学生及年轻教师的指导

在李志坚眼中，清华大学的学生一直都是学生中的佼佼者，不仅是在学术业务方面技术能力强，天资聪颖，在人品和尊师重德方面也是堪称上层。李志坚的小妹就不止一次告诉我们，她大哥在世时一直跟她说清华的学生都极为聪明，不仅学术上一点就透，同时都是重情重义的孩子。尽管是在"文化大革命"期间，他受到了不公正的待遇，但是学生都在帮助他，没有说过他一句重话，林惠旺还经常来看看他，没事就坐在他的旁边写检讨。我想这种尊重和关心都是相互的，学生们尊重李志坚，李志坚对学生也是悉心培养、精心栽培，在他的门下人就出现了两位中国科学院院士，一位是吴德馨院士[①]，一位是郑厚植院士[②]。与此同时，他所指导的博士生马玉涛的博士论文《ULSI 器件中的量子力学效应和量子隧穿》入选 2003 年"全国百篇优秀博士学位论文"，李志坚自己亦获 2003 年度清华大学"教书育人奖"。

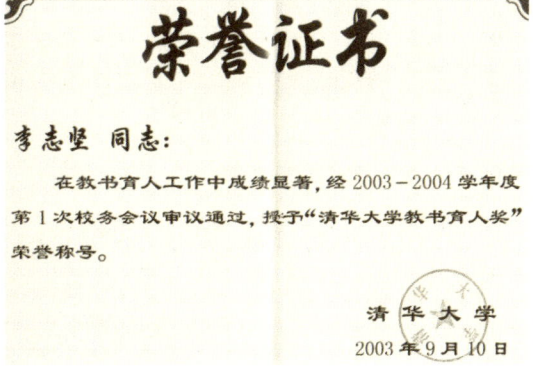

图 8-3　2003 年李志坚获得"清华大学教书育人奖"
（资料来源：李志坚家属提供）

当李志坚在世时，跟我们谈起这两位 60 年代毕业的学生，他的眼际和眉梢

[①] 吴德馨（1936- ）：女，河北乐亭人。1961 年毕业于清华大学无线电电子工程系。半导体器件和集成电路专家，中国科学院院士，微电子中心研究员。

[②] 郑厚植（1942- ）：男，江苏常州人。1965 年毕业于清华大学无线电电子学系。中国科学院院士，物理学家，中国科学院半导体研究所所长、研究员。北京邮电大学双聘院士、理学院院长。

涌现出的是骄傲和无限的欣慰。清华的学生本就是高考"及第"的佼佼者，而微电子所录取的学生更是从进清华的学生当中"择优录取"，分数几乎是所有专业中最高的。因而这些学生都极为聪颖，学术和业务上触类旁通，他们的作业和科研都会通过自己查资料、动手实验做出来，不局限于老师们课程所讲，正是符合了李志坚眼中的"好学生"标准，因而李志坚对这些学生也甚是满意。当我们问及，在所有学生中最满意哪一届学生时，李志坚显得有些为难和担忧。后来我们知道，他最满意的学生是五六十年代的学生，并非他们是最聪明的，也非他们是做得最好的，只因为他们在他眼中是最有责任心和最不浮躁的一批学生。1958年"大跃进"，60年代初的饥荒，一直到"文化大革命"时期，当时整个中国都很贫穷。1965年李志坚在北京怀柔参加"四清"，担任怀柔山区一个分厂的副书记，吃住都在农民家，他目睹了普通下层老百姓的生活，相比这些普通百姓，当时清华的学生已经好很多了，他们能得到国家的一些补贴，诸如一斤糖、饼干什么的，但是学校里还是有很多学生浮肿，尽管如此，大家还是夜以继日的科研，岿然不动。相比现在，我们的生活已经发生了翻天覆地的变化，今天的清华大学给她的学生们提供的是宽敞的教研室，给贫寒而优秀的学生提供奖、助学金，但是现代的学生相比于那个物资匮乏的年代的学生却变得更为浮躁了。李志坚告诉我们，现在的学生更聪明，但是想法太多，没有主心骨、缺乏恒心，他们早已不安于在实验室静心科研，而是想着到社会上去赚钱，或者是出于攀比心理、贪玩心理而出国，缺乏应有的责任感和敬业精神。这就是李志坚所担忧的。

在李志坚看来，什么年龄就该做什么事，在学校学习的时间是人一生中最宝贵的，人在这个年龄段精力充沛、思维活跃，同时少有杂事和琐事干扰，正是"海绵吸水"的时刻，更加应该戒急戒躁，多花时间在科研和学习上。他最欣赏的就是静心钻研学术、责任心强、有强烈爱国热情的学生，在我们访谈中，他不止一次跟我们提及他门下毕业不久的博士生——马玉涛，他告诉我们，马玉涛在做论文的3年中，一心一意搞科研，学习非常用功，共发表SCI论文二十多篇。在他的研究生生涯中，他将自己所有该做的事都做好。现在在美国学习，他说想先在国外待两三年，出去看看再回国工作，他走的前一天还把实验室所有的事一一交代清楚。其实，细想来，少年、青年李志坚不就是这类静心钻研学术、拥有强烈爱国热情和责任心的学生吗？他自己的一生不就是将所有的青春年华奉献给科研和培养人才的一生吗？他曾经多次告诉我们，他很小的时候就有两个愿望：一是成为一名科学家；一是培养科学家。现在盖棺定论之时，我们更加觉得李志坚的一生是幸运和幸福的一生，因为他用所有的时间践行自己小时候的梦想，每天都生活在自己的梦想之中，并且圆满地完成了自己的梦想。他的生活状态是最接近自己理想生活的状态。因而他对学生的指导也是更为悉心，同时更加注重在学术方面的指导。

到了李志坚晚年，尽管身体不好，但是他从未停止对学生的指导和关心。李志坚的关门弟子李铁夫告诉我们，李志坚一年一般自己带1个学生，同时会找一个副导师共同培养，李志坚把关大方向，副导师管具体的项目和任务。他的副导师是刘建设，所以具体的细节由刘建设把关。他在李志坚门下5年半（2003年—2009年1月）的时间，从发表第一篇文章开始，到留学日本的NEC基础实验室，再到最后的留校工作，他走的每一步都离不开李志坚的精心指导。李铁夫说，头两年他在学校先学一些基础课程，同时跟李先生做一些基础研究，他第一篇文章就是跟李先生一起发的会议文章。

"那篇文章中其实我的工作比较少，整体的思路和框架是先生给的，我的工作就是处理数据、画图和丰富文章，最终把稿子完善，但是先生还是让我做了第一作者。这是我的第一篇文章，先生一步步带着我走，他帮了我很多。虽说我英文考

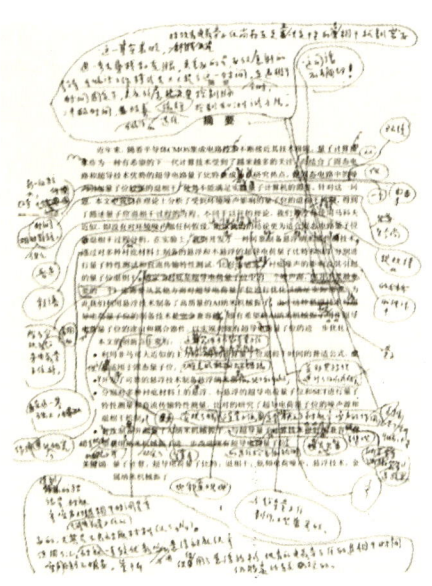

图8-4 2009年李志坚为李铁夫修改的博士论文（资料来源：李铁夫提供，资料存于采集工程数据库）

第八章 迎接新的挑战 *149*

试还可以，但是写东西和口头汇报还是要差很多，这篇会议文章是需要口头报告的，当时我比较紧张，先生就帮我排了一两次，给我提了很多意见。这篇文章的结果很不错。"

后来李铁夫又在李志坚的支持下，到了当时国际上 NEC 做得最好的日本 NEC 基础实验室。"在日本的两年多时间，我跟先生通了很多电子邮件，先生打字非常慢，因为他是后来学的计算机，所以很多时候我写了一个东西传真给他，他在上面改，给我传真回来。在日本做的事情我也会跟先生汇报，他经常给我提一些意见，让我具体往哪一方向做。直至我2008 年初回来。"李铁夫还告诉我们，李志坚对学生的指导，不仅是方向性的，而且可以涉及到最具体的地方。"比如说烘烤一个东西，我之前烘烤 5 分钟，先生可能会告诉我半小时会更硬一些，后期就会好一些，他能指导到很具体的地方。因为先生是从最基础的地方开始做起，虽然他可能对当今流行的设备和工艺不太清楚，但是大概的方向和具体的实验操作他都是很清楚的。"李志坚不仅对自己门下的学生关怀备至，同时他也十分愿意指导和帮助微电子所的其他学生。"因为现在的专业划分越来越细，我做的先生会很了解，但是其他同学做的，先生在细节上可能就不是很了解了。但是有一些同学希望我帮忙引荐一下，想跟先生请教、讨论一些问题，或者是想让先生帮忙写推荐信，先生基本上都不会拒绝。"

正是李志坚对学生们和年轻人无私的指导，赢得了所有微电子所人对他的尊重和敬仰。我们在采访的时候遇到很多所里的年轻教师，甚至是年长的教师，他们虽不是李志坚一手带出来的，但是他们都谦虚地称自己是"李先生的学生"。李志坚作为微电子所导师级的人物，他对年

图 8-5　2009 年李志坚和他最后一个学生李铁夫合影（资料来源：李铁夫提供）

轻教师的培养和成长也是极为关心和关注。"先生后来虽然对所里的具体管理事务不怎么发言，但是他到最后也一直任职所里的学术委员会主席，先生一直很提携年轻人，比如好多年轻教师晋升职称或者是申请课题想问问先生的意见，有时候需要先生给一些帮助或者是指导，先生都会花时间跟他们聊，给予帮助。光我在办公室的时候就遇到很多回，很多时候我回避了，但要是熟的话我也会插两句。甚至有的时候先生真的会帮他们写推荐信，我就曾亲眼目睹先生很开心地给他们在写、帮他们弄材料。"

当然，李志坚有他自己督促和培养年轻教师的理念。他说，"微电子这方面发展太快，现在做的东西跟我当初从苏联回来时候做的东西已经完全不一样了，所以学生要学习，老师也要学习。科技在变，思路在变，思路不跟上怎么行呢？"他所认为的"跟上思路"的最佳途径就是做学问、搞科研，通过实践转变思路、跟上步伐。同时，科研和教学之间也是紧密相关的，没有科研，教学质量就上不去。他认为青年教师的培养就是要"逼着"他们做学问。"怎么逼着他做学问呢？就是给他任务。"这也是李志坚眼中建设一流大学的最佳途径。

师生情

在李志坚的一生中接触了很多学生，有些学生在他的人生中就如形形色色的人群匆匆而过，有些学生却如他生活中的一壶酒，随着岁月的流逝而历久弥香。一种师生情，是在一起的时候淡如水，亦师亦友，而回忆起来却是白发人送黑发人的五味杂陈；一种师生情，是犹如爷孙之间的夕阳漫步，共享天伦之乐。或许李志坚与徐葭生之间的感情就属于前者，而与李铁夫之间的关系则是属于后者。

徐葭生是半导体专业首届（1961届）毕业生之一，也是专业和微所的一位重要创建人。徐葭生在学术上和组织工作方面对微电子所和我国IC产业作出的重要贡献是很显著的。尤其在专业主要人员去绵阳后，他与李瑞伟和一批计算机系的同仁所开发的一系列PMOS IC曾向全国推广，取

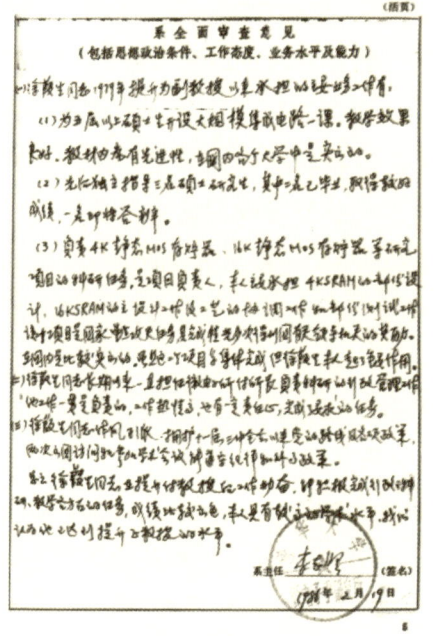

图 8-6　1986 年李志坚为徐葭生评教授所写的鉴定（资料来源：清华大学档案馆）

得很好的声誉。这些工作后来组成了微所建立 CMOS 方向的重要基础。微所成立后，曾任副所长主管科研，在 CMOS 高速 SRAM、1 兆位汉字 ROM 等芯片设计中都起到了领导作用。[①]

李志坚与他是亦师、亦友、亦是同事和战友，在微电子所 30 周年所庆的时候，李志坚口述，李铁夫执笔留下了《纪念五位教师同事》的文章。他是这样评价徐葭生的：聪颖过人、成绩卓著。显然这八个字意在凸显徐葭生在学术上的聪慧和天赋，李志坚举了两个例子来说明徐的"聪慧"：

（1）硅的少数载流子寿命 τ 是单晶硅性能的重要标志，因为表面复合的存在，它的精确测试非常困难，是当时国际上也没有很好解决的问题。当时徐葭生负责寿命测试工作，一个只有二十多岁的学生，半导体物理刚刚入门，他却发现了一种新方法：代之当时把表面复合速度 s 与 τ 一起测定，而后不断减少 s 提取出不变的寿命值 τ 的常规做法，而是把表面复合速度 s 做到无穷大，得以一次测出 τ。因为要减小 s 很困难，而要使 s 成为无穷大只要把表面打糙就可以了，很简单，不用推断，不需要多次重复测定就解决了难题。

（2）我在苏联留学时，研究了多晶半导体光电导机理中晶粒间隙的作用，从多方证明了它是多数半导体薄膜光电导的决定因素所在。回国后我总想创造一个条件，去直接观察到这一效应。59—60 年间，我把这件事

[①] 李志坚：纪念五位教师同事。http://blog.sina.com.cn/s/blog_7e6997790100rd9t.html。

交给了"金童玉女"。① 他们很快想出了办法：尽量把晶粒做大，晶粒间隙数减少，并在高倍金相光学显微镜镜头上插入一个极小的缝隙，由于显微镜台可以移动，这样就可以一边直接观察到光照到晶粒的位置形貌，同时记录下光电导值的变化，从而直接看到光缝扫到晶粒间隙时的横向光电导的跃升。与此同时，因为晶粒横向尺寸大又互相并联，纵向光电导却不受影响。据说黄昆先生得知我们这一工作后，曾颇加称道。物理学报还专门请人找我们发表此工作。因为当时我们是保密专业，工作是不发表的，得到学校特许后发表了，但改用笔名。

在李志坚的印象中，徐葭生是一个白净的书生，整天乐呵呵的，为人坦诚天真，十分讨人喜欢。也是他常常挂在嘴边的少有的聪明过人的学生。但是李志坚与徐葭生的关系早已超越了师生关系，从早年开始就是私交甚好的朋友。"我与他私交甚好，一度他爱人出差，有时他不能回家，曾把他活泼的儿子寄托我家，我的女儿回家后，他们一起'疯玩'。一年春节我只一人，就在他家吃饭，第一次吃到上海春卷。"

对于这样志同道合的战友，以及生活上的密友，徐的过早离世，李志坚在世时一直在深深自责，自认为自己对他缺乏应有的关心。"对这样亲密的学生、战友我竟从来没关心过他的身心改变，只是感到他最好多做学问，人太简单，不会处关系。大概在去日本讲学回来我才知道他身体欠好，但仍未'上心'。在他去世前不久我在所门前碰到他，告知我们有几个院士（当时叫学部委员）愿意推荐他为候选人，问他如何，他唯唯诺诺，心不在意，没有正面回答。后来我又正式向他要一些材料，他才说'那等几天吧'！对他当时的神态我丝毫未发觉意外，但不久却传来了噩耗！在校医院门外送他走时，天蒙蒙的下着雨，我深感白发人送黑发人的痛楚……"李志坚晚年，对徐甚是想念，他说"年纪大了容易回忆往事，尤其是怀念共同奋斗过的朋友。"他在《我和清华大学微电子所》一文中也曾这样写道："我们这批人奋斗在清华半导体和中国微电子技术研究

---

① 李志坚在《纪念五位教师同事》中说：学生时，尤其通过"文化大革命"的"夸张"，他即已清华半导体专业的金童玉女知名校内甚至国内同行。当然"文化大革命"时金童玉女是贬义词，"文化大革命"后反而成为一个好名声。

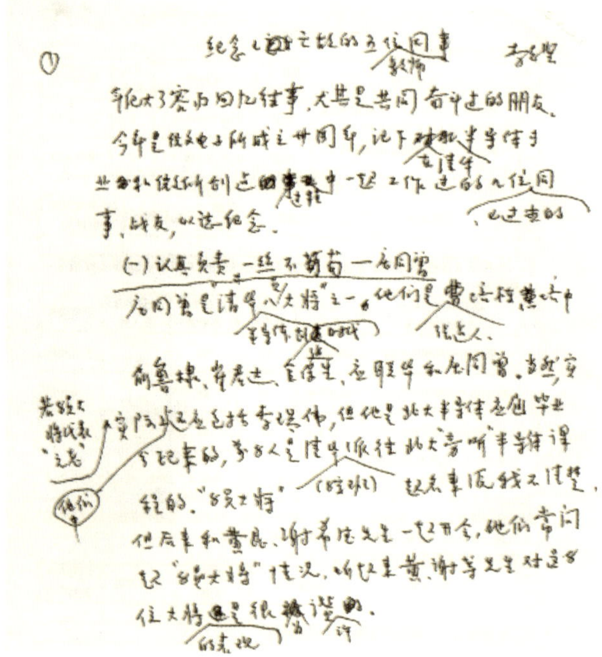
纪念亡故的五位同事 教师 李志坚

(一) 认真负责、一丝不苟的庄同曾

图 8-7 李志坚手稿《纪念亡故的五位教师同事》（资料来源：李志坚家属提供。资料存于采集工程数据库）

及培养学生这条壮阔的道路上，已经 40 多年了。许多人由青年小伙变成了老人。微电子所却发展成了‘老、中、青’三结合、初步成熟的科学集体，正以强大的生命力茁壮成长。回忆过去，最值得怀念的还是与之共同战斗过的朋友们。现在的微电子所基本上由三部分人员组成。第一批半导体专业成立初期的教师，包括 60 年代毕业留校和由北大、复旦调来的一些同学。其中的令人怀念的是离我们而去的庄同曾教授、徐葭生教授和费圭甫教授。徐葭生聪明过人，思维极为敏捷，待人坦率，曾担任半导体车间主任和微电子所副所长，是一位学术上颇有造诣的教授，也是我早期最为得意的学生之一……这些同志的早逝令人哀伤不已，人们会永远怀念他们。首批工作的同志们曾与我共同学习、战斗和创建事业，即是我的同事和同学，又是挚友和战友，他们都是微所的奠基人。”① 李志坚与徐葭生之间的情感在一起时淡如水，但却并没有随着时间流走，反而是随时间慢慢

① 李志坚：我和微电子学研究所。《新清华》，2000 年 10 月 25 日。

沉淀，不仅是在两位早已离世的人之间，在微电所也传为一段惺惺相惜的佳话。

李铁夫是李志坚的关门弟子，亲自带的最后一个博士生。李铁夫自己说与李先生之间的关系更像是爷孙俩。"或许是觉得跟先生的时代相隔得有点久，我跟副导师聊生活上的事更多一些，会将生活上的困惑跟他（副导师）念叨，因为我们岁数比较相近。但跟先生……怎么说，就像在家里面，去看爷爷奶奶，你肯定不会说不爽的事，你会跟他们说，我最近发了一笔小财，哪天带你们去吃一顿，他们肯定都很高兴……我爷爷很早就去世了，我没见过，但是先生是爷爷的岁数，虽然是师生的关系，相处久了就不仅仅是师生关系了，感觉会更近一些，而且我跟李晶（李志坚的女儿）的关系也很好。"

李铁夫自2008年结束日本留学访问之后回国，跟在日本的两年相比，最大的不同就是他与李志坚的往来不再仅局限于E-mail，不仅在学术上，在生活上与李志坚的往来也更加密切了。他与李先生之间的学术探讨不再是在办公室或会议室，"我记得没有固定的时间，但我当时经常陪他一起散步回家，比如说下午的时候，他一般上完课，或者三四点钟回去，在这个过程中我们会聊很多。当然他在办公室的时候，我有问题也经常去找他，他办公室墙上有一块白板，我们经常在上边儿讨论。当时的白板不像现在这么大，还蛮小的。"李铁夫曾在李志坚办公室并桌工作过一段时间，"有可能是因为当时我们工位在装修，我刚从日本回来没有工作的地儿，院士办公室又很大，有两张办公桌，我向先生提要求，先生也同意我可以先去他那边工作，偶尔也帮着接接电话。当时偶尔有访客的时候，我就出去回避一下，但一般我都可以在那，所以有很多机会跟他聊天。"

李志坚在世时，家就在清华大学南面的蓝旗营小区，在他最后住院之前，李铁夫的印象中，李志坚的身体一直很硬朗。他每天下午都会出来散步，每每溜达到微电子所都会进去看看，更多的时候李铁夫就会将李志坚送回家。"因为他回家的时候刚好是幼儿园放学，有很多家长接送，车特别多，所以我经常陪他往回走。"李铁夫还跟我们说起一件趣事，"先生跟

图8-8 2008年李志坚赴天津参加葛守仁院士八十大寿（右一为葛守仁，左一为李志坚，后为李铁夫。资料来源：李铁夫提供）

师母很少一起散步，因为他当时身体还很好，没有明显地觉得我比他走得快，他就嫌师母走得慢。所以，他们经常走不到一块，走着走着先生就超过去了，所以他们就分开散步。"

在李铁夫的印象中，李志坚是一个很愿意接受和尝试新事物的人。李铁夫与李志坚相遇时，李志坚已经是年近八旬的老人，是时他参加的学术会议也已渐渐减少，慢慢地由于身体的关系，几乎就不去外地了。其学术会议就仅限于北京，但是有件事却给李铁夫留下了很深刻的印象。2008年，81岁高龄的李志坚坚持要求试乘新开通的京津城际列车前往天津参加葛守仁院士的寿宴。"他说他必须去，都是老朋友了，先生特别高兴，还穿了西装、领带、大衣，我第一次见他那么穿。而且他坚持说要坐高铁，当时刚出现高铁，因为很近，本来司机可以直接送到天津的。但先生说，不行，我一定要坐高铁。所以司机就把先生送到车站，几个人陪着他。当时我正在写论文，所里说，你还是陪先生一起去，因为他要在那住一晚。因为我家在天津，比较熟，其实那边的接待、照顾都非常好，主要是怕先生在火车上或者晚上一个人住需要有人照顾。当时同行的还有陈旭副校长、王志华副所长。"

还有一事给李铁夫留下了深刻的印象。有一次，李铁夫听说李志坚淘汰了旧电脑，自掏腰包买了一台全新的戴尔电脑，并请钱欣老师帮忙安装所需软件。他闻知此事后也请缨一同前去帮忙。途中听说新电脑的内存只有 512M，他们俩就在嘀咕着内存太小可能不够用，意欲建议先生加大内存。到李志坚住处后，他献宝似的打开电脑让他俩操作，他们发现速度确实很慢。钱老师安装好所需软件之后让他试用。只见他时而缓慢地移动鼠标，时而低头逐个寻找键盘上的字母按键……观察了大半天，于是李铁夫和钱老师得出一个结论：无须加大内存，这台电脑的速度跟先生正好匹配！之后两年，李铁夫去日本 NEC 公司基础实验室访问学习，因为通话不便，只能给李志坚发电子邮件汇报工作（考虑到李志坚学习电脑较晚，打字慢，李铁夫也时常给李志坚发传真）。念及先生的打字速度，李铁夫以为很久才能收到回信。结果没想到先生几乎隔天就回了邮件，而且还每信必复，不但对他的工作提出意见和指导，还在信中对他的生活嘘寒问暖。"每每重读先生那些大段的文字，再联想到他一个按键一个按键打字的样子，那份感动真是无以言表，至今犹感念不已。"①

同时，在李铁夫的眼中，李志坚也是一个童心未泯的"老小孩"。李志坚罹患糖尿病多年，平时十分注重饮食，每次餐前半小时都要自己注射胰岛素。但是直至 80 高龄的他依然很喜欢吃零食。有一次，李志坚来李铁夫办公室指导工作，在他的桌上发现了一盒盐津葡萄，他很感兴趣，当即尝了两颗后赞不绝口。李铁夫便说，让他带回去一盒同师母一起分享，李志坚却连连摇头，原来师母为了他的身体一直禁止他吃这种含糖的零食。看着老师欲罢不能的样子，李铁夫便改而提议说，用纸巾包一小包，既可以在散步回家的路上解馋，也不会被师母发现。李志坚欣然接受。可是没想到几天后，李铁夫便从同事那听说李志坚血糖升高的消息，这可把他紧张坏了，惴惴不安地赶紧打电话向老师道歉。李志坚很爽朗地哈哈大笑，说道："不干你的事，是我太馋了。"②这些看似平淡地场景，李铁夫每每回忆起来还是感慨良多。

① 李铁夫：李志坚先生二三事.《新清华》，2000 年 12 月 5 日。
② 李铁夫：李志坚先生二三事.《新清华》，2000 年 12 月 5 日。

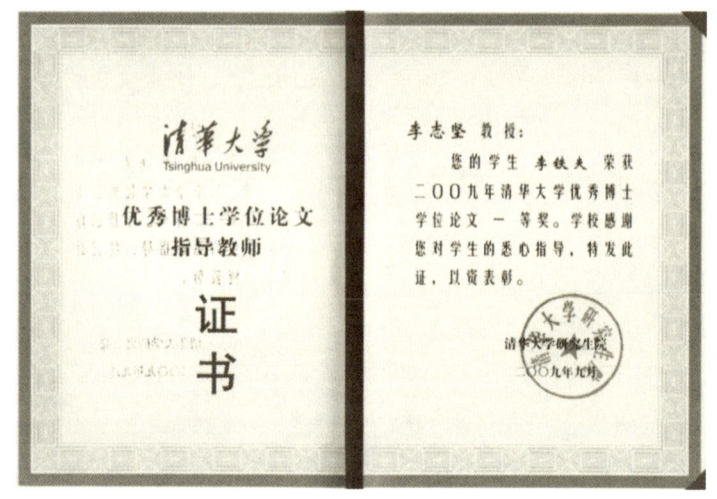

图 8-9　李志坚最后一个学生李铁夫获得清华大学优秀博士论文一等奖（资料来源：李志坚家属提供，资料存于采集工程数据库）

2008 年，81 岁的李志坚突然患病，查出"胰腺占位"，卧床半年左右，在这半年中，李志坚仍坚持读书，并时刻关注所里的研究项目进展情况。等到 2010 年 10 月份的时候，李志坚再次住院，一直住到 2011 年 5 月份。虽然很长一段时间，李志坚只能痛苦地躺在床上，但是他留给李铁夫的仍是乐呵呵的模样，"先生生病时期也使我加深了对他的了解，我经常去那，但是从来都没有听见他对谁吼过，包括护工和他的家人。我去的时候，我们也聊一聊实验室的进展，当然这个我特意聊得比较少，主要是不想让他太操心工作上的事儿，就聊一聊他身体上的情况或者闲聊。当时正好也是我太太怀孕，我就跟他聊聊小孩的情况。我小孩是 3 月份出生的，满月的时候去检查，还抱过去给先生看了，先生看到

图 8-10　2010 年李志坚带病看望返校的校友（资料来源：齐家月提供）

那个小孩也挺高兴的。"

　　2010年4月25日，李志坚83岁，他抱病参加清华大学校庆，并坚持到各个班级看望返校的学生，与他们合影留念。5月，为中科院半导体所成立五十周年题词祝贺。"2010年12月5日，所庆30周年，先生就没出来了。五一是先生的生日，最后一个生日他还是很清楚的，有很多家人都在他身边，我去买了一个蛋糕，他自己还沾了一点吃。至少我们都觉得他当时心情还可以。但是转天就去世了，过完生日，2011年5月2号凌晨。"享年84岁。李志坚与李铁夫的师生情就如李铁夫所说的"爷孙"情，李志坚的女儿和两个外甥常年在国外，因此李铁夫在李志坚的晚年，扮演的不仅是一个关门弟子的角色，同时也是孝敬他、陪伴他的孙子，我想这种近乎亲情的师生情或多或少填补了李志坚早年的遗憾和晚年的空巢，一直伴着李志坚走到了人生的终点。

大 爱 无 疆

　　李志坚的一生是将毕生心血付诸他所敬所爱的科学事业的一生，同时也是将所有的光和热传递给党和国家的一生。这不仅可以从他一生所获的奖项和奖章中体现。他的人生过程就是一个传递正能量的过程，他有着对灾区人民最深切的同情，有着对和他一起奋斗的已逝同事的深沉怀念，在他生命的最后尽头，我们依然看见了他对他事业的热爱，以及对生命的最后眷恋。

　　在三弟李志达的记忆中，他的大哥在生活上一向极为简朴。那次他和小妹一起去大哥家里，早饭还是由保姆从食堂买来些饼子、馒头之类，就着家里泡饭或牛奶。中饭也是两个荤菜加三个素菜（或加个汤）的家常下饭，晚餐再加三两个热菜，加中午剩下的吃着正好，很少浪费。在衣着上也同样极为朴素。他每次去开会时总要穿上从橱里拿出那套旧的黑西装，但因每年穿的次数不多，看来仍还挺刮。有一回，李志达在他家中，见他老是穿那件淡色的旧夹克衫。"穿的毛衣，色彩也像他为人那样单纯、朴素的。戴的帽子似乎还是早年难得去旅游时发的那顶褪了色的已疲软的旅游帽。"李志达看后，终于忍不住问他，"我寄您的那件新毛衣，咋没见您穿过？"他说："连同被头和新棉衣，一起捐给灾区了。"李志坚说得如此淡然，但此时的李志达有点不淡定了，有点惋惜地冲口说道："那可是全新的呢！我特地一色买了两件，一件就在我身上穿着的，另一件寄给您穿……"李志坚正言道："难道捐给灾区就得是旧的吗？！"李志达被反问得哑口无言，同时也颇感惭愧。李志坚对于灾区人民的怜悯和关切，是将他们视为自己的兄弟姐妹来对待和爱护，给予的是同等的关心和尊重。

　　李志坚热衷于慈善事业，"无论是钱物都是尽心竭力的"，李志达说，"大哥一心扑在为国为民的科研工作上，从不讲究个人吃穿，他重视的是精神修养、精神生活，从不为私心物欲所累。但当人民、他人有困难时，他是绝不吝惜、毫不犹豫地尽全力来帮助的。这使我联想起古圣孟子'推己及人'的教诲来，也就联想起大哥书桌上摆在科技书旁的一部《四书集注》来。总之，不论是新道德还是旧道德，只要是利众和利于民生的，大哥他都会学习、遵循、践行，这一类的好事，他都主动去做。"[①]

　　李志坚的晚年是在工作与病痛交杂中度过的，我想支撑他的不仅是他对自身事业的热爱和对国家的忠诚，同时还有对已逝"战友"的怀念，他的存在也是为了完成他们未完成的事业。李志坚在微电子所三十周年所庆的时候，就以文章纪念他的五位同事，除了我们之前提及的徐葭生之外，还有庄同曾、曹培栋、费圭甫和朱钧。他们的离开对李志坚而言不仅是失去了共同奋斗的志同道合的战友，也是一种不可言喻的沉痛。多年过去之后，李志坚对他们的音容笑貌依然记得清清楚楚，他对这些战友的爱依然未减分毫。他在文中是这样回忆他们的：

认真负责，一丝不苟——庄同曾

　　庄同曾是清华半导体创建时代"八员大将"之一，他们是张建

[①] 李志达：大哥李志坚院士的崇高精神和品德更令人感动。2014年，未刊稿。资料存于采集工程数据库。

人、曹培栋、黄培中、俞鲁棣、崔君达、金保生、应联华和庄同曾。当然，若"八员大将"代表"元老"，实际上他们中还应包括李瑞伟，但他是北大半导体应届毕业分配来的，前八人是清华（8字班）派往北大"旁听"半导体课程的。"八员大将"起名来源我不清楚，但后来和黄昆、谢希德先生一起开会，他们常问起"八员大将"的情况，听起来黄、谢等先生对这八位大将的表现是很为赞许的。

庄同曾同志在半导体专业和微电子所创建过程中一直担任实验室主任的工作。他对工作，尤其是实验工作极其严格、严整。"严于律己"，也"苛于求人"。他的仪表和工作协调：白净的脸，架一副无框眼镜，衣着总是整整齐齐，在实验室穿上工作服很像一位有真才实学的医生。

半导体专业在准备创立时他与应联华负责半导体材料研制工作，因为当时国内只有少量锗，清华当然不会有，因此决定了上硅研究。材料是前沿，应联华等被安排制出超纯硅多晶，庄同曾等则为后续研制和研究单晶硅做准备，真是"白手起家"。由南先生弄来一台高频感应炉，老庄负责先把高频炉修好，而后是准备用高纯石英砂由高频加热石墨来熔化，拉制出超净的石英管和石英坩埚。这在当时的中国实现难度可想而知！但就是这样才有今日微电子所的建立。什么叫打下基础？这就是基础。什么是奠基人？老庄他们受之无愧！

严整、严格，精益求精——曹培栋

曹培栋也是"八员大将"之一，曾担任教研组秘书，并长期负责系里教务科的工作。对我国工科半导体专业和微所教学大纲的构建，以及晶体管原理的建设作出了重要的贡献。

曹培栋个子不高，待人诚恳和善，稍黝黑。他对负责的任务总能千方百计地去完成，又是认真到苛刻的程度。他很少和人争吵，但对教学制度、规范的严格要求常常会和你争得面红耳赤。

曹培栋对双极型晶体管原理有深入的研究，他长期负责"晶体管原理"一课的讲授，备课十分充足。学生反映："曹先生在黑板上推导公式，从不看手稿，一口气从头到尾默写出来"，他反对"常用公式可以用时再查"的懒汉做法，认为只有熟能生巧。

我知道他的《晶体管原理》书稿较早已修改多次，讲义甚至已被有的高校老师"摘用"多处。但由于过于严谨，未曾付梓。

培栋走时已退休，他不住校内，又走得很突然，所以后来接触较少。我是在病中知道他去世的，本想最后能去和他告别，但却听劝告未能如愿。

培栋，你以为人民奋斗了一生，就好好休息吧！

认真、严谨，鞠躬尽瘁——费圭甫

65（1965）届是半导体专业"教学工作初步过关"的一年，这一年用本专业教学大纲和本校教师讲课的首届学生毕业，研究生也开始有规范地接收。同时又聘请了一批北大、复旦的半导体专业的本科毕业生来校工作，费圭甫就是其中之一。因为是正规半导体物理专业毕业，他们都成为专业和微所建立的重要骨干。

印象中，老费（他并不比别人老，因为平易近人大家都这样叫他）从参加老MOS线工艺工作开始一直到微所筹建，各项攻关重大项目的完成，都是工艺方面的主要技术骨干之一，"滚打摸爬"一直站在第一线。因为一兆位ROM成品率上不去，我有很多时间在工艺线上帮助分析原因，至今老费拿着硅片匣，穿着白色工作服，在线上各工位到测试室跑动的身影仍历历在目。他观察问题十分仔细和深入到位。我记得当时最后一道工序"铝层合金"质量不好，是关键的所在，就是他与李瑞伟、吴正立等分析后提出方案并解决的。CMOS有许多道工序，一道出问题就会前功尽弃，所以调度、质量分析是核心。十几二十年，老费上班穿上白工作服，下班才脱去，几十年来，春夏秋冬真是鞠躬尽瘁！他们是实际上的清华微电子所的奠基人！

费圭甫同志个子不高，稍瘦，白皙的面孔架上一副白色镜框的眼镜，为人极为平和，说话也从不高声。但当他一旦发现你工作不负责任，尤其造成工艺事故，损害国家利益，他就会不加情面，面红耳赤的斥责你。他代表了清华微所人严谨工作的本色。

好老师，好同事，好人——中华第一卡的奠基人朱钧

朱钧的突然离去出乎所有人的意料，凡是知道他的人无不惋惜：

“多好的人呀！”

朱钧是我又一个最喜欢的63届学生。他留下当老师不光是因为成绩优秀，聪明好学，更是人们喜欢他性格平和诚恳，待人接物和善。他是各方面都“用得上”的人。他曾与我一起研究过一段器件物理，他能发现实验中许多问题，带着问题与你讨论，解释现象。后来我们一起搞EEPROM，在国内首先研制出了2K EEPROM，从而打开了微所开展IC卡的大门。被誉为“中华第一卡”。

朱钧讲课清晰，善解学生，同学盛赞朱老师是好老师。同事们对他的工作能力钦佩，更喜欢他的善解人意，待人能“从他人着想”。我从来没听到他曾和同事有不睦之事。我喜欢朱钧是因为他有我许多喜欢的优点，更因为他有许多我没有而想学习的优点。他真是我一个理想的学生和益友。太可惜了，又是一个悲剧，白发人送黑发人！

朱钧，“好老师，好同事，真正的好人”是人们对你的至高赞誉。你安息吧！

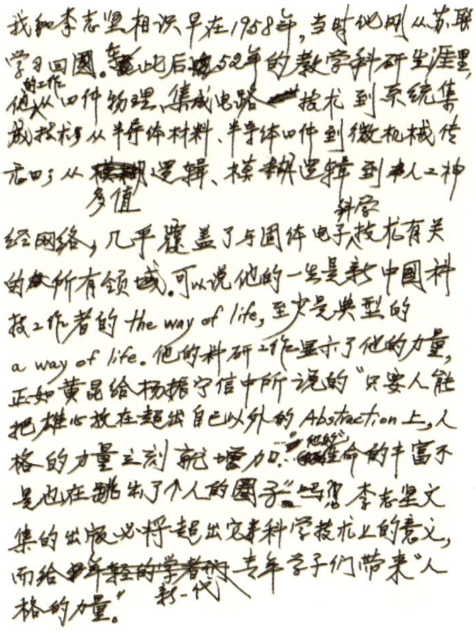

我和李志坚相识早在1958年，当时他刚从苏联学习回国。自此后52年的教学科研生涯里，他的工作从器件物理、集成电路技术到系统集成技术；从半导体材料、半导体器件到微机械传感器；从多值逻辑、模糊逻辑到人工神经网络，几乎覆盖了与固体电子科学技术有关的所有领域。可以说他的一生是新中国科技工作者的 the way of life，至少是典型的 a way of life。他的科研工作显示了他的力量，正如黄昆给杨振宁信中所说的“只要人能把雄心放在超出自己以外的 Abstraction 上，人格的力量立刻就增加。”他的生命的丰富不是也在跳出了个人的圈子“吗？李志坚文集的出版必将超出它在科学技术上的意义，而给新一代青年学子们带来“人格的力量”。

图 8-11　2010 年王守觉为李志坚文集作序

（资料来源：王守觉采集小组提供）

李志坚在文中，将微电子所早年所创造的功绩都归功于他的同事，这不仅是出于他个人谦虚的品格，更是出于对他们的爱，这是对他们生前所做的一种褒奖和肯定，同时也是对那段他们共同奋斗的岁月的一种缅怀。在他人生将尽之时，他依然极为关心所里的事务，只要是所里开会，他依旧会不顾自己病痛的身体，沿着那条熟悉的路蹒跚前进。

在李志坚最后的人生路程中，他的一切都被他的家人看在眼里。2008年，他被查出患胰腺占位，李志达同小妹专门一同来京看望他，小弟弟李志涛除了专门来探望之外，也常常趁出差来见他。在他们的印象中，当时的李志坚已很清瘦，眼睛凹陷，似乎一下衰老了不少，但精神仍还不错。后来，病又重些了，所以弟妹五人都相约一同赶去看他。"起初，组织上叫边在家休养，边门诊中西医结合治疗。但研究所若有重要会议，大哥还是要去参加，他终要提早沿着那条从宿舍到研究所走得熟透了的路，步行去与会。"虽然已经时隔多年，年迈的李志达依旧记得那个晚上，"记得一次会开得很晚，嫂子一次次到后阳台厨房，透过玻璃窗盼望看到大哥归来的身影，但一直到天黑了他才回来；看他疲惫的身影和憔悴的面容，我们真感到肉痛，但在大哥终是放不下他心中的研究所啊！"微电子所对于李志坚而言，就如他自己的孩子，这是他和他的战友花了毕生心血一手打造，看着它呱呱坠地到茁壮成长。这是他每次散步必去之处，也是最心心念念的地方，这似乎也成了他活下去的希望和勇气。只要清华微电子所在的一天，他就希望自己多活一天，他想象年轻的时候一样继续为他的事业和他的国家再续一点光、再续一点力量，这也是他生命的最后一点深沉眷恋。

在李志坚病重的最后一段时间，他的几个兄弟姐妹时常来京探望。后来，到他病危住进清华附属医院——华新医院治疗期间，女儿李晶也是几次三番请假从美国回来到医院陪护。李志达回忆说："他女儿虽身处地球的另一端美国，不但每天按定例在早上八九点钟（在美国正好是晚上）准时给爸妈来电问候、了解病情和治疗，并百般抚慰……我深深感受到在这段日子里，女儿亲切、清脆的声音，已成为大哥每天最重要的期待，最好的精神食粮和祛病良药……女儿还随时向陪护在父亲身边的师生亲友打听父亲的病情，一有'风吹草动'，就很不放心地立即动身飞到父亲的身边……。弟弟妹妹虽都属六七十岁的老人，也都有前来看望陪伴。更有学校和所里的领导悉心安排照料大哥的养病和治疗。同事、学生也都自发、主动地经常来看望或轮流照顾、陪护大哥。他们一举一动、一言一容中所流露的对大哥真挚深情，令我深深感动，并不禁联想起圣人孟子的一句话：'爱人者，人恒爱之；敬人者，人恒敬之。'我目睹也深切感受到大哥住院期间，在与疾病的斗争中，表现出顽强的意志。医生告诉我，胰腺占位到中后期更疼痛难忍，但大哥从未喊过一声痛，顶多有些皱眉和忍痛的表情。"李志坚在病痛中始终表现极为顽强，或许他是出于不想让自己的家人担心，但同时也是他作为一个科学家对科学的信任。在与疾病做斗争的过程中，他始终表现出积极乐观的态度，他还是相信他的病会好起来。不管这是不是他为了宽慰家人和关心他的所有人，但至少在李志达看来，他始终对疾病坚持科学的态度，不但尊重医嘱，配合治疗，还能根据自己在治疗过程中的体验、感受，协助医生分析自己病情，对"辨证施治"提出不少合理化的建议，这让负责主持其治疗的李主任等人也很敬佩。

图 8-12 采集小组成员与李志坚家人的合影

李志坚作为一位新中国微电子的创始人，作为一位成果丰硕的科学家，在人生的最后，与病魔的抗争中依然表现出了科学家的智慧。这场与疾病的抗争也是他一生光辉战斗的最后一场战役，他所表现出的坚强、隐忍，以及对生命的眷恋和渴望，似乎都印证着他光辉的一生，正是他的这些高贵品格使得他除了做出了杰出科学贡献之外，还赢得了同事和好友的口碑。正如李志坚的三弟李志达所言，在他生命的最后，仍向我们证明着：他永远是一个强者！

结 语
历史长河中永远的浪花

"当他登上高山或长城,仰望深邃的天空,俯瞰无垠的田野时;当他在农村看到许多农民在田间弯腰躬背辛勤劳动时;当他在城市看到许多建筑工人在高空作业时,或会想到:宇宙是多么浩瀚,人类历史又多么悠久,祖国是多么地大物博,人民又多么勤劳勇敢!又想到一切物质都由无数微粒子构成的,在这无限的时空中,人类创造历史文明的长河中,我们每个人的成就既多么微不足道,又是由多少人的辛勤劳作凝成的啊!我们每个人既十分渺小,又不可缺少,所以既不可孤傲,也不必自卑,应该永远成为奔腾向前的历史长河中的一朵浪花,奔流前进!"[1]

李志坚身上的谦逊和豁达是他一生中遇到挫折的淬炼,而他的宏大和敏锐则成就了他一生的功业。他的一生是儿子、是大哥、是丈夫、是父亲,是犹如普通人的辛勤劳作、家长里短;同时又是导师、是领导、是所长、是院士,是普通人无法企及的运筹帷幄、绚烂荣耀。正如李志坚所说,个人的渺小和宏大,看似矛盾却又协调,这两者结合在一起"永远成为奔腾向前的历史长河中的一朵浪花"。李志坚六十年的学术生涯,是从一个立志报国的青年成长为一名杰出的微电子学专家的历程;是中国微电

---

[1] 李志坚写给三弟李志达的信(大意),选自李志达所写"纪念大哥李志坚"。

子事业从无到有艰难前行的展现；同时也是世界半导体领域从兴起到信息时代大发展的历史进程。这期间有他作为个人在学术探索中的努力和奉献，有他追求科学真理的信念和坚持；也有在曾经那段特殊时代背景下，一代科学家面对政治经济环境所做出的抉择和贡献。

科学求真

对真、善、美的追求不仅是普罗大众的美好愿望，更是科学家毕其一生的信仰。在这个信仰的指导下，一个人的灵魂可以被精华被凝萃，形成至真至纯的人格修养。李志坚求善，他时时捐新衣新物，自己却二十几年如一日地穿着旧夹克衫、开会必备的蓝西服，吃着家常素食；李志坚不爱美吗？他却是音乐会的忠实听众，金庸小说的痴迷读者，在李志坚的字典里，美的意义已远远超出锦衣美食，而是世界上一切美的事物所带来的精神上的安宁和愉悦。如果说善和美是个人的价值判断，那么真则是宇宙间永恒不变的真理。在某种程度上人类无法认识终极真理，只能不断探索寻觅。在"大跃进"时期，在"全民搞科学"的极端科学主义中，对科学的狂热制造了无数"伪科学"，正是由于对科学真理的探索，李志坚在政治洪流中保持理性头脑，坚持理性科学观，和半导体教研组同仁一道致力于半导体材料去伪存真的研究；在"文化大革命"时期，在黑白颠倒的人格践踏中，李志坚力挺同事，为他申冤叫屈，力保其免受迫害。我们无法阻挡历史的发展，甚至不得不被卷入短暂的逆流中，有些人选择随波逐流、明哲保身，有些人却坚持逆流而上，如此情怀并不是简单一个是非判断的问题，或许更多的是凭借着长期以来的信念和追求。

高瞻致远

李志坚对科研方向的准确把握是受到他的领导和同事广泛称赞的，以他为首的60年代半导体教研组在锗材料大热的背景下，独辟蹊径选择专攻半导体材料硅，直接把握到集成电路研究的关键领域。当我们问起李志坚是否在苏联时就已经有做硅材料的想法，张礼先生回答说："那个时候年轻啊，而且都得听组织安排，但我可以判断他是有远见的，回国后他提出要做硅，这就反映了他的理解和水平。"李志坚作为微电子所的一代领导人，他所做的决定一部分是靠着自己的研究经验，形成了对世界电子科技的敏锐观察，也形成了自己对研究前景的理解和预测。在李志坚事业的发展期，不论是清华半导体教研组初建时，在一穷二白、白手起家建立起的实验里进行硅材料研究，还是之后的集成电路、微纳电子技术，这些道路的选择可以说是时代发展的必然，但也正是因为这些选择顺应了时代潮流，走在了半导体发展趋势显露之前，才使清华大学微电子所从事的一些研究走在全国前列。

清华微电子所在李志坚任科研所长时从事的几项重大科研项目，如1—1.5微米成套工艺开发和1兆位汉字只读存储器的研制，覆盖了工艺线、设计组、器件物理组等几乎全所的科研力量，从当时国内第一个可满足集成电路生产要求的超净车间的建立，到电路设计、工艺流水试制、测试分析，经历上百个环节，八十年代初的微电子所大部分老师将自己的近二十年科研精力奉献给了这条生产线。而这一科研项目正是为了突破国外对先进科技的禁运和控制，满足国家的战略需求，最终研制成功具有我国独立自主产权、在性能指标上达到世界先进水平的汉字只读存储器芯片，这在中国集成电路技术的自主发展方面具有重大的战略意义。李志坚坚持带领团队追赶世界科技前沿，使当时的中国半导体技术在基础差、资金短缺的情况下，可以集中有限的资源突破国外的技术封锁。与清华大学微电子所并肩前行的北京大学微纳电子研究院和中科院微电子所共同制定统一的科学研究规划，分别承担科研任务。王阳元院士说："我们三个单位是兄弟，各有特色、互为补充，清华大学微电子所的发展特点是面向国家战略需求、面向科学前沿、面向工业产业需求，而这正是当前国家科学研究工作所最缺乏的。李先生毕其一生对中国微电子事业的贡献和清华微电子学科的发展是功不可没的。"李志坚在微电子所初期就建立起的研究理念和团队精神，为清华微电子所的发展谋划出了宏伟前景。

时代之子

历史的发展充满偶然性，而这些偶然中又包含着必然。李志坚偶然地考入了浙大物理系，偶然地被派往列宁格勒大学学习半导体。在当时的社会背景下，专业和就业方向的选择是个人无法控制的，遑论安排自己的未来和命运。然而使其成为必然事件的是李志坚自小在战争环境中培养出的爱国主义精神、刻苦好学的求学意志。时代赋予了李志坚一代的科学家肩负的历史重任，也让他们见证了中国科学技术和学科建设的历史进程。

伴随着李志坚学术成长的，是新中国对半导体科技的迫切需求，是科学发展历程中的曲折，是新世纪微电子科技的迅猛发展，这些给李志坚带来了机遇和希望，也带来了辛酸。在李志坚留苏时期，半导体专业在苏联才刚刚兴起，甚至原有的仪器设备都不能满足他的实验需求，只能凭借在浙大时学习的一点实验本领自己制作部分实验工具，也正因为在苏联的三年大大提高了动手能力，才使得他在半导体教研组初建时期带领全组成员发挥大家的创造性和动手能力，在清华大学新学科创建中，白手起家从无到有地建成了半导体实验室，并开创材料硅的研究。不管是早在1959年趁着科学大跃进研制出的"为祖国献礼"的超纯半导体多晶硅，还是90年代超大规模集成电路和1兆位汉字只读存储器的研制成功，李志坚的学术生涯从起始到人生的最高峰，都与国家半导体科学的发展紧密相关，李志坚的波澜人生同时也是中国半导体科学发展历程的映射，甚至于他相继出生的儿女都以当时他所从事的"平面晶体管"研究而被分别取名为李平、李晶。李志坚投入一生心血创建而成的清华大学微电子所在逐步发展中也溶入了他的血脉，从微电子所的前身——半导体教研组创建，到"文化大革命"时期创建绵阳分校，再到科学的春天——微电子研究所的创建，在科研组织形式上从"以任务带学科"转变为"以学科带任务"，他见证了清华大学半导体学科的每一步发展。李志坚作为微电子所的灵魂人物，关注的不仅是自己个人的学术成就有多辉煌，而是如何带领全所师生攀登科学高峰，走上国际科学前沿。

李志坚的一生是与半导体密不可分的一生，可以说，李志坚学术成长的过程是个人的，也是同时代整个科学家团体的，清华大学半导体学科创建、成长和国家半导体事业的缩影。

附录一　李志坚年表

1928 年
5 月 1 日，出生于浙江省宁波市北仑区柴桥镇中街的一个小商人家庭。父亲李国瑞，母亲胡翠英。

1935 年
9 月，入柴桥小学就读。

1940 年
9 月，进入镇海县中（现为镇海中学）。校址位于柴桥瑞岩寺。
年底，镇海县中迁往庄市汤家庙。

1941 年
4 月 19 日，镇海沦陷。先随学校到乡下避难，住在农民家里。后又随家人到距柴桥镇约五公里的紫石河头村避难，开始自学初中课程。

1942 年
秋，镇海县中借霞浦小学校址复校，为躲避日伪，对外称"私立蛟川中学"。回学校继续初中学业。

1944 年

9 月，考取鄞县战时联合中学高中部。后因战事休学，一度被父亲留在家中帮忙管店算账，父亲建议就此退学帮忙一起经营家族事业。为表抗议不再去商铺帮忙，坚持在阁楼看书，自学高中课程。

1945 年

2 月，在母亲的理解和支持下，说服父亲，复学。

8 月 15 日，日本投降。

1946 年

1 月，由于抗战胜利，鄞县战时联合中学回归原址，复原为鄞县县中、鄞县师范学校和商业职业学校三所县立中学。随鄞县县中（现为宁波二中）复原，继续高中学业。

1947 年

7 月，高中毕业。被浙江大学物理系录取。该年度鄞县县中毕业生中考入大学者仅他一人。

9 月，进入浙大物理系学习，并加入物理学会。当时的系主任是何增禄。由于战争造成的创伤，浙大老校区还未能完全恢复使用，和全体大一新生暂时被安排在原浙大农学院所在的华家池校区。这里的教室是个半圆形的棚子，底部用板子搭起来，是战时美国人用来装军用物资的仓库。

大一第一学期，主修了国文（1）、普通英文（1）、无机化学（1）、无机化学实验（1）、物理学（1）、高等微积分（1）及微分方程（1）、中国通史（1）等课程。还有当时特设的伦理学（1）和三民主义（1）。其中专业课物理学由讲师斯何晚讲授。

10 月 29 日，在全国学生"反饥饿、反内战、反迫害"的斗争中，浙江大学学生自治会主席于子三在杭州监狱遇害，引发浙大学生以"反迫害、争自由"为主题的学生运动——"于子三运动",并进行罢课和游行。和袁运开等同学一起参加了此次民主爱国学潮。

1948 年

2月,进入大一第二学期,主修了国文(2)、普通英文(2)、无机化学(2)、无机化学实验(2)、物理学(2)、高等微积分(2)及微分方程(2)、中国通史(2)、普通物理实习伦理学(2)和三民主义(2)。

9月,进入大二第一学期,搬到浙大老校区。在升入大二之际,一度想到要转学工科,被系主任何增禄劝阻,继续留在物理系学习。按照院系分配宿舍,与袁运开、李申生等物理系同学分到一个8人宿舍,周一到周五除上课之外都去图书馆看书。

主修课程:物理学实习,理论力学(1)、电磁学(1)、电磁实验(1)、高等微积分(1)、一年德文(1)、经济学(1)、二年普通英文(1)。其中电磁学由周北屏讲授。

1948年秋,和浙大物理系47级学生一起欢迎王淦昌先生由美返国。

1949 年

2月,进入大二第二学期,主修理论力学(2)、电磁学(2)、电磁实验(2)、高等微积分(2)、一年德文(2)、经济学(2)、二年普通英文(2)。

初夏,浙大物理学会全体师生会员在舜水馆前合影。

9月,进入大三第一学期,主修课程光学(1)、光学实习(1)、热学(1)、理论物理(1)、二年德文(1)、物性及热学实验、无线电、无线电实验、社会发展史。其中光学由何增禄讲授,理论物理由卢鹤绂讲授。还旁听过王淦昌为二年级学生讲授的电磁学。

与同班同学袁运开等人同时加入"新民主主义青年团"。

1950 年

2月,进入大三第二学期,主修课程:光学(2)、光学实习(2)、热学（2）、理论物理（2）、二年德文（2）、高等电磁学、仪器工厂实习，还有新民主主义。

初夏，为欢送50届毕业生在舜水馆前，全体物理系师生合影。

9月，进入大四第一学期，主修课程为量子力学（1）、实验技术（1）、物理讨论（1）、原子核物理、原子核物理实习、相对论。其中相对论由束星北讲授。物理讨论课由系主任何增禄亲自主持，要求所有物理系教授和四年级的学生参加，每位同学选读一篇国外杂志上的文章，由老师指导后在会上做读书报告。还选修了一些课程，包括胡济民讲授的量子力学，程开甲讲授的固体物理。

1951年

2月，进入大四第二学期，主修课程：量子力学（2）、实验技术（2）、物理讨论（2）、原子物理学、原子物理实验、大气物理学。

请系主任何增禄教授做毕业论文指导教师，论文内容偏重实验，这对日后的发展有重要意义。

6月底，获得浙江大学物理系毕业证书。毕业后系主任何增禄曾推荐他去中科院，中科院方面也有意录用，但未被华东区教育部批准，只能留下等待分配。

7月，参加为杭州市大学毕业生举办的学习班，中央文件和教育部规定，大学毕业生需绝对服从国家统一分配。

8月，填报志愿表，一周后学校宣布统一分配名单，和另外一位同是团员的同学赵松龄一道，被分配到上海同济大学。

9月，进入同济大学物理系，任助教。

11月30日，中共中央发出《关于在学校中进行思想改造和组织清理工作的指示》。

12月，同济大学成立"节约检查委员会"，召开"三反"动员大会。

1952年

2月21日，同济大学全面开展"三反"与思想改造运动。作为同济大学的一名团员教员，也参与到"三反"运动中，参加了学校在 3-5 月停课中召开的全校坦白检举大会，退赃及揭发批判大会，批判资产阶级思想大会，典型教育大会。

7 月，院系调整，中央教育部和华东教育部决定：同济大学的数学系、物理系、化学系并入复旦大学。当时本可去复旦大学或回浙江大学，但突然接到通知，被要求顶替同事去东北农学院。为此开始积极准备。为了将所学用于农业实践，开始抓紧时间学习 X 光知识，研究辐射和太阳光照射对农产品的影响。

8 月，又接学校通知，得知已被推荐去苏联留学。

9 月，被安排在第二批进入北京俄专二部学习俄文，为期一年。北京俄专最初设在石驸马大街（现在西城区的新文化街）一个老胡同里，之后西迁到鲍家街 21 号（原醇亲王府，今中央音乐学院），被编入研究生三十九班。同期在北京俄专学习的同学中有李德伦、管惟炎、段一士和谷超豪等。

10 月 4 日，与邹逸悝登记结婚。

1953 年

在北京俄专学习。其间生活待遇好，伙食标准高（中灶），学习任务也很重。所有学员除了需要竭尽全力去完成学习任务之外，还需要继续接受严格的政审考察。表现不好或出身有问题又被认为不能划清界限者随时都会被刷下来。同期的同学中有一半学员最终未能赴苏联学习，其中有后来成为中科院院士的数学家谷超豪。

经过多轮政审和专业考试，最终获得留学资格。

8 月，出国前领取国家为每位留苏人员统一制作的四季服装、鞋帽、各种生活用品和两个箱子。留苏期间每月可获得中国政府给每位留苏研究生每月发放的 700 卢布生活费。原工作单位同济大学保留原工资的 30% 作为家庭生活补助，用于父亲和弟妹的赡养。

到苏联后得知被苏联方面分配到列宁格勒大学（今俄罗斯圣彼得堡大学）学习。

10 月，成为苏联列宁格勒大学物理系研究生。原打算在金属学方面深造，以便学成后服务于国家的钢铁工业。但由于列宁格勒大学物理系没有金属学专业，只好另作考虑。导师亚历山大·阿列克谢耶夫·列别杰夫（1893.11.27—1969.03.15），是当时半导体领域的专家，在国家光学研究所领导军事应用有关的研究，并在列宁格勒大学兼任教研室主任，1953 年 10 月 23 日被苏联科学院大会选举为苏联科学院院士。导师制定了读书计划，开列了书单，并被要求补习固体物理、量子力学等四、五门基础课程，用两年时间完成学习计划并通过相关专业考试。

1954 年

3 月，仅用半年便完成了导师规定的学习任务，阅读了书单所列的全部书目，并顺利通过了相关科目的考试。

开始进入实验室工作。每天加班加点地工作，以完成导师布置的实验任务。

研究集中在改善红外光电器件的性能和在理论方面进行探索。由于当时实验设备简陋，只能从获得真空的玻璃装置做起。得益于浙大物理系学习时练就的良好实验技能，很快自制出可避免 X 射线诱生离子流的电离真空计；为了测试原子层薄膜的电导，还自制了电流灵敏度达到 10^{-15}A 以上的电流计；为了观测从很低能量到较高能量范围内的能谱，又能实现从晶粒表面激发电子，设计制造了能量分散度只有 100 毫电子伏、从零到几伏变化的低能电子束枪。这些工作受到了导师和周围同事们很高的评价。

1955 年

3 月，三弟李志达高中毕业后参加工作，他写信给大哥在同济大学的同事赵松龄，说明家庭经济情况已有好转，请他代为申请放弃领取同济大学发给家属的补助费。

5 月，北京大学周培源教授来到苏联列宁格勒大学参观访问。与张礼等三位同学一道陪同这位物理学前辈参观游览列宁格勒。

9 月，为响应中共中央发展核工业的决定，高教部组织蒋南翔率团访苏，研究理论物理的张礼被选拔毕业后到清华参加工作。访苏团回国后确定建立包括半导体在内的十个新专业。

10月，随着国家原子能事业的开展，急需培养核物理方面的人才，同学杨桢被钱三强选中，加入了以钱三强为首的科技工作者组成实习团，分两批到莫斯科学习核反应堆、加速器的原理和操纵及其仪器制造与使用。

1956年

年初，清华大学在无线电系筹建半导体专业，系主任助理、党总支书记李传信牵头，从教务处抽调回系里的南德恒担任半导体教研组筹备小组的负责人。

秋，清华大学决定将电子学、无线电物理和半导体物理与器件三个专业调到无线电电子学系领导，有两个班的学生也随专业转入无线电系，其中有半导体专业学生42人，这是该专业的第一批学生。

根据全国科学规划，北京大学、复旦大学等五所综合大学物理系部分师生也成立了以黄昆、谢希德为首的联合半导体教研组，在北大培养我国综合大学半导体方面的首批本科生。清华大学调出电真空技术专业三年级8名学生前往学习，为清华半导体专业培养师资骨干。

1957年

加入中国共产党，张礼为入党介绍人。

6月，张礼回国，进入清华大学工程物理系担任副系主任。张礼向当时担任清华无线电系副主任的李传信介绍了李志坚，并推荐他来清华工作。

夏，高联佩从美国回国加入清华半导体教研组。

接到张礼来信，被鼓动结束学业后到清华工作。

秋，收到清华大学南德恒、冯庆延和王天爵以"无线电电子学系半导体专业筹备组"名义写来的信，被热情邀请来清华加入这个行列。

11月17日，毛泽东率领中国代表团访问苏联，参加十月革命40周年庆祝活动，在此期间，前往莫斯科大学会见中国留学生，向他们问好，并说：世界是你们的，也是我们的，但归根结底是你们的。你们青年人朝气蓬勃，正在兴旺时期，好像早晨八九点中的太阳。希望寄托在你们身上。

1958 年

在苏联学习四年多之后，根据大量试验结果，开创性地成功提出薄膜光导体的晶粒电子势垒理论。完成关于 CdS、CdSe 薄膜的电子激发电导的毕业论文，用明确的实验结果证实了多晶膜的晶粒间电子势垒对电导、光电导所起的决定性的作用，及这一势垒与晶界状态、晶粒大小等依赖性的有关规律。以上研究成果形成了三篇学术论文，其中两篇经导师审阅后投稿于苏联的学术期刊《固体物理》杂志，另一篇在全苏科学学术会议上报告，受到好评，但因受到保密条件的制约，该报告没有公开发表。

2 月，获得苏联列宁格勒大学物理－数学科学副博士学位。在回国前将节省下的卢布全部上交中国大使馆。启程回国，经同学张礼联络，在北京刚下火车就见到了前来接站的清华无线电系副主任李传信，被后者热情接回到清华大学。

3 月 22 日，进入清华大学无线电系，从事教员工作，教授半导体物理。自 4 月 1 日起薪，评为高教七级。住所安排到十三公寓的单人间。不久，清华方面又将其在上海华东师大工作的夫人邹逸惺女士调来清华，安排在化学系任教。

投入清华大学半导体专业的创建，建成国内工科大学第一个半导体实验室。

任命为半导体教研组副主任，主管教研组的科研工作。主任由中国科学院半导体研究所研究员王守武兼任。该教研组代号为 310 教研组，地点设在清华园的立斋三楼。

在北京开会时与中科院半导体所的林兰英根据当时半导体科研情况共同提出"南锗北硅"的设想，即针对上海为主的南方地区的工厂和科研机构以发展锗半导体为主的现状，中科院、清华以及有色冶金研究所等北方地区的研究机构应当把工作的重点放到硅材料和器件的开发上。

由于国外的封锁，研制硅晶体管的基础设备也需自己制作，与同事们从设计精馏设备做起，玻璃厂按照设计做好精馏塔，他们再进行一次次地精馏，完成后用炉子把四氯化硅还原成硅，再用单晶炉子把还原出的多晶硅拉成单晶，切片后的硅片才可以制作成电子器件晶体管。带领半导体教研组师生鼓足干劲进行科研实验，但简陋的实验条件增加了多晶硅提纯的难度，也增大了事故风险。

用自制的多晶硅拉制成功硅单晶，研制硅晶体管期间，一天三个单元都在第一线与同学们一起夜以继日地努力奋战，第四单元（夜宵后）还需备课。

9月27日，在经历多次实验后，研制出了纯度高达"八个九"（99.999999%），电阻率为100Ω·cm以上的超纯半导体多晶硅棒。

10月，开展锗晶体三极管和"П6"的研究。

10月，列宁格勒电工学院的苏联专家契尔金来到清华无线电系半导体实验室，开展碳化硅非线性电阻的研究。

负责半导体教研组中的光电组，开展光电材料与器件的研究，同时进行其他方面研究的小组还有：碳化硅组（契尔金负责，李瑞伟、杨之廉辅助，开展碳化硅非线性电阻的研究）、多晶硅组和单晶硅组。

年底，半导体教研组做出的半导体材料硅和硅晶体管等实验性成果被清华选出，参加北京市组织的高校科技成果内部展览，刘少奇、邓小平、聂荣臻和有关负责同志前去参观。

年末，开始与北京电子管厂协作生产点接触二极管、锗晶体三极管。

1959 年

1月，前述两篇论文投给苏联《固体物理》杂志，刊载于该刊的创刊号上，该刊同期刊载的还有苏联著名物理学家约飞（A. F. Joffe）的文章。

年初，在大跃进"全民搞科学"的热潮中，被学校派去北京市普及半导体的知识。其间，因对某些盲目过热行为持消极态度，受到某些干部的批评。回到学校，积极投身科研，力图抓住机会集中精力进行超纯多晶硅的研制，以赶超世界先进水平。

清华大学积极推动科研大跃进。半导体教研组实验室迁入东主楼九区一层，重新建设实验室，面积扩大到1000平方米，并新购一批器件工艺和测量设备，实验条件有了明显改善。

9月底，经反复实验和总结经验，终于实现纯度高达"九个九"的多晶硅，这项成果在国际上达到了领先水平，向国庆十周年献了厚礼。之后这一技术提交到北京玻璃厂生产，成为国内首批半导体超纯多晶硅产品。

10月，随着苏联专家契尔金回到苏联，碳化硅组取消，半导体教研组另外成立了晶体管组。

儿子出生，取名李平。之后出生的女儿取名李晶，他们的名字组成了当时正在进行的事业核心"平面晶体管"。

1960年

4月30日，在《物理学通报》上发表文章《我国第一部半导体著作——黄昆、谢希德两同志合著的"半导体物理学"一书介绍》。

7月，接受回到苏联的专家契尔金通过苏联高教部的邀请，和无线电系主任李传信参加苏联第三次高等院校半导体及电介质学术报告会。回国时苏联专家私下赠送了十余件大功率晶体管等苏联新产品。

1961年

6月，清华大学半导体专业首届毕业生半零班毕业，曾教课的这届学生中，有之后被评为中科院院士的吴德馨，被半导体教研组誉为"金童玉女"的夫妻档徐葭生和吴启明，还有之后任微电子所所长的钱佩信。

1962年

2月，提升为副教授。

4月，为加强对硅材料的认识，扩大其影响力，半导体教研组编译的《半导体材料硅》由科学出版社出版。这本书是选取外文文献翻译而成，是国内第一部系统讨论半导体硅材料的科技文献参考书。

1963年

清华领导层已经看到集成电路发展的革命性意义。当时组织无线电系半导体专业和自动控制系计算机专业部分同志酝酿，集中力量发展硅集成电路。何东昌、李寿慈、李传信、凌瑞骥等多次组织人员进行一些讨论，并组成了由李寿慈为核心领导小组加以推动。

1964 年

8 月 15 日，历经 5 年的奋斗，"平面型高反向击穿电压硅晶体三极管"研制成功。在一贯提倡的产学研相结合的发展理念下，高反压管做出来之后就移交给北京市电子工业局建于沙河的北京半导体器件研究所进行生产，无线电系副系主任南德恒在该所兼任副所长，带领一批教师和学生移交高反压管技术，参加产品的批量生产和开发，并帮助他们在那里研究集成电路。

在国内首先研制成功了高反压平面晶体管并研制 TTL 数字集成电路，又与中科院半导体所和原电子部十三所长期合作开展 MOS 集成电路的研究。

1965 年

6 月 21 日，女儿李晶出生。

9 月，被派往北京怀柔参加"四清"，担任怀柔山区崎峰茶公社分团的副团长，吃住都在农民家，期间仅春节回校十天。

1966 年

1 月 16 日，参加"四清"的师生返校过春节，25 日举行总结思想收获大会，26 日全部返回农村。

6 月 9 日，工作组人员进校，学校党委书记、校长蒋南翔停职反省，工作组代行学校党委职权。到 7 月底这段时间，大批党员干部包括学生政治辅导员、班主任被大字报点名为"黑帮分子"、"黑帮爪牙"，并被揪斗，有的被戴高帽子游街。后来，工作组组织"文化大革命"领导小组，对党支部书记、辅导员等党员干部采取煞威风与攻心战相结合的办法"检查下楼"，并有组织地批斗"黑帮"（党委负责人）。

6 月中旬，结束"四清"工作返回学校。回校的第二天，系主任、党支部书记李传信和杨之廉等人就被戴了高帽，分别分配到劳改一队和劳改二队。因才参加完"四清"工作返校，幸运地没有被戴高帽。

8月2日，清华大学各单位组织"黑帮"劳改队，对干部进行惩罚性劳动。全校500多名教职工党支部副书记、教研组副主任以上干部中，被劳改的占70%。

8月24日，清华大学红卫兵总部纠集11所中学的红卫兵来校搞红色恐怖，推倒"象征封资修"的二校门，强迫中层以上干部拆卸搬运被推倒的二校门的砖石，稍有缓慢即遭毒打，还对部分所谓"黑帮分子"、"黑五类"进行抄家。把大批中层以上干部从家中拉出来半夜集中在西阶梯教室毒打，以后又关押在科学馆和生物馆折磨约两周之久（后被称为"八·二四"事件）。

因在1960年受邀去苏联参加了一次国际会议，在苏联停留了两周，被说成是留苏特务。

1967年

11月，江青在北京文艺座谈会上提出"50天要算，17年也要算"，蒯大富等人进一步策划对清华干部的批判斗争，在此期间，召开多次斗争蒋南翔和批判反动学术权威大会，批判许多校系干部和教授。在此期间，因同事、学生对他的爱护和照顾，并未受到太大伤害，当他晚年病重，曾跟前来探望的昔日留苏同学、清华大学物理系张礼感叹清华学生的好，不但学习上聪明一点即通，更是重情重义的好孩子。

1968年

7月27日，北京新华印刷厂等61个工矿企业3万名工人组成的首都工农毛泽东思想宣传队从四面八方开进清华大学。

9月中旬，清华工宣队在迟群的主持下，在清华全校范围内"清理阶级队伍"。

1969 年

5 月，工宣队召开全校大会，宣布在江西鲤鱼洲办实验农场，同事南德恒、杨之廉、李瑞伟等老师被送往农场"改造"劳动。

5 月，无线电系半导体专业师生员工组成"五七"教育革命排，生产平面晶体三极管。

11 月 30 日，林彪"一号命令"下达，无线电系等具有军事意义的国防专业被派往四川绵阳建设清华分校，其中包括半导体教研组部分师生。全家四口第一批去绵阳建设分校，带领师生筛沙子、当过电工、与当时的学生（被称为新工人）共同学习与劳动，还架设电缆和挖地沟。

在绵阳校区，除了最基本的生活、教学建设，还要重新把科研恢复起来，提出建设"战斗的、团结的、科学的集体"。

在紧张的政治氛围中，实事求是地对待贾松良被怀疑是"516"的问题，坚持公正对待老同志。

1970 年

夫人邹逸惺与两个孩子返回北京，邹逸惺被化学系派往唐山开门办学，请妹妹来北京帮忙照顾两个孩子。正上小学的儿子李平因参加拉练到黑山扈，过于劳累导致半夜发烧，又没有得到及时医治，转为急性肾炎。

10 月，电子厂四连中原无线电电子学系半导体专业教工大部分迁往绵阳建立分校，自动控制系（1984 年改为计算机科学与技术系）在北京建立半导体生产车间，改建成立 MOS 场效应晶体管集成电路生产车间，着重开发 MOS 集成电路，在绵阳的科研项目包括微波半导体器件（微波二极管和 GaAs 体效应器件等）和集成电路（双极型器件的中小规模集成电路），主攻双极电路和晶体管。

父亲被单位清洗，仅一次性发了三个月工资。一夜未眠，高度近视的父亲受到如此打击第二天即彻底失明。小妹和六弟下乡支农，属于投亲居住，此时不仅要每月负担父母的生活费，还需寄钱给弟妹下乡居住的亲戚。

1971 年

10 月，江西鲤鱼洲农场全部撤回。

12 月 11 日，四川绵阳分校大体建成。赴绵阳分校的教职工再次分批出发。

利用探亲假回北京看望妻子和儿女，之后又回到绵阳校区。

1972 年

5 月上旬，清华大学招收工农兵学员 2702 名，陆续到校。

1973 年

因在绵阳过于劳累，导致肝功能指标高，回京治疗。儿子的病情未能得到有效控制，不断加重。

儿子李平在北医三院治疗肾炎无效，去世。此时不仅身患肝病，还要劝慰悲痛的妻子，在同事的帮忙下默默操办了儿子的后事。

1974 年

肝病未愈，又受到儿子故去的打击。滞留北京，一面参加自动控制系半导体车间的工作，一面受命搜集和研读国外期刊和文献资料，以把握国际相关领域的动态。

待身体状况稍微好转，又参加了工农兵学员培训班的教学工作。主要负责讲课，如半导体器件和工艺，存储器、MOS 管等相关基本概念，给仅有初中水平的学员们补基础。

北京半导体车间开发的系列 PMOSIC 产品在全国推广应用，并不久开发出 N 沟硅栅工艺和 1K 位 SRAM。

绵阳分校半导体专业则在 TTL 电路、I^2L、双极晶体管等方面做出好成绩，并与成都九七零厂、北京半导体器件二厂、北京电子管厂等进行了有效的协作，进行新器件和电路的研制。

1975 年

久病未愈，在何东昌等同事关心下，将关系转回清华大学。

虽然痛失爱子，政治上"靠边站"，但知道这是在学生和同事的爱护、保护下得到的最轻"处罚"。得知当时日本的半导体事业发展迅速，请小妹去图书馆借日文专业书和日文辞典，并用小收录机跟着学日语，企盼"科学的春天"。

春，半导体车间在京率先建成了用于研制 MOS 集成电路的净化车间。

1976 年

1 月，关于对国外微波功率晶体管发展概况、设计、工艺、可靠性方面的某些问题的概要介绍型文章《微波功率晶体管的进展》，发表在《国外电子技术》1976 年第 1 期。

10 月，粉碎"四人帮"。

1977 年

4 月 7 日，母亲因病早逝，享年 69 岁。母亲病重时为不影响他的工作也不曾告知病情，小妹偷偷发电报希望他回家看望母亲，虽然一接到电报就请假回家，但还是迟了，到达医院时母亲已经离世。父亲受亡妻之痛心力交瘁，记忆力衰退。

1978 年

4 月，经校党委、校革委会批准，晋升为教授，同期晋升为教授的还有潘际銮、吴佑寿、张礼等人。（批准日期：1978 年 9 月，发证日期：1991 年 4 月 10 日）

5 月，中央决定撤销清华大学绵阳分校，10 月开始搬迁回京。

父亲摘帽平反，但曾被单位占用了十几年的二间店面只退赔了三百多元钱，父亲恢复名誉后的待遇也只属保养人员而非正式退休人员。弟、妹都认为不公平想再去争取，被他劝阻，并表示只要政治上得以真正平反就可以，家里经济上如有困难他可以再寄钱回家。他认为，十年"文化大革命"国家遭受很大损失，全国有很多人要平反退赔恢复待遇，而弟弟妹妹们都又有了各自的工作，应该懂得知足、懂得体谅国家。

1979 年

1 月，绵阳分校半导体专业返京人员搬迁完毕，只留个别人员处理遗留事物，至 5 月全部撤离。

2 月 24 日—3 月 30 日，赴美国参加国际固体电路会议，并感慨美国在那个时候就已经十分重视抢夺有可塑性的人才。之后便支持钱佩信前去德国慕尼黑固体技术研究所学习高速处理技术。

12 月 28 日，在国务院举行的全国先进单位和全国劳动模范授奖仪式上，被授予全国劳动模范称号。

当选为中国电子学会第二届理事会理事。

1980 年

3 月，被清华大学评为 1979 年先进工作者。

8 月 14 日，清华大学校长工作会议决议决定，在原有无线电系半导体教研室和计算机系半导体车间的基础上，成立清华大学微电子学研究所，仼命南德恒（原无线电系副主任）为所长。李志坚被任命为副所长，主持全所的科研工作。

9 月，建成了 3 微米 MOS LSI 工艺线。在购买 ASM 光刻机时，遇到了经费困难。随同清华大学高景德校长前往国家教委，向何东昌主任借经费，并许诺再苦再难，即便当了裤子也会还上这笔钱。这事成为当时教育界的一大新闻。

微处理器方面的研究发展更快，在模仿 8008 微处理器做成 DIS050 之后，开始研究 8085。

作为全国优秀教师的代表，受到了邓小平、胡耀邦、王震、方毅、蒋南翔等领导接见。

附录一 李志坚年表 **185**

1981 年

3 月，被清华大学评为 1980 年先进工作者。

4 月 9 日，论文《用 MOS 电容研究硅／二氧化硅界面性质》通过了中国科协与中国电子学会特邀专家组的评审，被推荐赴美参加美中电子讨论会。

8 月 18 日，研制的 1K 静态随机存储器（QM223）通过了教育部鉴定。随后由 878 厂和上海元件五厂等投入生产。

10 月 17 日—11 月 7 日，赴美国参加美中电子技术讨论会。

11 月，《P 型硅 MOS 结构 C(t) 不稳定性分析》发表在《半导体学报》上。在全面理解高阻 P 型硅做成的 MOS 结构的基础上，提出对硼外场区的硅进行中等能量的浓硼注入是解决 C(t)、C(V) 的不稳定性的一种有效措施，并指出对 C(t) 必须进行有效的消除高复合层和高表面态的退火措施，才能测得正确的数值。

12 月 6 日—12 月 8 日，赴香港参加超大规模集成电路和微型计算机国际会议及展览会。

12 月 10 日，向中国科协提交访美报告。

支持获得德国洪堡基金并学成归来的钱佩信带领一批骨干从无到有建立了一套有别于传统思路的采用射频感应加热石墨板作为红外辐射热源的快速退火实验装置。

"六五"攻关期间，支持并直接参与多种静态处理器、8 位及 16 位高速微处理器等项目的开展。

1982 年

2 月，支持钱佩信归国后主持激光快速退火技术，该技术在温度均匀性、快速加热稳定性、可靠性、可重复性等方面，都优于国外当时流行的灯管式条形光源退火炉，因此申请了发明专利，进行了小批量 3 英寸硅片手动快速退火炉的生产。[①] 该专利"高剂量硼、砷注入硅的二氧化碳激光

---

① 林惠旺：《快速热处理设备的回顾与展望》。

退火特性"由美国应用物理杂志授奖。

2月，被清华大学评为1981年先进工作者。

5月，被授予1981年度北京市劳动模范称号。

清华大学从国家科委争取到包括微电子学工艺任务在内的八项重大任务。

1K静态随机存储器，获北京市科技进步奖二等奖。

1983年

当选为中国电子学会第三届理事会副理事长。

女儿李晶考入清华大学土木工程系。

1984年

1月，受聘为北京市人民政府大规模集成电路顾问组第一届顾问。

3月19日，接到电子工业部外事司发给清华大学信函，受邀参加美国IEEE成立100周年活动。

4月，参编的《MOS大规模集成技术》由科学出版社出版。其中第一篇是由他撰写的《MOS大规模集成技术的进展》，主要介绍MOS LSI和VLSI的一般概念、器件发展概况、设计技术和工艺技术，并作了简要评述。另外还有对当时国外相关研究最前沿论文的翻译。

5月9—20日，赴美国参加IEEE成立100周年庆祝活动。

12月，获得北京市高等教育局和北京市教育工会颁发的奖章，表彰为人民的教育事业辛勤工作三十年。

Cμ8085 NMOS高速微处理器，获电子工业部科技进步奖一等奖。

1k×4静态随机存储器（CM2114），获北京市科技进步奖二等奖。

1985年

2月16日，受聘为国务院学位委员会第二届学科评议组（电子学与通信分组）成员。

3月21日，收到多伦多大学"第三届国际超大规模集成电路科学技术年会"邀请函。

5月,受聘为国防科学技术进步奖评审委员会军用电子行业组评审委员。

5月12—17日,在加拿大参加"第三届国际超大规模集成电路科学技术年会",期间顺访东京理科大学。

8月,受聘为中国电子学会半导体与集成技术学会副主任常务委员。

12月26日,陪同杨振宁参观清华大学微电子学研究所。

12月,就任清华微电子所所长。

启动1.5微米工艺线建设任务。

大规模集成电路技术开发,获国家三委、一办"六五"科技攻关优秀成果奖。

1986年

1月,承担"七五"国家重点科技攻关项目(75-66),专题号88-2-1,项目名称为"1—1.5微米成套工艺开发及相应水平大规模集成电路的研制",起止年限:1986—1990年。由李瑞伟带领一批教师和职工开始1微米级工艺线的建设任务。一年半后成功建立了中国第一个超净度为10级的超净环境,建立起中国第一条1微米级VLSI管芯片研制工艺线。另一条战线是徐葭生带领一批年轻教师和研究生进行的芯片设计工作。芯片设计胜利完成后,1990年11月,汉字只读存储器的正式流水开始。

受聘为北京市人民政府大规模集成电路顾问组第二届顾问。

2月7日,受聘为中国信息技术发展政策顾问组成员。

3月,PCM单片机NMOS信道滤波器获北京市科技成果二等奖。

4月7日,与张孝文、常迥、王大中等人参加了赵紫阳、姚依林、李鹏等国务院领导对我国百余名高技术领域科学家的接见会。

5月,大规模集成电路1KMOS,1K*4MOS静态存储器获国家教委一等奖。

Cμ8085AN沟道MOS单片8位高速微处理器获国家教委一等奖。

16KMOS-SRAM研制获国家计委,国家科委"六五"公关现金项目奖励。

研制成功的 16 位微处理器大规模集成电路。芯片集成度 29000 个元器件，面积 35mm²。

7 月 23 日，发表专利"离子注入半导体瞬时退火设备"。

10 月 1 日，受聘为国家自然科学基金委员会半导体学科评审组成员。

10 月，受聘为清华大学学生电子学会名誉主席。

11 月 3—17 日，作为电子振兴会成员组团赴香港考察。

Cμ8085 NMOS 高速微处理器又获国家教委科技进步奖一等奖。

电话专用大规模集成电路系列：CC2911A 单片集成 PCM 编码器、CF2912 单片集成 PCM NMOS 信道滤波器，获北京市科技进步奖二等奖；CF2932 单片集成增量调制信道滤波器，全系列获国家计委、国家科委、国家经委、国务院电子振兴领导小组共同颁发的"六五"攻关优秀成果奖。

约 7000 平方米的微电子所实验研究大楼建成。

1987 年

1 月，研制成功的 16k 静态 MOS 存储器的研究获国家教委科技进步奖一等奖。

关于 MOS 界面物理研究新技术研究获国家教委科技进步奖二等奖。

4 月 13 日，起草关于建议组团参加欧洲固体器件研究会的报告。

4 月 17 日，曾大力支持并参与完成的 H-MOS16 位微处理器（Cμ8086）获北京市科技进步奖一等奖。

5 月 10—15 日，原本参加在美国费城举办的"第一届超大规模集成电路科学和工艺国际会议"，后因被聘为国家高技术发展计划专家组成员，在此期间不能出国，改为李维中代为参加。

6 月，主持的"大规模和超大规模集成电路研制及 3 微米工艺开发"（李志坚、徐葭生、南德恒、岳震五、杨之廉等完成），获国家科技进步奖二等奖。

6 月 16 日，受聘为第二届国家自然科学奖励委员会委员。

10 月 6 日，受聘为国家自然科学奖信息科学部评审组成员。

11月，申请国家自然科学基金重大项目"系统集成技术的基础研究"（系统集成的应用研究）。

1988年

1月，受聘为北京市人民政府第三届专业顾问团顾问。

5月26日，收到香港大学发出的赴港学术访问邀请函。

6月1日，受聘为国家自然科学基金委员会第二届学科评审组成员，任期两年。

7月，受聘为国家教委科技委员会电子通信学科组副组长，任期三年。

7月，项目"TEE8502-2K EEPROM电路研制"获国家教委科技进步奖二等奖。

7月23日，受聘为第二届国际半导体与集成电路技术学术会议中方顾问委员会委员。

8月，被选举为中国电子学会第四届理事会理事。经第一次常务理事会议通过，受聘为《电子学报》编委会常务委员。

9月14—17日，在法国蒙彼利埃参加欧洲固态器件研究学术会议，赴意大利参加会议并顺访西德和比利时。

10月12日，收到香港理工学院发出的邀请函。

10月21日，收到香港大学工程学院发出的邀请函。

标准单元法自动设计系统，工艺、器件与电路一体化模拟系统，获国家教委科技进步奖二等奖。

当选中国电子学会第四届理事会副理事长。

12月，受聘为清华大学第二届校务委员会委员。

12月，父亲病故，享年85岁。

1989年

2月19日—4月2日，赴香港进行学术访问。

3月8日，收到IMEC（国际微电子研究中心）发出的邀请函。

4月19日，被天津市高等教育局聘请为天津理工学院申请申报增列为硕士学位授予单位论证组成员，并于 29 日参加论证。

9 月 2—16 日，在瑞士电子学及微工艺中心、洛桑电子实验室、苏黎世高工集成系统研究所、比利时联合微电子中心、鲁汶大学访问。

9 月，完成赴瑞士、比利时考察团总结（集成系统技术专题组）。

9 月 16 日，《清华公报》载李志坚与倪维斗、黄克智、王大中为第四届学术委员会副主任。

12 月 1 日，被聘请为"半导体超晶格国家重点实验室"学术委员会委员，任期三年。

1990 年

2 月 20 日，填报《国家自然科学基金资助项目研究成果登记表》，研究成果名称：电阻传感式测量专用集成电路 CT702。

5 月 25 日，与倪维斗、王大中等一起获"国家级有突出贡献的中青年专家"称号。

7 月，为表彰发展我国高等教育事业做出的突出贡献，国务院发放政府特殊津贴。

9 月 10 日，与徐葭生、钱佩信一起被清华大学授予 1988 年、1989 年教学工作优秀成果奖二等奖（半导体物理器件博士点建设）。

10 月 18 日，在中国第四届多值逻辑学术会议上宣读的论文《多值乘法器设计制作》、《用于简单智能机械与实时决策的模糊硬件系统》被评为优秀论文。

10 月 25 日，收到日本上智大学教授大河内繁男的邀请于 1991 年 1 月赴上智大学讲学三个月。

11 月，汉字只读存储芯片的正式流水开始，但第一批流水出来的芯片性能未能达到预期要求。亲自深入到工艺第一线，参与性能测试，指导分析工作，通过对一些工艺参数的适当调整，终于研制成功具有我国独立自主版权，在性能指标上达到世界先进水平的汉字只读存储器芯片。

11 月，MOS 界面物理研究新技术（第一完成人）结题，获国家科学技术委员会颁发的国家科技成果完成者证书（证书编号：004769）。

11月28日，发表专利"一种单晶硅压力传感器制造方法及其结构"。

12月，进行"七五"国家重点科技攻关项目88-2-1"1—1.5微米成套工艺开发及相应水平大规模集成电路的研制"及"1.5微米1兆位汉字存储器"阶段工作汇报。

12月，"超大规模集成电路高温快速热处理技术与设备"（钱佩信、侯东彦、陈必贤、林惠旺、马腾阁、李志坚等完成），获国家发明奖二等奖。还获得1991年二委一部"七五"科技攻关荣誉证书，机电部"七五"攻关荣誉证书。

1991年

1月，在《中国科学院院刊》发表《九十年代的微电子技术》一文，提出微电子技术在90年代将以更高的速度发展，微细加工技术将进入深亚微米，并由此使芯片集成度高达10^9；如今的专用IC（ASIC）将向集成系统（IS）发展；相应的设计方法学和测试技术的研究以及设计工具的开发将有新的突破；高速微电子系统的封装和组装将脱离当前模式向模块化或圆片集成化发展；基于神经网络、模糊逻辑等概念的系统芯片有可能从根本上改变当前智能处理系统的面目；等等。这些都将伴随着设备的更新和原材料的相应进步。与此同时，微电子技术向各个科技领域和人类生活形态的渗透将更为显著。它还将促进一系列新的科技领域的出现。

1月29日—4月28日，应日本上智大学要求赴日本讲学，在日本停留三个月。

3月15日，被聘请为《半导体学报》编辑委员会委员。

3月，申请国家自然科学基金重点项目"超大规模系统集成的基础研究"（69136020）。

5月10日，填报国家自然科学基金资助项目研究工作总结"系统集成技术的基础研究——应用研究"。

5月15日，受聘为国家自然科学基金委员会半导体学科评审组成员。

5月26日，受聘为中国科学技术协会第四届全国委员会委员。

6月15日，被国家科学技术委员会聘请为第三届国家自然科学奖励委员会委员。

7月20日，被聘请为胡正明奖学金委员会委员。

8月26—29日，1兆位汉字只读存储器等40多个项目参加国家"七五"科技攻关成果展览会，党和国家领导人江泽民、李鹏、乔石、李瑞环等参观了清华展台。

9月2日，1兆位汉字只读存储器等27项成果在国家计委、国家科委、财政部于人民大会堂召开的国家"七五"科技攻关总结表彰大会上受到表彰。

9月，带领微电子学研究所承担的1兆位汉字只读存储器顺利通过了部级技术鉴定。宣告我国首次跨上了1.5微米工艺和百万个元器件集成度的技术台阶，是我国超大规模集成电路技术的一次突破性进展。在技术鉴定完成后，此项成果顺利转移到我国集成电路生产基地——华晶微电子集团公司。

9月30日，《人民日报》头版刊载文章"清华大学微电子所传来喜讯，我微电子技术跨上1微米台阶"，其中写道："此项工艺技术的开发成功，缩短了我国集成电路工艺与世界先进水平的差距，对我国集成电路技术的自主发展具有重大的战略意义"。

10月14日，《人民日报》头版刊载文章"献给共和国的圆满答卷"中报道了清华大学微电子所研制成功1兆位只读存储器芯片。

10月15日，担任清华大学第五届学术委员会副主任。

10月21日，专利"离子注入半导体瞬时退火设备"获得中国专利金奖。（完成人：钱佩信、侯东彦、陈必贤、马腾阁、林惠旺、李志坚）。

10月，在"七五"科技攻关中做出突出成绩，被机械电子工业部授予国家科技攻关荣誉证书。

11月，经国务院批准，当选为中国科学院（技术科学部）学部委员。

12月，填报国家自然科学基金重点项目执行计划书《超大规模系统集成的基础研究》，与复旦大学电子工程系共同承担。

12月8—21日，前往美国参加电子器件国际会议。

12月28日，被清华大学聘请为第四届无线电电子学与通信工程学位评定分委员会委员。

1992 年

1 月，经中国电子学会第四届理事会第十一次常务理事会议通过，受聘担任半导体与集成技术分会副主任委员。

4 月 20 日，受聘为国务院学位委员会第三届学科评议组（电子学与通信分组）成员。

春，去杭州参加浙江大学建校 95 周年庆祝大会，并参加班级活动。

5 月，在召开的中国电子学会第五次全国会员代表大会上，被选举为中国电子学会第五届理事会副理事长。

5 月，被聘为《全国高技术重点图书》微电子技术领域编审委员会委员，任期四年。

6 月，当选为中科院技术科学部常委。

初夏，由钱佩信陪同，去北医三院检查消化道疾病，突发心肌梗死，经抢救康复，住院治疗。

9 月 5 日，在北医三院，与前往探视的大学同学赵松龄和李申生相聚。

9 月，经中国电子学会第五届理事会第一次常务理事会议通过，受聘担任《电子学报》编委会委员。

16 位微机配套主要电路，获 1992 年国家教委科技进步奖二等奖。

1993 年

5 月，由于身体状况，不再担任清华大学微电子所所长职务。

参加部分 CAD 三级系统总体设计、软件开发和实用化（该项目由北京市集成电路设计中心负责），获国家级科技进步奖一等奖。

12 月，"1—1.5 微米成套工艺开发及 1 兆位汉字库只读存储器"获电子工业部科学技术进步奖一等奖。

12 月 28 日，被君安证券有限公司授予"君安－清华科学家奖"。

1994 年

4 月 1 日，被国家计委科技司聘请为集成电路产品再开发专家委员会委员。

6月11日—6月16日，携夫人邹逸惺（清华大学化学系教授）赴香港考察访问。

8月，"计算机芯片光互连-GaAs/Si单片光电子集成技术"项目结题，国家科学技术委员会授予国家科技成果完成者证书，证书编号：038535。

8月，"RHT型自动快速热处理器设备"项目结题，国家科学技术委员会授予国家科技成果完成者证书，证书编号：038560。

10月11日，被聘请为《半导体光电》、《半导体光电子学与技术》（英文版）期刊编委会名誉编委。

11月16—18日，出席国家自然科学基金会、国防科工委科技委、国家教委科技司与清华大学共同举办的"全国纳米科学与技术学术会议"。

"硅高速热处理技术及设备"获国家发明奖二等奖。

1995年

10月，"EMP901单片CMOS肌电信号处理器"项目结题，国家科学技术委员会授予国家科技成果完成者证书，证书编号：054928。

10月，"TQ-100A瞬态电荷测量系统"项目结题，国家科学技术委员会授予国家科技成果完成者证书，证书编号：054971。

10月，"1—1.5微米成套工艺开发及相应水平大规模集成电路的研制"项目结题，国家科学技术委员会授予国家科技成果完成者证书，证书编号：055001。

12月，项目"1—1.5微米成套工艺开发及1兆位汉字库只读存储器"（李志坚、杨之廉、徐葭生、李瑞伟等完成），获国家科技进步奖二等奖。

1996年

1月20日，被聘请为《半导体学报》第六届编辑委员会副主编。

3月15日，参加所承担的国家自然科学基金重点项目：超大规模系统集成的基础研究，进行验收评议。

3月20日，被聘为清华大学光盘国家工程研究中心高级顾问。

5月，经中国电子学会第六次会员代表大会，被选举为中国电子学会第六届理事会理事。

8月，向中国电子学会电子信息技术奖励与发展基金捐赠1000元人民币。

9月，经中国电子学会第六届理事会第一次常务理事会议通过，被聘请担任半导体与集成技术专业分会副主任委员。

12月，经中国电子学会第六届理事会第二次常务理事会议通过，被聘担任会士评定工作委员会委员，同时被聘请担任电子学报编委会常务委员。

受聘为中国电子学会第六届理事会副理事长。

1997年

1月，关于微电子机械系统（MEMS）发展思考的文章《微电子机械系统（MEMS）发展展望》在《电子科技导报》发表。指出MEMS研制已取得很多成果，应用领域也十分宽广，比如信息、航天航空、科学仪器、医疗等，MEMS技术是微电子技术的完善，但其内涵和发展前景更为深广，人类的生产和生活方式也会因此而发生某种改变。

1月10日，被聘为1996—2000年度CJE（Chinese Journal of Electronics，电子学报）编委会委员。

4月，获1997年度陈嘉庚信息科学奖，新加坡总统王鼎昌在颁奖仪式上向他表示祝贺。

春，去杭州参加浙江大学100周年庆祝大会，参加校级活动。

9月11日，经清华大学1996—1997年度第十九次校务会议通过，被聘请为第七届校学术委员会名誉委员。

9月，在《科技导报》上发表文章《微电子技术的又一次革命——微电子机械系统（MEMS）发展展望》。进一步强调了微电子机械系统的发展的重要性，并倡导在这一方面加强研究。

9月，当选为国务院学位委员会第四届学科评议组组员。

12月，参加北京中国科学会堂纪念晶体管发明50周年大会。

12月，获时任国务院总理李鹏看望。

1998 年

3 月,《21 世纪微电子技术发展展望》在《世界科技研究与发展》上发表。他提出有两种方法可以打破以 CMOS 技术为基础的 ULSI 发展存在的一些基本限制因素,一种是发展出按新原理制作的集成微电子器件,产生全新一代的微电子技术,但更有可能的是另一种前景,即在成熟的极高水平的 CMOS ULSI 基础上,沿着近年发展起来的系统芯片(SOC)的道路,突破传统基于当代计算机系统处理人类知识问题的能力极限,创造出基于更新原理和结构上的系统芯片。

4 月,和中国科学院、中国工程院院士严东升一起访问新加坡。

4 月 28 日,收到清华大学王大中校长的贺信。

5 月 1 日,微电子所召开 70 寿辰兼获陈嘉庚奖归来庆祝会。

10 月 23 日,在《中国科技信息》上发表《增强知识创新实力,发展我国微电子技术》,提出微电子学研究所能够从小到大,取得一些成绩,靠的是团结向上、能创新、有闯劲的研究集体。论述了从 1958 年前后半导体专业成立初,以创新的视点准确选取、及时调整研究方向,舍弃了当时国内发展比较成熟的锗材料,转而大胆选择了尚处研究阶段但在性能、材料来源、成本和发展前景等方面明显优越于锗的硅技术。

11 月 17—18 日,与吴佑寿参加中国老科协工作者协会电子工业分会就加速我国电子信息产业发展战略问题,召开的知名科技专家研讨会。

1999 年

7 月,学生邹泉波的博士论文《硅基 MEMS 基础工艺技术研究及硅微麦克风的研制》入选 1999 年"首届全国百篇优秀博士学位论文"。

7 月 30 日,被聘为河北省高等教育专家顾问组成员,任期四年。

9 月 1 日,被聘为第十届全国电子束、离子束、光子束学术年会顾问委员会委员。

2000 年

1 月,与周润德一同主编的《ULSI 器件、电路与系统》由科学出版社出版。他执笔第一章概论和第二章深亚微米和亚微米 MOS 器件的结构与物理。其他各章则围绕清华大学取得的主要进展和成绩，介绍了 ULSI 电路；作为系统集成的核的微处理器（重点介绍清华微所开发的用于智能机械控制的 IKS（逆向动力学）系统芯片的设计和机构）；以 RISC MPU 为核的 CPU 卡的设计与结构；DPS（数字信号处理）芯片，重点介绍清华微所研制的基于高速旋转算法基础上的 DPS 芯片，该 DPS 处理速率高而且数据稳定性高；系统级芯片的、自顶向下的设计方法；集成系统芯片的自动化设计问题和相关工具；清华微所在神经元网络和模糊逻辑的芯片集成和应用于模式识别方面取得的成果；硅基 MEMS。

1 月，被聘请为北京清华文通海技术开发中心高级顾问，聘期三年。

1 月 16 日，被浙江大学首届校友代表大会选举为浙江大学校友总会理事。

6 月，接受专访谈博士生培养，其访谈被整理发表在 2003 年 4 月由吴剑平主编，清华大学社出版的《清华名师谈治学育人》上，此书于 2009 年 7 月再版。在文章《谈谈博士生的培养》中，从优秀科技工作者素质的培养、博士论文写作和一流大学三方面探讨博士生的培养。认为博士生已从"求学问"转到"做学问"，需要具备独立开展科研工作的能力，培养全面素质，这就要求首先树立正确的世界观和人生观，养成优良的学风，形成宽阔的学术眼界，最终养成谦虚谨慎和不断学习的能力。博士论文是培养博士研究生的核心环节，论文选题要属于本领域的前沿，有创新的余地，有理论和良好的实用前景，好的导师也有助于给予及时的点拨和启发引导，发现学生有科学价值的思想火花，帮助学生逐步深入，使其有所发明有所创造。能培养出优秀博士生是一流大学的根本标志，一流大学要有一批大师级教授以及以他们为核心组成的科学团队，要有朝气蓬勃、严谨踏实的学术氛围和优良学风，还要有适合现代科技发展的学制和教学计划，也要有充足的经费和完善的软硬件设备。就在 1999 年和之后的 2003 年，指导的两位博士生的博士论文均入选"全国百篇优秀博士学位论文"。

6月，赴宁波参加会议，顺访母校镇海中学。

8月5日，被聘为河北省人民政府科技发展顾问，以加快实施"科教兴冀"战略步伐。

9月11日，何梁何利基金评选委员会发来获奖通知书。

9月15日，香港中文大学校长李国章写来贺信，祝贺荣获本年度何梁何利基金科学与技术进步奖。

10月19日，在何梁何利基金2000年度颁奖大会上，获得何梁何利基金科学与技术进步奖，同期获奖的还有清华大学教授潘际銮院士。

11月30日，被中国科学院表面物理国家重点实验室聘请为实验室第四届学术委员会荣誉委员，任期五年。

12月13日，专题采访《Limit是否等于极限》刊登于《科学时报》，认为纳米电子是微电子的进一步发展，即特征线宽将由微米级进入纳米级。在不久的将来会出现两种情况：第一，利用量子力学效应分子中的电子来组成集成器件，这种技术的发展仍是纯粹的微电子的发展，也是可能性较大的一种发展趋势；第二，利用新的载体分子，如有机分子、生物机体等组成集成器件，这种发展则是微电子的又一场革命，但这种发展方向就目前研究状况来说还不能有所预测，离我们也较为遥远。

在"院士建议"中，与林兰英、王阳元、甘子钊、吴德馨、王占国等院士一同提出"建议将'突破微电子器件物理限制的研究'尽快列入国家重大基础研究规划中"。在次年又独立发表文章《从微电子学到纳电子学——电子科学技术的又一次革命》强调纳电子技术的革命性。

2001年

1月，时值新千年，时任国务院副总理李岚清和教育部部长陈至立来家中探望。

1月，经中国电子学会第六届理事会第十三次常务理事会议通过，被聘请为《电子学报》第七届编委会委员。

1月18日，受聘为Chinese Journal of Electrinics第三届（2001—2005）编委会委员。

8月，在《学位与研究生教育》上发表文章《博士论文是博士生培养质量的重要标志》。提出要做出好的博士论文除了要热爱本学科，具有团结协作精神之外，还需要学生素质高、导师好、选题具有现实意义和发展前景、学术氛围浓厚等条件。

8月26日，牵头与陈弘毅、王志华共同起草给王大中校长的信，以期向朱总理请示推迟身份证换证试验时间。放弃采用进口CPU芯片的计划，以降低成本并保证身份证的数据安全。之后，在应邀参加中央电视台《公众与科学》栏目回答观众问题时也表示："我个人的意见是一定要（自己）做，为什么？太重要了。国防上是绝对不能用外国芯片的，芯片一定要自己做，哪怕是286。"[①]

10月，文章《从微电子学到纳电子学——电子科学技术的又一次革命》在《电子世界》发表。指出纳电子技术形成的器件尺寸比微电子的器件尺寸小很多，集成密集度高很多，系统性能有进一步跨越性提高，因此，与真空电子转变为微电子一样，是电子学的又一次革命。

11月，题词祝贺《微纳电子技术》创刊。

11月12日，受聘为生物芯片北京国家工程研究中心科学顾问。

12月，经中国电子学会第六届理事会第十五次常务理事会议通过，被聘请为半导体与集成技术分会委员。

2002年

2月，受聘为国家信息化专家咨询委员会委员。

7月26日，《发展我国自主IT业的四点意见》在《光明日报》上刊登。提出要利用优势，发展自主的IT业；国家的信息化要带动外国IT和自主IT产业发展；要高起点跨越式发展的同时重视基础；还要加大力度，引进人才。

11月，在宁波参加中国电子学会第二届纳米技术与应用会议。

12月，在中国电子学会第七次代表大会上被授予荣誉会员称号。

---

① 《火火的中国芯》，选自《走进科学》丛书编委会编：《科技时代》，科学普及出版社，2005，pp.58。

2003 年

1 月，在《中国集成电路》上发表文章《ULSI 技术发展的三点思考》。对 ULSI 技术发展前沿中三个有意义的课题提出自己的看法：器件与互联要突出互联；能耗应成为 ULSI 设计坐标系的第三个主轴；ULSI 应从生物学与生命科学中吸收更多的启示。这也是 21 世纪 ULSI 发展的三个注意的宏观方向。

6 月，受聘为清华大学第一届教授提名委员会信息学科委员，聘期为本年 6 月至 2005 年 12 月。

7 月，指导的博士生马玉涛的博士论文《ULSI 器件中的量子力学效应和量子隧穿》入选 2003 年 "全国百篇优秀博士学位论文"。

8 月 11 日，信息产业部科学技术司邀请他担任国家汽车计算平台工程中的项目专家组成员。

9 月 10 日，获得 2003 年度清华大学 "教书育人奖" 荣誉称号。

10 月，受聘为《中国知识资源总库》编辑委员会编委。

2005 年

2 月，关于微电子技术发展思考的文章《浅谈后摩尔定律时期微电子技术的发展》在《中国集成电路》发表。他提出，根据理论研究和国际半导体技术发展路线图（ITRS），传统的硅基 CMOS 正在接近其极限。很多新兴器件有望成为传统 MOSFET 的替代，作为后摩尔定律时期微电了技术的基础。各种新兴器件各有不同的性能和前途，但是作为经典二能级开关器件，它们都要受到热力学和量子力学的限制，有两个途经超越这一限制：发展量子信息器件和生物功能器件等，提高基本器件的效能，也就是提高基本器件一次操作所处理的信息量，并降低其功耗；其次是发展量子信息处理和各种仿生物学的电子信息处理系统等的新型的信息处理系统，突破传统二值、冯诺曼框架。

3 月 23 日，被聘为 "安捷伦杯" 半导体制造技术论文比赛专家委员会委员。

4 月 11 日，专题访谈文章《下一代 CPU 引发连锁反应——专访中国科学院院士李志坚教授》刊登于《计算机世界》，在访谈中表示，CMOS技术不管是从器件级还是系统级来看都还有相当大的发展空间；澄清了生物芯片的两种概念，并提出量子计算机比生物计算机更接近实际。

6月，庆贺柴桥小学百年校庆，题字"厚德载物，自强不息"。

7月9日，被聘为北京大学信息科学技术学院2005年度长江学者专家评审委员会委员。

9月8日，被聘为全国科学技术名词审定委员会第五届委员会委员。

10月24日，获"清华大学博士后优秀合作导师"证书。

12月，获中国半导体行业协会荣誉顾问称号。

经中国电子学会七届六次常务理事会议通过，受聘担任《电子学报》第八届编委会委员。

2006年

1月1日，被聘为第五届《传感技术学报》编辑委员会顾问，聘期四年。

3月24日，受聘为中国科学院半导体研究所半导体超晶格国家重点实验室学术委员会委员。

6月，与王守觉院士共同主持中国计算机学会多值逻辑与模糊逻辑专业委员会年度工作会议。

作为中国科学院学部第三届咨询评议工作委员会咨询组成员与王阳元、吴德馨、候朝焕、许居衍、王占国、沈绪榜等院士共同起草"建设微电子强国的建议"。在本年1月9日，国家主席胡锦涛在全国科技大会上宣布中国未来15年科技发展的目标即为到2020年建成创新型国家，使科技发展成为经济社会发展的有力支撑。

2007年

5月，关于21世纪信息电子学的发展展望的文章《从ULSI芯片的性能能量效率展望21世纪信息电子学的发展》在《电子学报》发表。指出能量耗散（高性能应用）和能量供应（便携式应用）已成为传统ULSI芯片技术进一步发展的主要障碍，在随后的10—20年内，传统微电子技术仍将沿摩尔定律高速发展，主要是依靠芯片的工艺特征尺寸的继续缩小、处理系统芯片的功/性能不断提高，同时要不断地克服由此带来的愈来愈严重的性能能量效率问题。21世纪信息电子学的新突破寄希望于纳电子学、bio-inspired新兴电子学和量子信息处理等信息电子学的新方向。由于它们，信息处理的性能能量效率可望有显著的突破，从而又一次大大提高人类驾驭信息的能力，导致一次新的信息电子学革命。

6月28日，获清华大学优秀共产党员荣誉证书，并由中共清华大学委员会颁发清华大学优秀共产党员奖章。

2008 年

4月19日，受聘为清华大学信息技术研究院第三届指导委员会委员，聘期自本年4月至2010年4月。

4月25日下午，微电子所举办李志坚80寿辰座谈会，校长顾秉林院士、副校长陈旭教授等约60人出席。

5月1日，获得微电子学研究所赠予的纪念章，祝贺八十华诞。

10月9日，在学生李铁夫的陪伴下，前往天津参加好友葛守仁院士的八十大寿寿宴，谢绝了所里为他安排的专车，提出试乘新开通的京津城际前往，以感受新事物。

11月，学校组织体检时发现胰腺有占位，后经协和医院确诊其位置不适宜动手术，进行保守治疗。之后继续参与了所里的课题研究和各种必要的会议，并时刻关注所里的研究项目进展情况。

2009 年

9月，因学生李铁夫的博士论文《超导电荷量子位的实现及相关问题的研究》获2009年校级优秀博士学位论文一等奖，被授予清华大学优秀博士学位论文指导教师证书。

2010 年

4月25日，抱病参加清华大学校庆，并坚持到各个班级看望返校的学生，与他们合影留念。

5月1日，科学出版社出版《李志坚文集》（全三册），收集和整理了自上个世纪60年代到2007年间，不同时期发表的部分重要论文，其内容涉及微电子技术发展战略展望、半导体器件物理、集成电路技术、系统集成技术等方面。清华大学校长顾秉林为文集作序。

5月，为中科院半导体所成立五十周年题词祝贺。

9月，将《李志坚文集》赠予宁波博物馆，并获捐赠证书。

10月，获得全国科学技术名词审定委员会颁发的荣誉证书，表彰在任第五届全国委员会委员期间，为我国科技名词规范化事业做出的突出贡献。

11月，病重，进入清华大学第一附属医院住院治疗。即便是在卧床休息的半年中仍坚持读书，只要精神尚好还同前来探望的同事、学生一起讨论商议研究项目和课题。

2011年

5月1日，与家人和学生一起庆祝生日。

5月2日凌晨逝世。

附录二 李志坚主要论著目录

论文

[1]《我国第一部半导体著作——黄昆、谢希德两同志合著的"半导体物理学"一书介绍》，李志坚，物理通报，1960（04）。

[2]《晶粒简层势垒在硫化铅多晶薄膜光电导中的作用》，吴启、李平（李志坚笔名，李志坚儿子的名字），物理学报，1962（5）。

[3]《三硫化二锑多晶薄膜的光电导性》，徐声、李平（李志坚笔名，李志坚儿子的名字），物理学报，1962（5）。

[4]《微波功率晶体管的进展》，《国外电子技术》，1976（01）。

[5]《P型硅MOS结构C（t）不稳定性研究》，马鑫荣、田立林、李志坚，半导体学报，1981（04）。

[6]《高浓度注砷硅的红外瞬态辐照退火》，侯东彦、钱佩信、李志坚，半导体学报，1983（06）。

[7]《绝缘衬底上硅膜的激光侧向外延》，林惠旺、钱佩信、马腾阁、李志坚，半导体学报，1983（03）。

[8]《VLSI的极限和器件图形微细化》，李志坚，微电子学与计算机，1984（04）。

[9]《关于MOS结构深耗尽C(V)特性的转折现象》,马鑫荣、李志坚,半导体学报,1984(04)。

[10]《Si/SiO$_2$界面态研究中辅以脉冲和恒定红外光照的脉冲Q(V)法》,郑心畬、李志坚,半导体学报,1984(05)。

[11]《微电子技术发展的回顾与展望》,李志坚,电子学报,1984(05)。

[12]《硅耗尽层少子产生率的强电场效应》,李志坚、田立林、马鑫荣,半导体学报,1985(01)。

[13]《瞬态退火注砷硅亚稳态浓度的后热处理特性研究》,徐立、钱佩信、侯东彦、李志坚,半导体学报,1985(01)。

[14]《硅耗尽表面准二维系统室温电子隧道能谱》,李志坚、周海平、马鑫荣,半导体学报,1985(03)。

[15]《MOS界面态电荷瞬态谱方法》,郑心畬、李志坚,半导体学报,1985(05)。

[16]《高剂量低能氧离子注入硅形成SiO$_2$薄膜的研究》,王勇、李维中、李志坚,半导体学报,1985(06)。

[17]《MISIS结构的电特性和C(V)研究》,陈晖、张继盛、李志坚,半导体学报,1987(02)。

[18]《VLSI成品率统计中的缺陷成团效应及统计参数与面积的关系》,张钟宣、李志坚,半导体学报,1988(03)。

[19]《集成电路技术的进展与展望》,李志坚,电子学报,1988(03)。

[20]《零偏源MOS结构的栅电荷弛豫机制及近少子带边界面态分布的瞬态谱测定》,郑心畬、李志坚,半导体学报,1988(02)。

[21]《一种新的MOS电流型多值逻辑电路》,唐政、李志坚,电子学报,1988(02)。

[22]《振兴我国微电子技术是青年一代义不容辞的责任》,李志坚、唐璞山、童勤义,固体电子学研究与进展,1988(04)。

[23]《注砷硅快速热退火过程研究》,徐立、钱佩信、李志坚,半导体学报,1988(04)。

[24]《T——多值代数及其电路》,唐政、李志坚,计算机学报,1989(04)。

[25]《一种新的有沟道注入的短沟MOSFET的阈电压解析模型》,陈大同、李志坚,电子学报,1990(06)。

[26]《快速热氮化超薄SiO_2膜特性的研究》,王永顺、熊大菁、李志坚,半导体学报,1990(08)。

[27]《多晶硅应变膜压力传感器》,王跃林、刘理天、李志坚,半导体学报,1990(09)。

[28] Defect-Free Silicon Film on Si0$_2$ Formed by Zone Melting Recrystallization with High Scanning Speed,LIANJUN LIU,PEI-HSIN TSIEN,AND ZHIJIAN Li,Electron Devices,IEEE Transactions on Volume:37,Issue:4 Digital Object Identifier:10.1109/16.52429 Publication Year:1990,Page(s):952-957。

[29]《多元统计分析软件包(MSA)及其在IC工艺决策中的应用》,刘书译、陈天鑫、李志坚,电子学报,1991(02)。

[30]《硅盒结构集成MOS环振式压力传感器》,王跃林、郑心畲、刘理天、李志坚,电子学报,1991(02)。

[31]《九十年代的微电子技术》,李志坚,中国科学院院刊,1991(01)。

[32]《一种基于浮栅NMOS晶体管的可编程神经网络芯片的设计和应用》,王阳、李志坚、石秉学,电子学报,1992(10)。

[33]《考虑碰撞电离下的亚微米MOSFET的二维数值模拟和分析》,张锡盛、何新平、李志坚,半导体学报,1993(05)。

[34]《微多晶硅梁开关振荡器》,孙曦庆、李志坚、费圭甫,半导体学报,1993(06)。

[35]《一种结构改进了的硅基微静电马达》,孙曦庆、李志坚、费圭甫,半导体学报,1993(07)。

[36]《快速热退火硅中微缺陷分析》,徐立、钱佩信、李志坚,半导体学报,1993(08)。

[37]《不同应力条件下亚微米MOSFET's热载流子退变特性实验研究》,程玉华、李瑞伟、李志坚,半导体学报,1993(12)。

[38]《一种结构改进了的硅基微静电马达》,孙曦庆、李志坚、费生甫、

刘理天，半导体学报，1993（14）。

［39］An analog integrated circuit of a Hamming neural network designed and fabricated in CMOS technology，Bin-Qiao Li , Zhi-Jian Li , Bing-Xue Shi，Neural Networks,1993. IJCNN '93-Nagoya. Proceedings of 1993 International Joint Conference on Volume：1 Digital Object Identifier：10.1109/IJCNN.1993.714051 Publication Year：1993, Page（s）：879-882 vol.1。

［40］《电流型 CMOS 多值乘法器分析与芯片的设计》，李志坚、杨洪利、靳东明，电子学报，1995（02）。

［41］《微机械梁内应力测量方法的研究》，李志坚、邹泉波、刘理天，半导体学报，1995（07）。

［42］《BMHMT-Bi-MOS 混合模式晶体管》，刘理天、陈萍、李志坚，电子学报，1995（11）。

［43］《多晶硅梁用于微机械薄膜机械性能参数的测量》，李志坚、邹泉波、刘理天，仪器仪表学报，1995（S1）。

［44］《硅基集成微马达的研制》，李志坚、谢会开、孙曦庆、刘理天，仪器仪表学报，1995（S1）。

［45］BMHMT：Device & Model，PING CHEN, ZHIJIAN LI, AND LITIAN LIU，Solid-State and Integrated Circuit Technology, 1995 4th International Conference on Digital Object Identifier：10.1109/ICSICT.1995.503560 Publication Year：1995，Page（s）：787-789。

［46］Study of methods for measuring mechanical properties of thin films in micro electromechanical systems（MEMS），QUANBO ZOU, ZHIJIAN LI, LITIAN LIU，Solid-State and Integrated Circuit Technology, 1995 4th International Conference on Digital Object Identifier：10.1109/ICSICT.1995.503327 Publication Year：1995，Page（s）：488-490。

［47］Handwritten Digits Recognition with Neural Networks and Fuzzy Logic，Wei Lu, Zhijian Li and Bingxue Shi，Neural Networks, 1995. Proceedings., IEEE International Conference on Volume：3 Digital

Object Identifier：10.1109/ICNN.1995.487361 Publication Year：1995，Page（s）：1389−1392 vol.3。

[48] Segment Matrix Vector Quantization and Fuzzy Logic for Isolated−Word Speech Recognition，Liusheng Liu, Zhijian Li, and Bingxue Shi，Multiple−Valued Logic, 1995. Proceedings., 25th International Symposium on Digital Object Identifier：10.1109/ISMVL.1995.513524 Publication Year：1995，Page（s）：152−156。

[49] Speech Recognition Based on Fuzzy Vector Quantization and Fuzzy Logic，Liusheng Liu, Zhijian Li, and Bingxue Shi，Neural Networks, 1995. Proceedings., IEEE International Conference on Volume：5 Digital Object Identifier：10.1109/ICNN.1995.488187 Publication Year：1995，Page（s）：2858−2862 vol.5。

[50]《中国半导体工业面临着"机遇与挑战"——记'95国际半导体与集成电路技术国际会议》，李志坚、张继盛，电子科技导报，1996（02）。

[51]《压力传感器温度漂移补偿的一种新方法》，李志坚、张庆鑫、刘理天，传感器技术，1996（06）。

[52]《77K Fowler − Nordheim 电子注入和栅氧化层俘获特性研究》，刘理天、刘卫东、李志坚，半导体学报，1996（08）。

[53]《衬底正偏的 MOSFET 的近似模型》，刘理天、陈萍、李志坚，半导体学报，1996（08）。

[54]《微机械薄膜低应力工艺及技术的研究》，邹泉波、刘理天、李志坚，仪表技术与传感器，1996（08）。

[55]《纹膜结构用于电容式硅微麦克风的研究》，李志坚、邹泉波、刘理天，半导体学报，1996（12）。

[56]《Si 在 KOH 中各向异性腐蚀的凸角补偿新方法》，李志坚、张庆鑫、刘理天，半导体学报，1996（12）。

[57] Design and Fabrication of Silicon Condenser Microphone Using Corrugated Diaphragm Technique，Quanbo Zou, Zhijian Li, and Litin Liu，Micro electromechanical Systems, Journal of Volume：5，Issue：3

Digital Object Identifier：10.1109/84.536626 Publication Year：1996，Page（s）：197−204。

[58]《微电子机械系统（MEMS）发展展望》，李志坚，电子科技导报，1997（01）。

[59]《单体模糊神经网络自学习问题研究》，李志坚、王振峰、靳东明，电子学报，1997（02）。

[60]《模糊控制和模糊控制芯片》，李志坚、沈杰、靳东明，电子学报，1997（02）。

[61]《一种新结构微型硅电容式麦克风的研制》，李志坚、邹泉波、刘理天，电子学报，1997（02）。

[62]《一种用于模式识别的多输入模糊处理器》，李志坚、刘柳胜、石秉学，电子学报，1997（02）。

[63]《电流型汉明神经网络的设计》，李志坚、路伟、石秉学，电子学报，1997（02）。

[64]《单体模糊神经网络：在智能控制中的应用及VLSI实现》，李志坚、王振峰、靳东明，电子学报，1997（05）。

[65]《一种面向VLSI实现的手写体数字识别系统》，李志坚、路伟、石秉学，电子学报，1997（05）。

[66]《超薄氮氧化硅（Sio_xN_y）栅NMOSFET中GIDL效应的研究》，刘卫东、李志坚、刘理天、半导体学报，1997（07）。

[67]《微电子技术的又一次革命——微电子机械系统（MEMS）发展展望》，李志坚，科技导报，1997（09）。

[68] Study of "On-chip" Measurement Methods of Thin Film Mechanical Properties for Micromachining, Quanbo Zou, Zhijian Li and Litian Liu, Microelectronic Test Structures, 1997. ICMTS 1997. Proceedings. IEEE International Conference on Digital Object Identifier：10.1109/ICMTS.1997.589404 Publication Year：1997, Page（s）：209−211。

[69]《深亚微米MOSFET衬底电流的模拟与分析》，孙自敏、刘理天、李志坚，微电子学，1998（02）。

［70］《新型双轴电容式微加速度传感器优化设计研究》，刘泽文、刘理天、李志坚，功能材料与器件学报，1998（02）。

［71］《21世纪微电子技术发展展望》，李志坚，世界科技研究与发展，1998（03）。

［72］《增强知识创新实力 发展我国微电子技术》，李志坚、陈弘毅，中国科技信息，1998（Z2）。

［73］A hybrid handwritten digits recognition system based on neural networks and fuzzy logic，Wei Lu, Bingxue Shi and Zhijian Li，Solid State Device Research Conference, 1988. ESSDERC '88. 18th European Publication Year：1988，Page（s）：c4-761-c4-764。

［74］《21世纪微电子技术发展展望》，李志坚，科技导报，1999（03）。

［75］《包含多子带结构的MOS器件开启电压量子力学效应修正模型》，马玉涛、李志坚、刘理天，半导体学报，1999（03）。

［76］《铁电-硅微集成系统》，李志坚、任天令、刘理天，半导体学报，1999（03）。

［77］《双MOS晶体管等效电阻》，李志坚、沈杰、靳东明，清华大学学报（自然科学版），1999（05）。

［78］《用于通信领域中的MEMS器件》，刘泽文、李志坚、刘理天，电子科技导报，1999（07）。

［79］《可编程模糊逻辑控制器芯片的设计》，沈杰、靳东明、李志坚，电子学报，1999（08）。

［80］A Discussion on the Universality of Inversion Layer Mobility in MOSFET's，Yutao Ma, Litian Liu, and Zhijian Li，Electron Devices, IEEE Transactions on Volume：46, Issue：9 Digital Object Identifier：10.1109/16.784197 Publication Year：1999，Page（s）：1920-1922。

［81］《MOSFET衬底电流模型在深亚微米尺寸下的修正》，孙自敏、刘理天、李志坚，半导体学报，2000（02）。

［82］《种新的MOS结构量子化效应修正模型》，马玉涛、刘理天、李志坚，固体电子学研究与进展、2000（03）。

[83]《基于有效态密度的 MOS 结构电荷控制模型》，马玉涛、刘理天、李志坚，半导体学报，2000（04）。

[84] Characterization of MOS Structure Inversion and Accumulation Layer by Approximate Solution of Schrodinger Equation，Yutao Ma, Litian Liu, Lilin Tian, Zhiping Yu and Zhijian Li，Electron Devices Meeting, 2000. Proceedings. 2000 IEEE Hong Kong Digital Object Identifier：10.1109/HKEDM.2000.904232 Publication Year：2000，Page（s）：130-133。

[85] MOS Structure Threshold Voltage Model by Rigorously Considering Quantum Mechanical Effect，Yutao Ma, Zhijian Li, Litian Liu, Z.Yu，Microelectronics, 2000. Proceedings. 2000 22nd International Conference on Volume：1 Digital Object Identifier：10.1109/ICMEL.2000.840561 Publication Year：2000, Page（s）：225-228 vol.1。

[86]《基于微电子机械系统技术的高灵敏度电容式微传声器的研制》，陈兢、刘理天、李志坚，声学学报，2001（01）。

[87]《集成 MOS 力敏运放压力传感器》，岳瑞峰、刘理天、李志坚，半导体学报，2001（04）。

[88]《MOS 力敏运算放大器》，岳瑞峰、刘理天、李志坚，电子学报，2001（08）。

[89]《从微电子学到纳电子学——电子科学技术的又一次革命》，李志坚，电子世界，2001（10）。

[90]《博士论文是博士生培养质量的重要标志》，李志坚，学位与研究生教育，2001（Z2）。

[91]《高灵敏度微机械薄膜的设计、模拟与优化》，陈兢、刘理天、李志坚，固体电子学研究与进展，2002（01）。

[92]《硅基微传声器的研究进展》，陈兢、刘理天、李志坚，中国集成电路，2002（04）。

[93] Using learning samples to construct fuzzy logic systems with the application to inverted pendulum control，ZHI-HA0 XU, DONG-MING JIN, ZHI-JIAN LI, Machine Learning and Cybernetics, 2002. Proceedings.

2002 International Conference on Volume：2 Digital Object Identifier：10.1109/ICMLC.2002.1174551 Publication Year：2002, Page（s）：1085-1088 vol.2。

[94]《ULSI 技术发展的三点思考》，李志坚，中国集成电路，2003（01）。

[95]《浅谈后摩尔定律时期微电子技术的发展》，李志坚、李铁夫，中国集成电路，2005（02）。

[96]《第七讲 微电子技术发展与物理学》，李志坚，物理，2005（07）。

[97]《一种新型三谐振点电容式 RF MEMS 开关》，雷啸锋、刘泽文、李志坚，固体电子学研究与进展，2007（01）。

[98]《从 ULSI 芯片的性能能量效率展望 21 世纪信息电子学的发展》，李志坚，电子学报，2007（05）。

[99] RF MEMS activities at IMETU，Zewen Liu, Zhihao Hou, Zhijian Li，Microwave Conference, 2008. APMC 2008. Asia-Pacific Digital Object Identifier：10.1109/APMC.2008.4958442 Publication Year：2008，Page（s）：1-4。

著作

[1]《半导体材料硅》，科学出版社，1962。
[2]《ULSI 器件、电路与系统》，科学出版社，2000。
[3]《信息科学技术概论》，清华大学出版社，2001。
[4]《李志坚文集》，科学出版社，2010。

参考文献

[1] 李志坚院士访谈. 2001年10月16日.

[2] 李志坚院士访谈. 2001年10月17日.

[3] 李志坚院士访谈. 2001年10月29日.

[4] 李传信访谈. 2001年11月7日.

[5] 杨之廉、张建人、陈天鑫访谈. 2001年11月26日.

[6] 杨之廉教授口述访谈. 2008年2月28日.

[7] 李志坚院士访谈. 2008年1月4日.

[8] 袁运开教授口述访谈. 2012年10月28日.

[9] 李申生教授口述访谈. 2012年11月9日.

[10] 张礼教授口述访谈. 2012年12月14日.

[11] 南德恒教授口述访谈. 2012年12月25日.

[12] 杨桢教授口述访谈. 2013年1月4日.

[13] 钱佩信教授口述访谈. 2013年1月7日.

[14] 陈弘毅教授口述访谈. 2013年1月8日.

[15] 赵松龄教授口述访谈. 2013年1月8日.

[16] 齐家月教授口述访谈. 2013年1月11日.

[17] 王水弟教授口述访谈. 2013年1月24日.

[18] 王水弟教授口述访谈. 2013年1月29日.

[19] 杨之廉教授口述访谈. 2013年3月12日.

[20] 李瑞伟教授口述访谈. 2013年3月14日.

[21] 王志华教授，李铁夫讲师口述访谈. 2013年4月14日.

[22] 李铁夫讲师口述访谈. 2013年4月18日.

[23] 李铁夫讲师口述访谈. 2013年6月18日.

[24] 王阳元院士口述访谈. 2013年7月1日.

[25] 贾松良教授口述访谈. 2013年9月12日.

[26] 李志坚自述.

[27] 李志坚小妹李田丰撰写的纪念文章.

[28] 李志坚三弟李志涛撰写的纪念文章.

[29] 半导体教研组编译. 半导体材料硅. 科学出版社，1962.

[30] 清华大学微电子研究所年鉴，2001.

[31] 李志坚、王阳元、吴德馨、许居衍等7位院士向国务院提交. 中国科学院关于呈报"建设微电子强国的建议"的报告.

[32] 李志坚院士生平. 李志坚院士追悼会材料.

[33] 黄伟明、乐曲. 戒骄戒躁，踏踏实实把学问做好——访北京联谊会顾问、中科院院士李志坚. 京华宁波人，2005.06.07.

后 记

本传记完成之际正值北京春暖花开之时，寒冬的凛冽被和煦春风一一抚化，正如项目开展所经历的困难也随着传记的逐渐充实而化解。本项目的开展一波三折，正式着手之后才发现突发问题远远超过设想。最初课题组只能先从外围突破，查档案，做访谈，一次次地校正之前的材料，也正是前期细致的工作才使本项目得到有关各方面的信任和支持。

"李志坚院士学术成长资料采集小组"由主持人杨舰总体负责，组员王佳楠、王公、朱晨负责访谈、资料编目和研究报告的撰写；另外，清华大学科技与社会研究所博士后郑文文、王蕾也参与了前期的资料搜集和访谈；硕士生李明洋、李易茗、刘翘楚、郭覃硕、唐村等承担了大部分访谈整理工作，并帮助我们搜集、扫描部分文档。我们要感谢接受采访的各位老先生，包括微电子所的各位领导、老师，还要感谢科技所鲍鸥副教授，她利用前去俄罗斯做学术交流的便利，为我们寻得李先生留苏期间发表的期刊文章。李志坚先生生前任编委的《半导体学报》和《电子学报》向项目组捐出了能找到的所有与李志坚先生有关的旧刊，这些珍贵刊物已很难在市面上寻得。李志坚先生的关门弟子李铁夫博士也将他珍藏多年的李先生亲笔帮他逐字修改的博士论文捐赠给了我们。如此种种忍痛割爱，将珍藏捐给采集工程项目的义举，不仅是对我们课题组的信任和支持，也是李先生生前宽容待物等善行惠及我们后来人的体现。

采集工程后期，随着李志坚亲属提供的实物和日常生活描述的增多，李志坚的形象慢慢丰富生动起来，他不仅是"微电子事业的开创者"、"中科院院士"等等这些荣誉光环下高高在上的严师长者，也是爱读金庸小说、爱听音乐、爱写诗的文艺"顽童"，这种学术之外的浪漫情怀常常让我们反观自己的狭隘，虽竭尽全力探索李先生的学术人生，却难免挂一漏万，只能用自己有限的眼界和简单的文笔整理材料。

李志坚生前曾在2010年元旦以李家第二代长子的身份为《家庭简历汇编》作序言，他阐明了传记的原则——"真实"；也提出了期望的效果——"继承与发扬"。这些与本传记写作中秉持的理念不谋而合，故将李志坚亲自撰写的文字记录于下以飨后人。

"这不是描述豪门贵族盛衰的长篇，也不是颂扬英雄伟人的传记，这仅仅是中国近代社会中一个极为平凡家族成员的简历汇编。'从一滴水可以见到整个太阳'，由一个普通家庭的起落可窥视到当时社会的变迁。长篇演绎，过于沉重，且难免有夸张、编造和失真之虞。传记便于展开，生动易读，但在现今一切市场化条件下，'喜说'、'胡编'等等充斥社会，严肃、认真的有待时日。编写这本小册子是家族后代人对前辈艰难奋斗历程和自己的衍生环境的一种纪念，目的是更自觉地学习和继承前辈的优秀品质。这里真实是唯一原则，既不需要夸张，更不允许编造。

"文字粗糙，可以不断修进，内容交代过于简略，将由相关成员从不同侧面书写的小故事，不断加以补充。

"家庭是人类社会的构成细胞，一代代人通过同胞热血携带着种种基因把上一代的诸多特征遗传给下一代。下一代继承的既有前代人的有形体能，如形体、智力等；也包括人品、道德等方面的精神风范。愈来愈多的科学证明，与生长环境的协同发展和斗争中，人类遗传基因不断变异、优化，成就了人类的进化。'本征'的'精神、品格'遗传基因的存在，虽尚是'大胆'设想，但通过社会教育，特别是家庭父母、亲友的言传身教，不同的社会文明、精神风范和道德准则得以一代代的传承，已是公认的事实。这表明编写本小册子是会有好效果的。

"我是本文第二代的长子,我热爱这个家。父母和我们这一代的奋斗和生活的时期是中国历史上'多事之秋':国内革命、反抗外国侵略、全国解放、'文化大革命',等等;这种情形下,一个普通家庭过日子都不易,要创业更需多大的毅力和智慧!要维持、爱护、培养一大家子温饱并使之成才,又需多少的精力与爱心!我庆幸,目睹了父母以惊人的坚定意志与毅力创建了他们的事业,更体会父母的深切慈爱与无比关心。他们对事业的坚定、执着,待人以诚和先人后己等高尚处世品德,已溶入我们的血液中。我也高兴地看到,虽然境遇和机会不同,我们兄弟姐妹走过的人生道路不尽相同,遇到的曲折、艰难也不一样,但是我们每个人都以坚强的毅力、无比的韧性走了正确的道路,取得各自的成就。尤其是,在任何情况下都坚定地执行了父母教导的优良的为人品格。

"我希望也坚信,李家下辈一定也能不断继承和发扬!"

老科学家学术成长资料采集工程丛书
已出版（76 种）

《卷舒开合任天真：何泽慧传》　　　　《此生情怀寄树草：张宏达传》
《从红壤到黄土：朱显谟传》　　　　　《梦里麦田是金黄：庄巧生传》
《山水人生：陈梦熊传》　　　　　　　《大音希声：应崇福传》
《做一辈子研究生：林为干传》　　　　《寻找地层深处的光：田在艺传》
《剑指苍穹：陈士橹传》　　　　　　　《举重若重：徐光宪传》

《情系山河：张光斗传》　　　　　　　《魂牵心系原子梦：钱三强传》
《金霉素·牛棚·生物固氮：沈善炯传》　《往事皆烟：朱尊权传》
《胸怀大气：陶诗言传》　　　　　　　《智者乐水：林秉南传》
《本然化成：谢毓元传》　　　　　　　《远望情怀：许学彦传》
《一个共产党员的数学人生：谷超豪传》《没有盲区的天空：王越传》

《含章可贞：秦含章传》　　　　　　　《行有则　知无涯：罗沛霖传》
《精业济群：彭司勋传》　　　　　　　《为了孩子的明天：张金哲传》
《肝胆相照：吴孟超传》　　　　　　　《梦想成真：张树政传》
《新青胜蓝惟所盼：陆婉珍传》　　　　《情系梁菽：卢良恕传》
《核动力道路上的垦荒牛：彭士禄传》　《笺草释木六十年：王文采传》

《探赜索隐　止于至善：蔡启瑞传》　　《妙手生花：张涤生传》
《碧空丹心：李敏华传》　　　　　　　《硅芯筑梦：王守武传》
《仁术宏愿：盛志勇传》　　　　　　　《云卷云舒：黄士松传》
《踏遍青山矿业新：裴荣富传》　　　　《让核技术接地气：陈子元传》
《求索军事医学之路：程天民传》　　　《论文写在大地上：徐锦堂传》

《一心向学：陈清如传》　　　　　　　《铃记：张兴钤传》
《许身为国最难忘：陈能宽》　　　　　《寻找沃土：赵其国传》
《钢锁苍龙　霸贯九州：方秦汉传》　　《虚怀若谷：黄维垣传》
《一丝一世界：郁铭芳传》　　　　　　《乐在图书山水间：常印佛传》
《宏才大略：严东生传》　　　　　　　《碧水丹心：刘建康传》

《我的气象生涯：陈学溶百岁自述》
《赤子丹心 中华之光：王大珩传》
《根深方叶茂：唐有祺传》
《大爱化作田间行：余松烈传》
《格致桃李伴公卿：沈克琦传》
《躬行出真知：王守觉传》
《草原之子：李博传》

《宏才大略 科学人生：严东生传》
《航空报国 杏坛追梦：范绪箕传》
《聚变情怀终不改：李正武传》
《真善合美：蒋锡夔传》
《治水殆与禹同功：文伏波传》
《用生命谱写蓝色梦想：张炳炎传》
《远古生命的守望者：李星学传》

《我的教育人生：申泮文百岁自述》
《阡陌舞者：曾德超传》
《妙手握奇珠：张丽珠传》
《追求卓越：郭慕孙传》
《走向奥维耶多：谢学锦传》
《绚丽多彩的光谱人生：黄本立传》

《探究河口 巡研海岸：陈吉余传》
《胰岛素探秘者：张友尚传》
《一个人与一个系科：于同隐传》
《究脑穷源探细胞：陈宜张传》
《星剑光芒射斗牛：赵伊君传》
《蓝天事业的垦荒人：屠基达传》